非正规就业者
的失业保险法律问题研究

FEIZHENGGUI JIUYEZHE
DE SHIYE BAOXIAN FALÜ WENTI YANJIU

孟现玉◎著

中国政法大学出版社

2024·北京

图书在版编目（ＣＩＰ）数据

非正规就业者的失业保险法律问题研究 ／ 孟现玉著. -- 北京 ： 中国政法大学出版社，
2024. 7. -- ISBN 978-7-5764-1694-7

Ⅰ. D922.554

中国国家版本馆 CIP 数据核字第 2024HZ1933 号

出 版 者	中国政法大学出版社
地　　址	北京市海淀区西土城路 25 号
邮寄地址	北京 100088 信箱 8034 分箱　邮编 100088
网　　址	http://www.cuplpress.com (网络实名：中国政法大学出版社)
电　　话	010-58908285(总编室) 58908433（编辑部）58908334(邮购部)
承　　印	保定市中画美凯印刷有限公司
开　　本	720mm×960mm　1/16
印　　张	15.25
字　　数	250 千字
版　　次	2024 年 7 月第 1 版
印　　次	2024 年 7 月第 1 次印刷
定　　价	72.00 元

上海政法学院学术著作编审委员会

　　四秩芳华，似锦繁花。幸蒙改革开放的春风，上海政法学院与时代同进步，与法治同发展。如今，这所佘山北麓的高等政法学府正以稳健铿锵的步伐在新时代新征程上砥砺奋进。建校 40 年来，学校始终坚持"立足政法、服务上海、面向全国、放眼世界"的办学理念，秉承"刻苦求实、开拓创新"的校训精神，走"以需育特、以特促强"的创新发展之路，努力培养德法兼修、全面发展，具有宽厚基础、实践能力、创新思维和全球视野的高素质复合型应用型人才。四十载初心如磐，奋楫笃行，上海政法学院在中国特色社会主义法治建设的征程中书写了浓墨重彩的一笔。

　　上政之四十载，是蓬勃发展之四十载。全体上政人同心同德，上下协力，实现了办学规模、办学层次和办学水平的飞跃。步入新时代，实现新突破，上政始终以敢于争先的勇气奋力向前，学校不仅是全国为数不多获批教育部、司法部法律硕士（涉外律师）培养项目和法律硕士（国际仲裁）培养项目的高校之一；法学学科亦在"2022 软科中国最好学科排名"中跻身全国前列（前 9%）；监狱学、社区矫正专业更是在"2023 软科中国大学专业排名"中获评 A+，位居全国第一。

　　上政之四十载，是立德树人之四十载。四十年春风化雨、桃李芬芳。莘莘学子在上政校园勤学苦读，修身博识，尽显青春风采。走出上政校门，他们用出色的表现展示上政形象，和千千万万普通劳动者一起，绘就了社会主义现代化国家建设新征程上的绚丽风景。须臾之间，日积月累，学校的办学成效赢得了上政学子的认同。根据 2023 软科中国大学生满意度调查结果，在本科生关注前 20 的项目上，上政 9 次上榜，位居全国同类高校首位。

　　上政之四十载，是胸怀家国之四十载。学校始终坚持以服务国家和社会需要为己任，锐意进取，勇担使命。我们不会忘记，2013 年 9 月 13 日，习近平主席在上海合作组织比什凯克峰会上宣布，"中方将在上海政法学院设立中国-上海合作组织国际司法交流合作培训基地，愿意利用这一平台为其他成员国培训司法人才。"十余年间，学校依托中国-上合基地，推动上合组织国家司法、执法和人文交流，为服务国家安全和外交战略、维护地区和平稳定作出上政贡献，为推进国家治理体系和治理能力现代化提供上政智慧。

历经四十载开拓奋进，学校学科门类从单一性向多元化发展，形成了以法学为主干，多学科协调发展之学科体系，学科布局日益完善，学科交叉日趋合理。历史坚定信仰，岁月见证初心。建校四十周年系列丛书的出版，不仅是上政教师展现其学术风采、阐述其学术思想的集体亮相，更是彰显上政四十年发展历程的学术标识。

著名教育家梅贻琦先生曾言，"所谓大学者，有大师之谓也，非谓有大楼之谓也。"在过去的四十年里，一代代上政人勤学不辍、笃行不息，传递教书育人、著书立说的接力棒。讲台上，他们是传道授业解惑的师者；书桌前，他们是理论研究创新的学者。《礼记·大学》曰："古之欲明明德于天下者，先治其国"。本系列丛书充分体现了上政学人想国家之所想的高度责任心与使命感，体现了上政学人把自己植根于国家、把事业做到人民心中、把论文写在祖国大地上的学术品格。激扬文字间，不同的观点和理论如繁星、似皓月，各自独立，又相互辉映，形成了一幅波澜壮阔的学术画卷。

吾辈之源，无悠长之水；校园之草，亦仅绿数十载。然四十载青葱岁月光阴荏苒。其间，上政人品尝过成功的甘甜，也品味过挫折的苦涩。展望未来，如何把握历史机遇，实现新的跨越，将上海政法学院建成具有鲜明政法特色的一流应用型大学，为国家的法治建设和繁荣富强作出新的贡献，是所有上政人努力的目标和方向。

四十年，上政人竖起了一方里程碑。未来的事业，依然任重道远。今天，借建校四十周年之际，将著书立说作为上政一个阶段之学术结晶，是为了激励上政学人在学术追求上续写新的篇章，亦是为了激励全体上政人为学校的发展事业共创新的辉煌。

党委书记　葛卫华教授

校　　长　刘晓红教授

2024 年 1 月 16 日

　　非正规就业的形成与发展既是劳动力市场分割的必然结果，又是用工弹性化与公共政策驱动的实践选择。数十年来，国有企业改革、农村劳动力转移以及大众创新、万众创业等使非正规就业日益成为我国就业的"蓄水池"与"稳定器"。然而，目前看待劳动、劳动力市场、劳动规范的方式仍然是建立在正规的雇佣就业之上，这就造成了社会保障对非正规就业者的制度性歧视，在失业保险上也是如此。在灵活、充满风险的劳动力市场中，非正规就业者往往从事短期性、季节性和临时性的工作，职业层次较低且工作替代性较强。这一不稳定性、短暂性的就业特征使得非正规就业者面临着重复失业的高失业风险。作为社会风险的一员，失业风险难以通过个人或团体以自我预护的方式进行承担，需要国家予以干预。

　　但是，我国的失业保险制度滥觞于计划经济时期的国有企业改革。囿于路径依赖，其至今仍是以正规就业岗位与稳定的劳动关系为基础。现行失业保险制度的主要法律依据——《失业保险条例》将非正规就业者排除其外。各地虽有将非正规就业者纳入失业保险制度的法律实践，但覆盖范围过窄。由此，绝大多数非正规就业者难以进入失业保险制度的保障圈。对于收入较低的非正规就业者而言，这无疑将损害其失业后的所得安全，甚至会影响其基本生活水准的维持，不利于社会稳定及经济发展。

　　鉴于此，本书通过理论、制度上的诸多分析，厘定并研究非正规就业者是否、应否、如何纳入失业保险制度。首先，通过检视现有失业保险法律规范，得出我国非正规就业者失业保险制度的现状；其次，从多角度分析了将非正规就业者纳入失业保险制度的必要性与可行性，为本论题奠定了合理性基础；然后，通过阐释将非正规就业者纳入失业保险制度的现实障碍，指出了非正规就业与现行失业保险制度的冲突；最后，就上文中的冲突提出应对之策。本书主要内容包括以下六个部分：

第一章研究非正规就业的内涵与外延、非正规就业者的分类以及非正规就业者失业保险制度的现状。首先，当前非正规就业的概念界定较为混杂，本书在国际组织及国内外学者对非正规就业的界定之上，引申分析出我国非正规就业的内涵与外延。即非正规就业是指在一定时期内，在法律中不受一项或多项现有劳动法律规范或社会保障（主要为社会保险）规制的就业形式，不包括非法活动、农业活动。其构成群体为非正规雇员、自雇者和灰色地带劳动者。另外，还区分了非正规就业与非正规部门就业、非正规经济、灵活就业、非标准就业这些比较相近的概念，从而进一步廓清了非正规就业本身。其次，根据是否具有从属性将非正规就业者划分为从属性非正规就业者和非从属性非正规就业者，这一基本分类贯穿本书始终。最后，我国非正规就业者面临着比正规就业者更为频繁的失业风险，但从国家与地方层面的失业保险法律规范来看，非正规就业者的失业保险权益存在着缺失。

第二章对将非正规就业者纳入失业保险制度的必要性与可行性进行探讨。在必要性上，不同于个人风险和团体风险，失业风险需要社会化的解决机制予以应对。而且非正规就业者本身收入水平较低、缺乏社会保障和职业培训、再就业途径窄，其在失业后也需要失业保险制度进行保障。再者，相较于自我预护、私营保险和就业救助，失业保险制度具有不可替代性。将非正规就业者纳入失业保险制度，既体现了对非正规就业者生存权与劳动权的保障，又有利于防止制度的碎片化。在可行性上，非正规就业者与正规就业者具有同质性且现有失业保险发展至今已具有一定制度基础，其"保生活、防失业、促就业"的功能目标能够符合非正规就业者失业后所需。域外多数先进国家也已有将非正规就业者纳入失业保险的制度实践，可为我国提供有益借鉴。

第三章分析将非正规就业者纳入失业保险制度的现实障碍，是本书所要解决的问题所在。现行失业保险的各项制度均建立在正规就业之上，因而，在纳入非正规就业者时，就会产生诸多冲突：其一，在社会性不足上，失业保险始终作为经济体制改革的配套措施而存在，其桎梏了失业保险适用范围的扩张；其二，凡是处于法律规定范围之内的均强制纳入，凡是处于保障圈之外的皆排除适用的"一刀切"保护方式，难以适应非正规就业者的异质性；

其三，在具体制度上，失业保险与非正规就业者的就业特点存在着错位，包括保费负担与待遇给付制度的错位和失业保险转移接续与多重失业保险关系及衔接制度的错位。以上这些冲突亟需予以解决。

第四章提出适应非正规就业者的失业保险社会性的重塑及原则之调整。首先，根据社会连带理论，失业保险制度应为社会风险承担之机制，发挥其社会性。在此为实现失业保险适用范围的扩张，需使社会保险与劳动关系脱钩并消除城乡分割限制。其次，依据劳动者分层保护理论和域外经验，对不同类别非正规就业者适用不同的制度安排。即强制纳入从属性非正规就业者，同时依据一定收入和工时标准将不具保障需求性的劳动者排除于强制保障圈；对非从属性非正规就业者则允许其自愿参保。再次，根据均等待遇原则，非正规就业者的失业保险待遇应与正规就业者待遇处于平等状态，但允许其有合理差异。最后，在积极促进理念下，需要平衡失业保险待遇领受权和积极参与工作义务间的平衡。

第五章着眼于建立符合非正规就业者特点的保费负担与待遇给付之特别制度。第一，要调适失业保险缴费方式，在缴费主体、缴费基数和缴费费率上分别进行调整并对低收入者给付失业保险补贴。第二，重塑失业保险待遇给付资格，改革缴费义务时间、"非本人意愿"中断就业、寻职义务和失业登记相关规定。另外，由于难以甄别非从属性非正规就业者的就业与失业状态，故而应对其待遇给付资格进行合理限制。第三，要完善失业保险待遇给付，在失业保险金水平、待遇给付期限、与积极劳动力市场政策的整合和待遇支出项目上进行合理设置。

第六章提出要完善失业保险转移接续与多重失业保险关系及衔接制度。非正规就业者较强的流动性决定了失业保险须具有高效、便捷的转移接续制度。为此，应提高失业保险统筹层次、补足失业保险转移接续规定并允许失业保险在不同就业中转移。另外，非正规就业中的多重劳动用工关系较为普遍。在这种情况下，需要解决失业保险中的重复参保及责任分配问题。基于社会保险的唯一性原则，不应允许重复参保存在。但每个用人单位都有为其劳动者缴纳失业保险费的义务，失业保险待遇也应基于全部缴费而定。最后，非正规就业者中的贫困者较多，为了更好地保障其失业后基本生活的维持，需要做好失业保险制度与就业救助制度的衔接。此时，应坚持就业救助制度的补充性原则以处理好失业给付竞合问题。

目 录 / CONTENTS

总　序 ……………………………………………………………… 001

前　言 ……………………………………………………………… 003

绪　论 ……………………………………………………………… 001

第一节　研究背景与意义 ………………………………………… 001

第二节　研究文献述评 …………………………………………… 006

一、国外研究现状 ……………………………………………… 006

二、国内研究现状 ……………………………………………… 011

第三节　研究创新点 ……………………………………………… 018

第四节　研究方法与写作思路 …………………………………… 019

第一章　非正规就业者的界定及其失业保险现状 ……………… 021

第一节　非正规就业与非正规就业者 …………………………… 021

一、非正规就业的内涵与外延 ………………………………… 021

二、非正规就业与其他相关概念的区分 ……………………… 035

三、非正规就业者的类型化——基于从属性标准 …………… 041

第二节　非正规就业者失业保险权益的缺失 …………………… 048

一、非正规就业者失业保险权益的法制实践 ………………… 049

二、非正规就业者难以获得失业保险制度保障 ……………… 053

第二章　非正规就业者纳入失业保险制度的必要性与可行性 …… 059

第一节　非正规就业者纳入失业保险制度的必要性 …………… 059

一、风险社会化决定了应为非正规就业者提供失业保险 ·········· 059

二、非正规就业者的从业特性亟需失业保险制度保障 ·········· 062

三、失业保险制度具有不可替代性 ·········· 066

四、体现了对非正规就业者生存权与劳动权的保障 ·········· 070

五、统一原则下防止碎片化的优先选择 ·········· 079

第二节　非正规就业者纳入失业保险制度的可行性 ·········· 083

一、非正规就业者与正规就业者具有同质性 ·········· 083

二、失业保险制度功能契合于非正规就业者需要 ·········· 084

三、现有失业保险具有一定的制度基础 ·········· 087

四、域外经验可供借鉴 ·········· 090

第三章　非正规就业者纳入现行失业保险制度的困境 ·········· 094

第一节　社会性不足冲突：对失业保险制度适用范围的限制 ·········· 094

一、作为经济体制改革配套措施而存在的失业保险制度 ·········· 094

二、社会性不足对失业保险制度适用范围的限缩 ·········· 101

第二节　"一刀切"保护冲突：难以适应非正规就业者异质性 ·········· 105

一、"一刀切"保护的诠释 ·········· 105

二、"一刀切"保护的成因：受单位福利体制影响 ·········· 106

三、"一刀切"保护与非正规就业者异质性的难以调和 ·········· 109

第三节　具体制度冲突：非正规就业者就业特点与现行制度的错位 ··· 112

一、失业保险保费负担与待遇给付制度面向 ·········· 112

二、失业保险转移接续与多重失业保险关系及衔接制度面向 ·········· 118

第四章　适应非正规就业者的失业保险社会性的形塑及
　　　　原则之调整 ·········· 121

第一节　失业保险社会性的形塑及其适用范围扩张 ·········· 121

一、失业保险社会性的形塑：立基于社会连带理论 ·········· 122

二、社会性形塑下失业保险适用范围扩张的路径建构 ·········· 127

第二节　分层保护原则：遵循保障需求性 ················· 142

一、分层保护原则的理论基础：劳动者分层保护理论 ········· 142

二、域外失业保险制度分层保护的借鉴 ················· 144

三、失业保险分层保护非正规就业者的具体规则 ··········· 146

第三节　均等待遇原则：平等性与灵活性相平衡 ··········· 149

一、均等待遇原则的正当性基础：分配正义理论 ··········· 149

二、均等待遇原则的意涵 ····················· 154

三、均等待遇原则在非正规就业者失业保险待遇上的适用 ····· 157

第四节　权义平衡原则：公民权与个人义务并重 ··········· 160

一、失业保险制度中个人义务的正当性 ················· 160

二、失业保险制度中个人义务对公民权的挑战 ············· 166

三、失业保险制度中权利与义务的再平衡 ··············· 167

第五章　建立符合非正规就业者特点的保费负担与待遇给付

之特别制度 ······················· 169

第一节　调适失业保险缴费方式 ················· 169

一、分类确定缴费主体 ····················· 169

二、合理设定缴费基数和缴费费率 ················· 170

三、对低收入非正规就业者给予失业保险补贴 ··········· 172

第二节　重塑失业保险待遇给付资格 ··············· 174

一、缩短缴费义务时间要求 ··················· 175

二、多元化"非本人意愿中断就业" ··············· 176

三、实质化寻职义务规定 ····················· 178

四、便利失业登记，减少相关限制 ················· 180

五、对非从属性非正规就业者的待遇给付资格进行限制 ····· 181

第三节　完善失业保险待遇给付内容 ··············· 182

一、提高失业保险金水平 ····················· 183

二、再构造失业保险给付期限 ··················· 184

三、强化与积极劳动力市场政策整合 ……………………… 186

四、建立针对性的待遇支出项目 …………………………… 189

第六章　完善失业保险转移接续与多重失业保险关系及
　　　　衔接制度 ……………………………………………… 192

第一节　健全失业保险转移接续 …………………………… 192

一、提高失业保险统筹层次 ………………………………… 192

二、补足失业保险转移接续规定 …………………………… 193

三、允许失业保险在不同就业中转移 ……………………… 196

第二节　多重劳动用工关系下失业保险制度的因应 ……… 197

一、多重劳动用工关系下不应重复参保 …………………… 197

二、多重劳动用工关系下失业保险的责任分配 …………… 198

第三节　注意失业保险制度与就业救助制度的衔接 ……… 201

一、失业保险制度与就业救助制度的互补性 ……………… 201

二、以就业救助制度为补充，妥善处理失业给付竞合 …… 202

结　语 …………………………………………………………… 205

参考文献 ………………………………………………………… 209

绪　论

第一节　研究背景与意义

近年来，随着全球化发展及劳动管制的放松，来自跨国公司的跨国投资使发展中国家中传统经济部门的从业人员特别是农民，出于利益驱动而普遍为新的现代化部门服务，如从事维修、工匠、餐饮等行业。自此，劳动力市场非正规化成为时代主题，而劳资双方的博弈使非正规就业（Informal Employment）蓬勃发展。根据国际劳工组织（International Labour Organization，ILO）的统计，截至 2022 年，全球约有 20 亿的非正规就业者（Informal Workers），占全部劳动者的 60%。[1] 从各国看，发展中国家的非正规就业率较高，普遍为 40% 以上。其中，刚果、坦赞尼亚、尼日利亚的非正规就业率高达 90% 以上，印度、缅甸、菲律宾、印度尼西亚高达 80% 以上；发达国家的非正规就业率则较低，一般在 20% 以下，其中英国为 6.5%、德国、法国、意大利等为 4% 左右。[2] 再看我国，源于经济体制转轨、产业结构升级、国有企业改革和农村劳动力转移、数字经济发展等使非正规就业日益成为我国的主要就业模式。根据不同测算，当前非正规就业的规模大约在 6000 万到 1.3 亿人，占全部就业的比

---

〔1〕　See ILO, *World Employment and Social Outlook: Trends* 2023, International Labour Office, Geneva, 2023, p. 12.

〔2〕　See ILO, *Statistics on the informal economy*, https://www.ilo.org/topics/informality/，最后访问日期：2023 年 4 月 18 日。

重约为 30% 到 60% 之间。[1]另外,当下作为新型的、弹性就业重要源泉的共享经济吸收了大量以弹性就业者身份参与的劳动者,极大地促进了非正规就业的发展。2020 年,共享经济参与者人数约 8.3 亿人,参与提供服务者人数约 8400 万人,其中平台企业员工数为 631 万人。[2]

非正规就业对提高劳动者收入、促进就业和经济发展、减少贫困具有重大意义。数据显示,在提高劳动者收入上,非正规就业(自雇型或者受雇型)显著增加了无业人员的收入,而创业型的非正规就业则使正规就业者的收入有所增长;[3]在促进就业和经济发展上,2000 年至 2012 年间,非正规就业对城镇新增就业贡献率高达 78.8%,超过正规就业贡献率。[4]城镇非正规就业对经济总产出的带动作用也已是城镇正规就业的 25%;[5]在减少贫困上,对于处于收入分布底端的家庭而言,非正规就业的收入对于减贫有着显著作用。[6]由上可见,非正规就业正逐渐成为城镇下岗失业工人、农村剩余劳动力以及城镇新增就业人员的优先选择,其在有效增加就业岗位、缓解就业压力、增强经济转型发展的韧性、促进新经济发展、解决城市贫困问题上起着重要作用。基于我国当前来自人口、就业与经济发展的一些困境,大力发展非正规就业应当成为我国的长期战略。我国政府也鼓励劳动者通过灵活多样的方式实现就业,并为灵活就业提供服务和帮助。2020 年,国务院提出要把支持灵活就业作为稳就业和保居民就业的重要举措,要创造更多的灵活就业机会。[7]

囿于非正规就业总体上的不稳定、短暂性特征,非正规就业者面临着相

---

[1] 参见李晓曼等:《我国非正规就业市场的功能定位与政策选择》,载《中国人力资源开发》2019 年第 6 期。

[2] 参见国家信息中心分享经济研究中心:《中国共享经济发展报告(2021)》,第 1 页。

[3] 参见马林靖、郭彩梅:《非正规就业对居民收入的影响——基于 PSM 模型的实证分析》,载《调研世界》2020 年第 3 期。

[4] 参见李丽萍:《改革开放以来我国城镇非正规就业分析》,载《经济体制改革》2014 年第 6 期。

[5] 参见张延吉等:《论城镇非正规就业对经济增长的影响——基于我国 31 个省区市的面板数据分析》,载《经济问题探索》2015 年第 3 期。

[6] 参见都阳、万广华:《城市劳动力市场上的非正规就业及其在减贫中的作用》,载《经济学动态》2014 年第 9 期。

[7] 参见《国务院办公厅关于支持多渠道灵活就业的意见》(国办发〔2020〕27 号)。

当程度的失业〔1〕风险。以从事非正规就业比重较大〔2〕的农民工〔3〕为例，2010 年至 2016 年，农民工的平均失业率为 2.98%，最高达 3.93%，平均失业人数为 489.7 万人，最高达 642 万人。〔4〕2021 年，外来农业户籍人口失业率达到了 4.6%。〔5〕上述可见，非正规就业者失业率较高且失业人数众多。然而，由于非正规就业群体的流动性大、参保管理困难等原因，失业保险并未将其广泛纳入其中，尽管这些人群恰恰是失业保险需要覆盖和经常面临失业风险的群体。当前失业保险制度对非正规就业者的供给不足，不仅将相关失业风险转移至劳动者自身从而对劳动者及其家庭造成消极影响，也扭曲了企业之间的良性竞争，致使合法企业的生产率下降并最终危及社会整体的稳定发展。另外从道德层面而言，将非正规就业者排除在失业保险范围之外也不符合体面工作的内在要求及人权的本质内涵。《世界人权宣言》（Universal Declaration of Human Rights）提出：“每个人，作为社会的一员，有权享受社会保障”；国际劳工组织也认为要使更多的非正规就业者参与到社会保障中来，同时促使其从非正规就业转向正规就业；〔6〕国际社会保障协会（ISSA）亦指出提高社会保障的覆盖面是全球挑战之一，其中非正规就业者是重要的覆盖

---

〔1〕　原劳动和社会保障部在《劳动部和社会保障部关于落实再就业政策考核指标几个具体问题的函》（劳社厅函〔2003〕227 号）中指出失业人员是指“在法定劳动年龄内，有工作能力、无业且要求就业而未能就业的人员或是虽从事一定社会劳动，但劳动报酬低于当地城市居民最低生活保障标准的，也视同失业”。在国际上，大多数国家采取的则是国际劳工组织关于失业的定义，即失业人员是指规定年龄内在参考期（Reference Period）具有以下三种情况的人员：（一）没有工作，即没有从事有报酬的劳动或自雇劳动；（二）当前可以工作，即在参考期内一旦有有报酬的劳动或自雇劳动，就可以工作；（三）正积极寻找工作，即在最近一段时间内采取了具体措施以寻求工作，包括到公共或私营职业介绍所登记，到企业求职，到农场、工厂、超市或其他地点寻找工作机会等。See ILO, *Resolution Concerning Statistics of the Economically active population, employment, unemployment and underemployment*, adopted by the Thirteenth International Conference of Labour Statisticians, 1982.

〔2〕　根据有关学者调查，非正规就业是农民工在城市就业的主要模式，占比高达 81%。参见李振刚、张建宝：《正规与非正规：就业模式对农民工工作贫困的影响——来自八个城市的经验证据》，载《北京工业大学学报（社会科学版）》2020 年第 6 期。

〔3〕　根据我国统计局，农民工指的是户籍仍在农村，年内在本地从事非农产业或外出从业 6 个月及以上的劳动者。

〔4〕　参见吴要武、陈梦玫：《当经济下行碰头就业压力——对中国城乡劳动力市场状况的分析》，载《劳动经济研究》2018 年第 3 期。

〔5〕　参见王萍萍：《2021 年就业形势总体稳定》，载国家统计局：http://www.stats.gov.cn/sj/sjjd/202302/t20230202_1896588.html，最后访问日期：2023 年 4 月 10 日。

〔6〕　See ILO, *Transition from the Informal to the Formal Economy Recommendation*, 2015（No. 204）.

人群，政策制定者应利用不同的筹资机制，以满足劳动者对有效获得社会保障的渴望。[1]我国政府也已认识到这一问题，2020年，国家发展和改革委员会等多部门联合发布了《国家发展改革委、中央网信办、工业和信息化部等关于支持新业态新模式健康发展 激活消费市场带动扩大就业的意见》，其中提出要"强化灵活就业劳动权益保障，探索多点执业。探索适应跨平台、多雇主间灵活就业的权益保障、社会保障等政策。"2021年，"十四五"规划中强调要"放宽灵活就业人员参保条件……推进失业保险、工伤保险向职业劳动者广覆盖"。2022年，"二十大"报告中也提出要"实施就业优先战略……加强灵活就业和新就业形态劳动者权益保障"。[2]失业保险作为社会保障制度的重要组成部分，理应成为非正规就业者防范失业风险的重要保障制度，这才符合当下社会保障覆盖全民的制度目标。

总之，非正规就业的持续性发展颠覆了早期对其将随经济发展而式微的认识，非正规就业在中等收入甚至高等收入国家正变得"常态化"，越来越多的人群依附于非正规就业获得收入。在我国，随着经济社会的发展变化，源于企业的弹性化用工、劳动者的灵活化就业需求和政府对于非正规就业的推动，非正规就业也已日益成为新型就业的重要方式。因此，如何在非正规就业者面临失业风险时，为其供给失业保险制度就成为迫在眉睫的实践问题。这既有利于避免非正规就业者陷入失业困境，从而促进劳动力市场的充分就业，也在宏观层面上符合我国经济体制转轨的要求，有助于促进经济增长和维护社会稳定。故而，对非正规就业者的失业保险法律问题进行研究，无论在理论价值还是实践价值上都具有重大意义。

第一，通过对非正规就业者失业保险法律问题的研究，将非正规就业与其他相关概念区分开来，有利于明确非正规就业的内涵与外延，对非正规就业进行准确界定，从而为其他有关非正规就业的概念研究提供思路。另外，也可以深化失业保险制度的基本理论。失业保险制度为失业者提供了基本的生活保障，促进了再就业，减轻了国家负担，在反贫困和稳定经济、社会方面也发挥着重要作用，是社会安全网的关键一环。本书对失业保险制度的相

---

[1] See ISSA, 10 *Global Challenges for Social Security：Developments and Innovation*, 2019, p. 16.

[2] 习近平：《高举中国特色社会主义伟大旗帜 为全面建设社会主义现代化国家而团结奋斗——在中国共产党第二十次全国代表大会上的报告》，载《人民日报》2022年10月26日，第1版。

关论述对失业保险制度基本理论有所拓展。

第二，非正规就业者失业保险法律问题并不是单一的失业保险问题，还涉及劳动法和社会保障法的基本理论。在论述过程中，本书将进一步充实劳动法、社会保险、社会救助等基本理论，为其他相关领域的研究打下坚实的基础。

第三，作为失业风险的主要预护制度，在工业社会、传统劳动关系基础上建立的失业保险制度日益显现出其与现有劳动力市场的脱节，存在着一定的滞后性。劳动者或是难以在失业前累计足够的缴费义务时间，或是未被纳入到失业保险制度中。更为紧要的是，失业保险本身也已难以应对日益涌现的长期失业、重复失业问题，甚至还会引起道德风险，成为影响劳动者再就业的负面因素。随着非全日制就业、自雇就业等非正规就业的快速发展，其失灵性愈发严重。失业保险与劳动力市场状况紧密相关，在劳动力市场发生转变时，失业保险制度需要随之调整。通过本书研究，对完善失业保险制度本身、维持其健康持续发展、保持其时代性与先进性具有一定实践意义。

第四，非正规就业已成为我国劳动力市场的重要就业形式，其群体构成复杂且人数众多，还有不少劳动者为边缘人群。非正规就业者同样为我国的经济发展作出了重大贡献，其应在失业时同正规就业者一样获得相应的保障。特别是部分非正规就业人员如若得不到保障，还将很有可能重回贫困，这无疑与我国当前的优先促进就业及反贫困的政策导向背道而驰。另外，也将进一步歧视那些因为某些原因不得不选择非正规就业的人群，甚至妨碍劳动力市场的自由流动。通过对非正规就业者失业保险制度的研究，有利于保障非正规就业者的劳动权益，激励其尝试不同的就业形式并提高就业水平，从而促使其向正规就业转变。

第五，失业保险制度是反经济周期的重要工具。非正规就业者作为劳动力市场的重要组成部分，自然也受到经济周期的影响。在经济衰退阶段，大批非正规就业者面临着失业困境，甚至难以维持基本生活，这会给社会的稳定发展带来威胁。因此，为应对经济周期，有必要为非正规就业者提供失业保险制度。

第二节　研究文献述评

一、国外研究现状

国外关于非正规就业的研究最早来源于刘易斯所提出的二元经济模型（Dual-Sector Model）。该模型假定发展中经济的农业部门或生存部门（Agricultural Sector or Subsistence Sector）有剩余的非生产性劳动力，这些劳动力被吸引到城市部门或资本部门（Urban Sector or Capital Sector）从事报酬较高的制造业工作。此时有一些劳动力无法在资本部门找到工作，那么其就会被视为处在非正规部门并处于隐蔽失业（Disguised Unemployment）状态之中，如城市中各种各样的临时工作者——码头工人、帮提行李的年轻人、园丁、小型零售、家庭服务者等。[1]随后，哈里斯和托达罗根据他们在撒哈拉以南的非洲所做的研究，发展了这一模型并提出了劳动力市场二元论。[2]此二元论诠释了农村劳动力转移会导致城市失业的原因，为非正规就业提供了理论基础。1972 年，国际劳工组织（ILO）撰写了有关肯尼亚的报告，就非正规部门的概念、特征、类型等进行了阐释。[3]此后，关于非正规就业的相关研究逐步展开，其研究对象最初为非洲和拉丁美洲，此后为发展中国家，最后为全球范围内非正规就业的维权阶段。[4]就本书研究范畴，以下对非正规就业的概念和非正规就业者失业保险制度两方面的研究进行论述。

（一）关于非正规就业的概念

关于非正规就业的概念主要来自国际劳工组织的相关界定。其成果集中于第 15 届国际劳工统计学家会议（15th International Conference of Labour Statisticians）和第 17 届国际劳工统计学家会议（17th International Conference of

---

〔1〕　See W. Arthur Lewis, "Economic Development with Unlimited Supplies of Labour", *The Manchester School*, Vol. 22, No. 2. , 1954, pp. 141-142.

〔2〕　See John R. Harris, et al. , "Migration, Unemployment and Development: A Two-Sector Analysis", *American Economic Review*, Vol. 60, No. 1. , 1970, pp. 126-142.

〔3〕　See ILO, *Employment, Incomes and Equality: A strategy for Increasing Productive Employment in Kenya*, International Labour Office, Geneva, 1972, pp. 5-6.

〔4〕　参见姚宇：《中国城镇非正规就业研究》，复旦大学 2005 年博士学位论文。

Labour Statisticians），这两次会议对"非正规部门"（Informal Sector）和"非正规就业"（Informal Employment）分别作了界定。2013 年，国际劳工组织出版了《测量非正规性：非正规部门和非正规就业的统计手册》（Measuring Informality：A Statistical Manual on the Informal Sector and Informal Employment），该手册详细介绍了非正规就业的概念并对部分复杂情况进行了解释。[1]其他世界组织如世界银行则从劳工、微型企业、企业三个维度去考察非正规的存在。[2]

除了国际组织外，域外学者也对非正规就业的概念进行了探索。如 Williams 等认为非正规就业是在税收、社会保障和/或劳动法下未经登记或向国家隐瞒的就业活动，该活动以合法、有偿生产并销售商品和提供服务为目的。它包括三种类型：（1）回避所有直接税（如所得税）和间接税（如增值税、消费税）的活动；（2）领取失业待遇后仍工作的社会保障欺诈活动；（3）避免劳动立法规制的活动，包括避免社会保险缴费、最低工资或工作场所的安全或其他标准[3]。Venn 将非正规就业定义为："从事合法商品生产和服务，但不符合一项或多项与就业相关的法律要求的所有就业，包括雇员不被强制性社会保障覆盖、工资低于法定最低工资或在法定情况下未签订书面劳动合同、未申报其部分或全部税收项下收入的雇员、自雇者、未注册的公司及其雇员和所谓的虚假自雇者（False Self-Employed）"。[4]Kanbur 认为当前关于非正规的定义十分混乱，正规与非正规应该在特定的规范下与经济活动直接联系在一起。[5]Nightingale 等认为广义上的非正规就业既包括合法收取报酬的活动，例如看护或建筑工作，也包括非法或犯罪活动，如毒品交易、走私、贩卖

〔1〕　See ILO, *Measuring Informality：A Statistical Manual on the Informal Sector and Informal Employment*, International Labour Office, Geneva, 2013, p. 33.

〔2〕　See Guillermo E. perry, et al., *Informality：Exit and Exclusion*, World Bank Publications, 2007.

〔3〕　See Colin C. Williams, Jan Windebank, *Informal Employment in the Advanced Economies：implications for work and welfare*, Routledge Publications, 1998, pp. 4-5.

〔4〕　Danielle Venn, Measuring Informal Employment in OECD Countries, Paper for the WIEGO Meeting on "Measuring Informal Employment in Developed Countries", Harvard University, 2008, https://www.wiego.org/sites/default/files/publications/files/Venn_OECD_Countries.pdf, 最后访问日期：2023 年 5 月 10 日。

〔5〕　See Ravi Kanbur, "Conceptualising informality：Regulation and Enforcement", *IZA Discussion Paper No.* 4186, 2009, pp. 6-7.

赃物等。[1]Lehmann 认为在生产主义与法律或社会保护定义的分类中，采用法律或社会保护的定义更为妥当。[2]

另外，也有部分学者对我国的非正规就业进行了概念界定。如 Zhe Liang 等认为我国非正规就业者包括企业主（Business Owners）和临时工人（Casual Workers）（无劳动合同）。[3]Ying Chen 等认为在中国，非正规就业是指所有从事自雇或低薪日工（Day Jobs）而又没有太多福利和保险的劳动人口。[4]Yang Du 等将非正规部门定义为少于 7 人雇员的企业，将非正规雇员定义为雇主没有为其缴纳养老保险、医疗保险和失业保险任何一种社会保险，或是无劳动合同的劳动者。[5]

（二）关于非正规就业者失业保险制度的研究

域外对非正规就业者失业保险制度的专门研究不多。国际劳工组织和欧盟多关注的是非正规就业者的社会保障问题，其中只有部分内容涉及失业保险；而学者们虽有所研究，但系统性、整体性的研究较少。就其内容而言，在非正规就业者的失业保险上，国际组织及学者们都认为应给予非正规就业者某种程度的失业保险，其在具体制度构建层面可为我国非正规就业者的失业保险制度提供一定程度的可借鉴经验。

就国际劳工组织和欧盟的观点而言，国际劳工组织认为失业、就业不足和失去生计，使多数非正规就业者面临着高且持续的风险。此时，缴款或税收支持的失业保险制度在避免失业工人进入非正规就业、便利其再就业以及促进劳动力市场的结构性调整方面发挥着关键作用。普遍的社会保障应包括对生命周期内社会风险的全面保障，失业风险便是其中之一。在将社会保障

---

〔1〕 See Demetra Smith Nightingale, Stephen A. Wandner, *Informal and Nonstandard Employment in the United States: Implications for Low-Income Working Families*, The Urban Institute, 2011, p. 3.

〔2〕 See Hartmut Lehmann, "Informal Employment in Transition Countries: Empirical Evidence and Research Challenges", *Comparative Economic Studies*, Vol. 57, 2015, pp. 5-6.

〔3〕 See Zhe Liang, et al., "Informal Employment in China: Trends, Patterns and Determinants of Entry", *IZA Discussion Paper No.* 10139, 2016, pp. 1-33.

〔4〕 See Ying Chen, Zhun Xu, "Informal Employment and China's Economic Development", *The Chinese Economy*, Vol. 50, No. 6., 2017, p. 428.

〔5〕 See Yang Du, et al., *Informal Employment in Urban China: Measurement and Implications*, in Iyanatul Islam, Frédéric Lapeyre, *Transition to Formality and Structural Transformation: Challenges and Policy Options*, International Labour Office, Geneva, 2020, pp. 122-123.

覆盖至非正规就业者时，面临着一些障碍，包括：法定覆盖的排除、较高和不适当的筹资安排、复杂的行政程序、执行和控制不足、信息了解与信任上的不足、缺乏代表和组织、社会保障政策与相关机构以及社会保障政策之间缺乏协调统一等。[1]欧盟委员会（European Commission）则提出失业待遇在保护劳动者免受贫困和社会排斥、促进就业和便利劳动力市场过渡上有着重要意义，但同时也是非标准就业者（Non-Standard Workers）和自雇者最难获得的社会保障制度。在将非标准就业者纳入社会保障时，可与标准就业者的社会保障制度改革同时进行。纳入时，共分为三条路径，包括：（1）将之前未被社会保障覆盖或只覆盖部分项目的非标准就业者纳入普遍的社会保障制度。（2）将临时性的就业逐渐转变为长期的标准就业，从而就得纳入社会保障。（3）重新定义依赖性自雇，并对其应用与薪资工人同等的社会保障；在为自雇者提供社会保障时，有两种路径：①在原有制度之内对缴费基数、缴费率和资格条件等进行调适，②广泛将自雇就业纳入社会保障的范式改革，例如创造新的地位、统一协调自雇者的地位、创造新的社会保障福利。[2]由上，国际劳工组织和欧盟委员会尽管未对失业保险提出针对性建议，但其在非正规就业者社会保障制度上的思路可为我们提供普适性的思考。

就学界而言，针对非正规就业者的失业保险问题，形成的观点很多。多数学者认为应为非正规就业者提供失业保险。如 Lund 提出既然当前的非正规就业者并没有被纳入到传统的职业健康与安全法（Occupational Health and Safety Law）中，那么作为替代，可以考虑将其纳入医疗保障、失业保险和现金转移项目中去；[3]衣笠葉子认为应给予非正规就业者同雇员一样的必要保障，包括雇用保险；[4]户田典子亦认为在就业形态多样化的当下，应对非正规雇用者给予雇用保险。同时针对非正规雇用者的参与困难，对制度进行综合

---

〔1〕　See ILO, Extending social security to workers in the informal economy: Lessons from international experience, International Labour Office, Geneva, 2021.

〔2〕　See Slavina Spasove, et al., *Access to Social Protection for People Working on Non-standard Contracts and as Self-employed in Europe: A Study of National Policies*, 2017.

〔3〕　See Francie Lund, "Work-related Social Protection for Informal Workers", *International Social Security Review*, Vol. 65, No. 4., 2012, p. 18.

〔4〕　参见衣笠葉子:《非正規労働者への被用者保険の適用拡大の在り方と法的課題》,载《日本労働研究雑誌》2015 年第 659 期。

改革;[1]另外，也有学者对非正规就业者失业保险制度的具体改革提出建议，如 Mckay 认为应扩大临时就业者（Contingent Workers）参保失业保险的资格，同时在低收入者更换工作时，使失业保险更具可携带性。而对于不能参保的独立合同工则应提供替代性的制度，如求职者津贴或其他保险制度;[2] Leschke 通过研究丹麦、德国、西班牙、英国四个国家失业保险制度的现状以及其对不同非标准就业者失业保险待遇的影响，指出非全日制工和临时工人比标准就业者更易失业，但其获得失业待遇的机会反而较低，这主要源自各国的失业待遇领取资格在工时要求等方面的严格限制。因此，应废除失业保险在有关收入与工时上的要求。另外，Leschke 也不建议对非标准就业者提供个人储蓄账户;[3]Pilaar 从美国的失业保险制度出发，认为美国当前的失业保险制度已不能适应非标准就业的发展形势，表现为过于严格的货币资格（Monetary Eligibility）要求、过时的非货币资格（Non-Monetary Eligibility）要求、未使非标准就业者获得足够信息和排除独立合同工（Independent Contractor）这四个方面，并就此逐一提出应对之策;[4]Crane 通过专家访谈和加拿大统计局数据的分析，认为应当将非标准就业者纳入就业保险，并在就业保险的准入资格、待遇计算、就业保险金替代率上进行改革。另外，其还分析了建立失业救济制度的可行性并指出在现有制度内进行改革比设计一个新制度更为可行且具有成本效益，行政上也更为简单;[5]Mckay 等指出，美国失业保险制度的设计对非传统形式的雇员具有消极影响，故而应统一各州的失业保险资格条件、取消等待期并考察多个工作所有者（Multiple Jobholders）的征税问题以及支持非传统工人创业等。[6]

---

〔1〕 参见户田典子：《非正規雇用者の増加と社会保障》，载《レファレンス》2007 年第 673 期。

〔2〕 See Katherine Lucas Mckay, "Reforming Unemployment Insurance to Support Stability and Financial Security", *The Aspen Institute*, 2017.

〔3〕 See Janine Leschke, *Unemployment Insurance and Non-Standard Employment: Four European Countries in Comparison*, VS Verlag für Sozialwissenschaften Wiesbaden, 2008.

〔4〕 See Jeremy Pilaar, "Reforming Unemployment Insurance in the Age of Non-Standard Work", Harvard Law & Policy Review, Vol. 13, 2018, pp. 327-356.

〔5〕 See Ellie Crane, *Non-Standard Work and Access to Unemployment Benefits in Canada: Assessing Policy Options*, Simon Fraser University, 2018.

〔6〕 Conor Mckay, et al., *Modernizing Unemployment Insurance for the Changing Nature of Work*, The Aspen Institute Future of Work Initiative, 2018, pp. 11-17.

二、国内研究现状

在国内，以面出发即研究非正规就业者社会保障问题的较多，内容较宽泛。[1]而以点出发的文章，即研究具体保障项目诸如养老保障、医疗保障、失业保障的较少，尤其在失业保险上更为匮乏。[2]总体上，相关研究还比较零星且侧面分析较多，未能形成正面的、较为完整的论述，而且缺乏一定的理论分析。从研究对象看，主要集中于农民工，而对整体非正规就业群体研究不足；从学科看，来自经济学、管理学、保险学的文章较多，法学论文较少。具体而言，现有关于非正规就业者失业保险问题的研究主要从以下四个方面展开：（1）从特殊群体的失业保险制度展开，主要为针对农民工的失业保险问题。[3]（2）从扩大失业保险制度覆盖面展开。如翁仁木通过研究国外失业保险制度覆盖范围，提出可以对灵活就业人员和自雇人员实行自愿参保政策。[4]杨斌、丁建定利用宏观面板数据建立失业保险参保率和受益率模型后发现我国失业保险参保率和受益率双低。因此，应扩大农民工、灵活就业人员、低收入劳动者的失业保险覆盖面。[5]（3）从失业保险基金结余展开。如郑秉文通过分析失业保险基金不断增长的原因，认为可以采取扩大覆盖面的方法以提高制度的"瞄准率"，且重点应"瞄准"进城务工的有雇主的农民工群体和城镇有雇主的就业群体。[6]韩艳林认为我国现阶段失业保险基金

〔1〕 参见何文炯：《数字化、非正规就业与社会保障制度改革》，载《社会保障评论》2020 年第 3 期；王利军、涂永前：《论灵活就业人员社会保障制度的完善》，载《广东社会科学》2022 年第 6 期。

〔2〕 参见孟现玉：《互联网平台经济从业者的失业保险：制度困局与建构逻辑》，载《兰州学刊》2020 年第 11 期；岳宗福：《新业态劳动者失业保险：改革思路与政策优化》，载《中州学刊》2023 年第 6 期。

〔3〕 参见李强：《城市农民工的失业与社会保障问题》，载《新视野》2001 年第 5 期；肖云、徐艳：《论农民工失业及社会保障机制的建立与完善——以重庆市为例》，载《西北大学学报（哲学社会科学版）》2005 年第 1 期；韩伟、朱晓玲：《农民工对失业保险的潜在需求研究——基于河北省的社会调查》，载《人口学刊》2011 年第 1 期；陈金田：《农民工失业保险问题探究》，载《保险研究》2012 年第 4 期；杨祯容、高向东：《农民工失业保险的风险分析与对策研究》，载《社会保障研究》2017 年第 6 期。

〔4〕 参见翁仁木：《国外失业保险制度覆盖范围研究》，载《人事天地》2014 年第 9 期。

〔5〕 参见杨斌、丁建定：《全面实施全民参保计划背景下扩大失业保险覆盖面研究》，载《江西财经大学学报》2019 年第 1 期。

〔6〕 参见郑秉文：《中国失业保险基金增长原因分析及其政策选择——从中外比较的角度兼论投资体制改革》，载《经济社会体制比较》2010 年第 6 期。

结余过多，为引导失业保险金的合理筹集和高效使用，应将失业风险较大群体纳入失业保险体系，包括农民工、灵活就业者等人员。[1]余澍等认为低失业保险参保率下失业保险基金缴费与受益关系的不对称性是失业保险巨额基金结余的重要原因，作为应对，应逐步取消新业态从业人员、农民工等灵活就业人员参与失业保险的限制条件，实现失业保险的制度性全覆盖与应保尽保。[2]刘军强提出失业保险的激活和改革需要以适应劳动力市场的变化为指向，并增强对高风险群体如灵活就业人群的保护。[3](4) 从失业保险制度本身展开，如范围通过规范分析及制度比较，认为我国的失业保险法律制度覆盖范围较窄，应扩大覆盖范围至乡镇企业以及农民合同制工人、非全日制劳动者等灵活就业人员、国家机关公务人员以及未能及时就业的高校毕业生等。[4]郝君富、李心愉通过失业保险制度机制设计的国际比较，认为应进一步扩大失业保险的覆盖范围，包括每一位从业者。[5]薛惠元、曹思远从失业保险基金的可持续性和经济调节功能出发，指出失业保险制度应扩大覆盖面至灵活就业人员、个体工商户和新业态从业人员。[6]

围绕本书研究内容，下文分别从非正规就业的概念和非正规就业者失业保险制度两方面进行文献分析：

（一）关于非正规就业的内涵

就非正规就业的内涵来说，我国学界目前还没有确切的定义且论点繁多。大致可以分为：

---

[1] 参见韩艳林：《我国失业保险基金结余问题及缓解对策》，载《金融理论探索》2019 年第 4 期。

[2] 参见余澍等：《开源节流、政策补充与政策替代：中国失业保险基金结余形成的多元路径研究》，载《社会保障研究》2023 年第 3 期。

[3] 参见刘军强：《政策的漂移、转化和重叠——中国失业保险结余形成机制研究》，载《管理世界》2022 年第 6 期。

[4] 参见范围：《我国失业保险法律制度的问题及其完善——从〈失业保险条例〉到〈社会保险法（草案）〉》，载《人口与经济》2010 年第 5 期。

[5] 参见郝君富、李心愉：《失业保险制度机制设计的国际比较与启示》，载《兰州学刊》2018 年第 8 期。

[6] 参见薛惠元、曹思远：《后疫情时代失业保险基金可持续性与经济调节功能研究》，载《保险研究》2021 年第 2 期。

1. 通过就业部门界定非正规就业

如张丽宾认为我国的"非正规就业"应包括"非正规部门就业"和"非标准就业"。前者主要由"发展中国家城市地区中的独立工人和自谋职业的生产者组成";后者则是指"正规部门中区别于标准就业形式的非标准工作安排形式、非标准就业形式及非标准劳动关系。"[1]

2. 通过与正规就业的区别来界定非正规就业

如李强、唐壮认为非正规就业就是"没有取得正式的就业身份,处于正式就业体系之外的、地位不稳定的就业"[2];姚裕群认为非正规就业指的是"没有建立正规的劳动关系和没有正规的劳动组织程序的就业"[3];李郁认为非正规就业是"相对于计划经济中传统典型的城市就业形式而言的,除全日制、与用人单位建立劳动关系、获得工资福利和城市就业以外的正常的就业形式总称。"[4]

3. 通过总结非正规就业的特征以引申出定义

持此种观点的学者较多,如张小建认为非正规就业是指"无固定场所、无固定雇主和服务对象、无固定劳动关系、无稳定收入、无社会保障的小规模经营的就业形式"[5];燕晓飞和刘琦认为"非正规就业是不发生劳动关系或劳动关系非正规化,劳动时间、场地、方式灵活,无社会保险或社会保险程度低,有别于建立在工业化和现代化工厂制度基础上的传统典型就业的一种就业形式"[6];张彦认为所谓非正规就业,是指那些"因在付酬、劳动时间、劳动关系、工作形态、社会保障及经营活动这六个方面存在不固定性、不稳定性或不规范性而与正规就业有性质上区别的劳动就业形式"[7];胡凤霞、姚先国认为非正规就业是那些"具有非正式雇佣关系(无合同、临时雇佣、随意决定工资等)、没有进入政府监管体系、就业性质和状况处于低层次

〔1〕　张丽宾:《"非正规就业"概念辨析与政策探讨》,载《经济研究参考》2004 年第 81 期。

〔2〕　李强、唐壮:《城市农民工与城市中的非正规就业》,载《社会学研究》2002 年第 6 期。

〔3〕　姚裕群:《论我国的非正规就业问题》,载《人口学刊》2005 年第 3 期。

〔4〕　李郁:《非正规就业理论在中国实践的评述》,载《武汉理工大学学报(社会科学版)》2005 年第 4 期。

〔5〕　张小建主编:《就业与培训》,中国劳动社会保障出版社 2001 年版,第 3 页。

〔6〕　燕晓飞:《非正规就业劳动者的社会保障问题与对策研究》,载《湖北社会科学》2009 年第 8 期;刘琦:《劳动法视角下我国非正规就业者的权利保障》,载《湖湘论坛》2009 年第 4 期。

〔7〕　张彦:《非正规就业:概念辨析及价值考量》,载《南京社会科学》2010 年第 4 期。

与边缘地位的就业"[1]；钱叶芳认为非正规就业为"提供合法商品和服务，但未向一个或数个公共部门登记或申报从而在税收或劳动法律监管或保护之外的就业。"[2]

4. 不明确非正规就业的概念，而是提出概念框架

如彭希哲、姚宇认为我们需要设计一个非正规就业的概念框架，该框架应当包括几个基本要素：其一是从纯理论的角度分析各种非正规就业类型，其二是讨论各种涉及非正规就业的社会经济和政策问题，其三是要关注的特殊人群。[3]乔观民等认为非正规就业是具有政策性的概念，应该遵守国际接轨与因地制宜相结合、动态性和可操作性原则。[4]景思江、王红亮认为非正规就业的概念应考虑经济、人口和制度因素，且由于其具有独特的实践性内涵，难以形成统一概念，为此，我们可以从政策导向目标、基本内涵特征、相关外延展开。[5]任荣伟认为可以从两个角度定义非正规就业，其一可以依据劳动力的经济地位或企业规模，其二是依据劳动者的契约地位或社会保障地位来定义。[6]

5. 多维度界定非正规就业

如李艳霞认为应从就业特点、就业状态、就业类型、行业和领域分布这四个维度去定义非正规就业。[7]

（二）关于非正规就业的外延

由于对非正规就业内涵的界定不一，学者们对其外延的认识也较为混乱。

---

[1] 胡凤霞、姚先国：《城镇居民非正规就业选择与劳动力市场分割——一个面板数据的实证分析》，载《浙江大学学报（人文社会科学版）》2011年第2期。

[2] 钱叶芳：《非标准就业的经济分析与法律调整》，载《法学》2011年第3期。

[3] 参见彭希哲、姚宇：《厘清非正规就业概念，推动非正规就业发展》，载《社会科学》2004年第7期。

[4] 参见乔观民等：《对城市非正规就业概念理论思考》，载《宁波大学学报（人文科学版）》2005年第4期。

[5] 参见景思江、王红亮：《基于政策制定的非正规就业的概念界定》，载《湖北社会科学》2007年第12期。

[6] 参见任荣伟：《多重视角下的非正规经济组织：前沿理论与趋势》，载《中山大学学报（社会科学版）》2013年第6期。

[7] 参见李艳霞：《非正规就业概念的梳理与多维界定》，载《中国社会科学院研究生院学报》2013年第4期。

有的区分比较详细,有的则较为宏观。具体如下:

1. 从就业部门界定非正规就业外延

如姚裕群认为非正规就业的外延包括非正规部门的雇用劳动者、小业主等自营劳动者和正规部门中的非正规雇用者三个基本类型。[1]钱叶芳认为非正规就业包括非正规部门的非正规就业和正规部门的非正规就业。前者包括无证经营企业或个体组织的雇主和雇员、自然人和家庭雇主、自雇者和依赖性自雇者、零工等;后者包括未签订书面劳动合同的雇员、隐蔽性雇员、依赖性自雇者、远程办公、外包、特许经营、众包等。[2]

2. 从岗位特征界定非正规就业外延

如吴要武、蔡昉根据劳动者岗位特征界定了 9 类非正规就业者。[3]中国社科院"中国社会状况综合调查"课题组与吴要武、蔡昉的界定较为类似,只是将 9 类非正规就业者缩减为 5 类。[4]

3. 从雇佣关系界定非正规就业外延

如贾丽萍认为非正规就业群体可以分为两大类:"自雇型"和"受雇型"。"自雇型"主要包括从事小型个体、微型私营经济活动或流动的小商小贩;"受雇型"非正规就业群体主要包括临时工、小时工、劳务工、季节工等。[5]肖金萍、胡培兆认为在我国,非正规就业者主要包括非正规工薪雇员和自雇者。前者指非正规部门的工资劳动者和正规部门中没有享受社会保险待遇的雇员;后者则指未注册或雇工不超过 7 人的微型企业主和个体工商户户主、自营劳动者、无酬家庭帮工和自由职业者。[6]

(三)　关于非正规就业者的失业保险制度

从国内文献看,部分学者认为非正规就业人员的社会保障应以失业保障

〔1〕　参见姚裕群:《论我国的非正规就业问题》,载《人口学刊》2005 年第 3 期。

〔2〕　参见钱叶芳:《非标准雇佣与非正规就业:区分、交集与调整》,载《中国劳动》2018 年第 4 期。

〔3〕　参见吴要武、蔡昉:《中国城镇非正规就业:规模与特征》,载《中国劳动经济学》2006 年第 2 期。

〔4〕　参见中国社科院"中国社会状况综合调查"课题组等:《当前我国就业形势的特点和变化》,载《社会科学研究》2009 年第 2 期。

〔5〕　参见贾丽萍:《非正规就业群体社会保障问题研究》,载《人口学刊》2007 年第 1 期。

〔6〕　参见肖金萍、胡培兆:《以预付缴费计划扩大我国非正规就业者养老保险覆盖面》,载《经济纵横》2018 年第 3 期。

为中心，并以促进就业为目标构建。[1]但在讨论应否将非正规就业者纳入到失业保险制度时，却存在着两种对立的观点。一种观点认为当前不宜将非正规就业人员纳入到失业保险中。如何平、华迎放认为失业保险不宜覆盖灵活就业人员。[2]贾丽萍认为非正规从业者流动性较大、失业率较高，将其纳入失业保险会对失业保险基金带来财政压力，因此，不如将失业保险暂时搁置。[3]娄宇认为较难判定网约工是否为非自愿失业且共享经济就业本身就是一种就业促进方式，其与失业保险制度的功能重合，故而在此领域不宜引入失业保险制度。[4]鲁全认为新业态从业者的总体收入水平较低，如若同时参保各类社会保险，恐缴费负担过重，此时应允许其优先参与工伤保险和医疗保险，暂缓参加其他社会保险。[5]另外一种观点则认为应将非正规就业者纳入到失业保险中。如翁仁木认为灵活就业人员是职业风险相对较大的群体，把这个群体纳入失业保险覆盖范围，对于保障其失业期间的生活和促进其就业具有重要意义。[6]向春华认为将灵活就业人员纳入失业保险保障范围是历史趋势。[7]何文炯建议将就业保障权扩展到全体劳动者，改造现行的失业保险制度，以适应新业态的发展。[8]

在非正规就业者失业保险制度的具体构建上，学者们也有着不同看法。多数学者认为应对现有失业保险制度的缴费机制、待遇领取资格、给付标准与期限、转移接续等方面进行改革以使其适应非正规就业者的从业特点。[9]

〔1〕 参见李烨红：《促进我国非正规就业发展的社会保障制度分析》，载《湖北社会科学》2003年第10期。

〔2〕 参见何平、华迎放：《非正规就业群体社会保障问题研究》，中国劳动社会保障出版社2008年版，第57页。

〔3〕 参见贾丽萍：《非正规就业群体社会保障问题研究》，载《人口学刊》2007年第1期。

〔4〕 参见娄宇：《平台经济从业者社会保险法律制度的构建》，载《法学研究》2020年第2期。

〔5〕 参见鲁全：《生产方式、就业形态与社会保险制度创新》，载《社会科学》2021年第6期。

〔6〕 参见翁仁木：《国外失业保险制度覆盖范围研究》，载《人事天地》2014年第9期。

〔7〕 参见向春华：《社会保险请求权与规则体系》，中国检察出版社2016年版，第478页。

〔8〕 参见何文炯：《数字化、非正规就业与社会保障制度改革》，载《社会保障评论》2020年第3期。

〔9〕 参见鲍雨：《非典型就业与我国劳动法制的应对》，载《经济法学评论》2015年第1期；许春淑：《城镇非正规就业人员社会保障制度探析——以天津为例》，载《经济问题》2011年第2期；陈华等：《灵活就业人员失业保险支付意愿及其影响因素研究——基于重庆市的调研数据》，载《社会保障研究》2023年第5期；汪敏：《新业态下劳动与社会保险政策的检视与选择》，载《社会保障评论》2021年第3期。

也有学者认为应为非正规就业者构建综合社会保险制度，设立"养老——失业两合"账户。[1]还有学者认为应在现有失业保险制度内建立个人账户或是失业保险储蓄账户，[2]以此提高非正规就业者的参保积极性。在参与方式上，有学者认为应坚持非正规就业者自愿缴纳保费。[3]也有学者认为应分层分类。如刘冀徽、贾丽凤认为根据收入状况，应对中高收入人群强制参保；对于普通收入人群，要建立缴费和待遇挂钩机制以增强激励性；而对于收入困难人员，则要建立社会保障救助机制。[4]石美遐认为应按是否建立劳动关系进行分类。建立劳动关系的，应同正规就业人员一样参加社会保险；没有建立劳动关系的如自雇人员、自由职业者，可以比照个体劳动者方式进行。[5]赵领娣、谢莉娟认为应对中高收入非正规就业者加强投保激励，而对低收入非正规就业者则可以引入风险保障。[6]

综合国内外研究可以发现，源于各国国情在一定程度上的差异以及学者们的不同认知，既有研究对非正规就业的概念并没有形成统一界定，这就使得非正规就业的内涵与外延具有不确定性。但总体上，大多数界定都是以国际劳工组织的相关研究为基础，这为探索我国非正规就业的概念提供了路径。而就本书的核心论题即非正规就业者的失业保险而言，现有研究集中在经济、管理等学科，法学视角较为匮乏。而且，这些研究以实证分析方法为主，规范性研究较为零散，未能形成深入、细致的探讨，在应否、如何给予非正规就业者失业保险上也存在着一定程度的分歧。但值得肯定的是，

〔1〕 参见丁煜：《基于正规与非正规就业划分的"新二元"社会保险体系设计》，载《中国行政管理》2008 年第 5 期。

〔2〕 参见申晓梅：《论失业"救济"制度向就业"保险"制度的转型及其政策探析》，载《人口与经济》2007 年第 3 期；田大洲：《我国失业保险覆盖灵活就业人员研究》，载《中国劳动》2017 年第 10 期；郑秉文：《为农民工建立失业保险特殊制度》，载《工会博览》2017 年第 6 期。

〔3〕 参见杨怀印、曲国丽：《灵活就业人员的社会失业保险制度设计相关问题》，载《中国行政管理》2010 年第 5 期；赵崇平、谭勇编著：《灵活就业者社会保障建设探究》，光明日报出版社 2014 年版，第 374 页；封进：《劳动关系变化、劳动者需求与社会保险制度改革》，载《社会保障评论》2022 年第 5 期。

〔4〕 参见刘冀徽、贾丽凤：《非正规就业群体的就业保障问题研究》，载《改革与战略》2016 年第 5 期。

〔5〕 参见石美遐：《从非正规就业的劳动关系看其社会保障问题》，载《中国劳动》2005 年第 12 期。

〔6〕 参见赵领娣、谢莉娟：《由国外经验看我国非正规就业的社会保障建设》，载《中国海洋大学学报（社会科学版）》2007 年第 5 期。

大多数学者都认同应为非正规就业者提供失业保险，且就其制度安排提出了部分具有价值的建议。

第三节　研究创新点

本书以非正规就业者界定及其失业保险现状为出发点，就将非正规就业者纳入失业保险制度的合理性、现实障碍及其应对之策进行系统、深入地研究，力图设计一套较为完整、有效的法律制度，以解决非正规就业者在面临失业风险时无从保障的实践难题。本书在以下几个方面存在创新：

第一，学术视角方面。当前文献对于非正规就业者失业保险制度的研究，多以管理学、经济学等学科为主，法学研究极为匮乏。且从整体上看，现有研究也呈现出分散化、点状化特征，未形成系统化、整体化的相关论述。本书从法学视角出发，对非正规就业者失业保险制度的法律问题进行体系化地详细论述，在一定程度上填补了该论题在法学视阈中的空白。

第二，学术观点方面。（1）明确了非正规就业的内涵与外延。目前对于非正规就业的内涵与外延并无统一界定且观点纷杂，非正规就业与其他近似概念相互交叉，使得研究时难有统一的话语体系，这为研究的展开带来了模糊性与不确定性。本书在整合国外及国内相关研究成果的基础之上，理清思路，对非正规就业的内涵与外延给予了梳理并归纳、引申，最终得出符合我国实际的非正规就业概念。（2）对非正规就业者失业保险制度社会性的形塑及原则的突破。其一，以社会连带理论为基础，通过风险连带，提出失业保险制度应为社会风险承担之机制，发挥其社会性。另外在失业保险适用范围的扩张上，详细论述了社会保险与劳动关系捆绑的成因，并通过社会保险自身逻辑、人权理论为二者解绑建立了理论支撑。其二，通过分层保护原则，在遵循保障需求性的基础之上，根据从属性的基本分类，对从属性非正规就业者和非从属性非正规就业者适用不同的制度安排。这种制度设计较之机械地将其纳入失业保险制度更具合理性。其三，根据均等待遇原则，首次提出对从属性非正规就业者，应视之与正规就业者相同的地位，在失业保险上应禁止区别对待；而对于非从属性非正规就业者，应努力使其与正规就业者在失业保险上保持同等对待。其四，从消极保障到积极促进的理念转变，强化了工作与社会福利之间的关联，需要进一步确保个人权利与义务间的平衡。

（3）在非正规就业者失业保险具体制度上的创新。本书在非正规就业者失业保险的缴费方式、待遇给付资格、待遇给付内容、转移接续以及多重劳动用工关系的应对和失业保险制度与就业救助的衔接上均提出了部分具有创造性的建议。

第三，研究方法方面。综合运用法学、社会保障学、经济学、社会学等多种学科和领域的相关研究要素，深挖问题的理论难点和实践困境。同时采取规范分析、比较研究、调查法、法解释学等方法，以形成一个完整、妥适的非正规就业群体的失业保险法律制度体系。

第四节　研究方法与写作思路

对于非正规就业者失业保险问题的研究散见于各个学科中，涉及经济、管理、社会、法律等多个领域。本书主要从法学视角出发探讨我国非正规就业者失业保险制度的完善，但与此同时也会借鉴其他学科的分析工具、研究范式等。具体来说，通过类型化研究方法，以从属性为界定标准，将非正规就业者划分为从属性非正规就业者与非从属性非正规就业者，从而为失业保险制度分层纳入非正规就业者奠定基础；通过规范分析方法，系统梳理《失业保险条例》（以下简称《条例》）、《中华人民共和国社会保险法》（以下简称《社会保险法》）等法律文件及各地法规、规章和规范性文件，以检视非正规就业者失业保险制度现状并得出其存在的主要问题；通过实证分析方法，对非正规就业者的失业率与失业风险情况、我国失业保险制度运行状态等数据进行论述，为非正规就业者纳入失业保险制度建立较为扎实的数据支撑；通过比较分析方法，对域外失业保险制度覆盖非正规就业者的情况进行较为完整地探索，从而为我国非正规就业者纳入失业保险制度提供可供借鉴的经验共识。

在写作思路上，本书紧紧围绕非正规就业者失业保险法律问题研究这一主题，以"范畴与现状概述——合理性分析——现实障碍——法律应对"为逻辑进路。本书主体部分共分为六章内容：第一章通过对非正规就业者的界定及其失业保险现状进行分析，理清了非正规就业的内涵与外延并对其从业者进行分类。另外，阐释了当前非正规就业者失业保险权益的缺失，从而明确了本书的研究范畴。第二章从多方面论述了将非正规就业者纳入失业保险制度的必要性与可行性，以证成将非正规就业者纳入失业保险制度是正当且必要的。第三章分析了将非正规就业者纳入失业保险制度的现实障碍，具体包括社会性不足冲突、"一刀切"保护冲突和具体制度冲突。第四章提出了适应非正规就业者特点的失业保险社会性的形塑及原则之调整。首先，基于社会连带理论，失业保险功能应为社会风险承担之机制，应发挥其社会性。基于此，为了扩大失业保险适用范围，应将社会保险与劳动关系脱钩并消除城乡分割限制；其次，根据分层保护原则，对不同类型非正规就业者的失业风险适用不同的制度安排；再其次，遵循均等待遇原则，使非正规就业者的失业保险待遇与正规就业者待遇维持平等，但允许有合理差异；最后，从积极促进理念出发，平衡失业保险待遇领受权与工作义务之间的紧张关系，在维持公民社会权的同时促进其融入劳动力市场。该章的目的在于为非正规就业者失业保险制度的构建提供顶层架构。第五章着眼于建立适合非正规就业者特点的保费负担与待遇给付之特别制度，包括缴费方式、待遇给付资格和待遇给付内容上的调整。第六章对非正规就业者失业保险转移接续与多重失业保险关系及衔接制度进行完善，包括健全失业保险转移接续、多重劳动用工关系下失业保险制度的因应以及做好失业保险制度与就业救助制度的衔接这三个方面。

非正规就业者的界定及其失业保险现状

第一节　非正规就业与非正规就业者

非正规就业的产生与发展是劳动力市场弹性化的必然产物，其进一步加剧了劳动力"商品化"，来自工作时间、工作地点等的灵活性也给予了劳动者[1]和企业更大的选择空间。而也正是这种灵活性使得非正规就业日益成为发展中国家和发达国家中普遍存在且不容忽视的就业形式之一。国际组织和域外国家都对其进行了不同程度的探索，但基于非正规就业的复杂性，目前学界对非正规就业本身有着不同认识，这种情况在我国更甚，这就使得对非正规就业的相关研究莫衷一是。因此我们需要首先对非正规就业进行界定，这样才能更好地厘清本书的研究对象。

一、非正规就业的内涵与外延

非正规就业是与正规就业相对应的概念。正规就业或正规就业关系的概念最早形成于 19 世纪后半叶，英国和其他欧洲国家对雇佣关系[2]（employment

---

〔1〕　本书中的劳动者为广义上的劳动者，即具有劳动资格，可以从事职业劳动的自然人，不限于建立劳动关系的人，没有就业或自谋职业的都属于劳动者。

〔2〕　目前关于雇佣关系有两种不同的解释：一是把雇佣关系视作与劳动关系互相并列的两种社会关系；一是认为雇佣关系与劳动关系是包容与被包容的关系，雇佣关系为一般关系，劳动关系是特殊的雇佣关系。本书的雇佣关系采用的是后者，即认为其既包括劳动法上之劳动关系，也包括民法调整之雇佣关系。参见许建宇：《雇佣关系的定位及其法律调整模式》，载《浙江大学学报（人文社会科学版）》2002 年第 2 期。

relationship）进行立法规范或契约化之后，[1]"雇佣，谓当事人约定一方于一定或不定期间内，为他方服劳务，他方给付报酬之契约。"[2]正规就业关系也就是标准雇佣关系（standard employment relationship），指的是"具有从属性的全职雇员与单一雇主之间的稳定、开放、直接的协定"，[3]其建立在雇员——雇主在传统劳动地点（如企业、工厂等）、固定薪资的基础之上。在正规就业关系下，雇主可以在一定限度内控制雇员的行为，而雇员通过劳动从雇主处获得维持其经济安全与稳定性的必要收入、福利和相关就业保障。因此，历史地看，世界上一切就业在最开始时都可以被称为非正规就业，只是在法律与政府规制之后，才产生了正规就业与非正规就业的区别。以下从国际组织及各国、国内外学者对非正规就业的界定进行论述，从而引申出我国非正规就业的内涵与外延。

（一）国际组织及各国对非正规就业的界定

1. 国际组织对非正规就业的界定

在国际组织中，有关非正规就业的研究主要集中于国际劳工组织（International Labour Organization，ILO）、国际非正式部门统计专家组（International Expert Group on Informal Sector Statistics）、非正规就业妇女：全球化和组织化（Women in Informal Employment：Globalizing and Organizing，WIEGO）、经济合作与发展组织（Organization for Economic Co-operation and Development，OECD）、世界银行（World Bank）等。从其研究成果看，多数采用的是国际劳工组织的相关界定。根据不同研究视角，非正规就业的概念内容有所不同，具体可以分为以企业（Enterprise）为基础的概念、以工作（Job）为基础的概念和以活动（Activity）为基础的概念。[4]

（1）以企业为基础的概念

非正规就业的提出离不开非正规部门（Informal Sector）这一概念，因为

---

〔1〕 ILO, *Non-Standard Employment around the World：Understanding Challenges*, *Shaping Prospects*, International Labour Office, Geneva, 2016, p. 10.

〔2〕 参见史尚宽：《债法各论》，中国政法大学出版社 2000 年版，第 291 页。

〔3〕 Paul Schoukens, Alberto Barrio, "The Changing Concept of Work：When does Typical Work become Atypical", *European Labour Law Journal*, Vol. 8, No. 4., 2017, pp. 307-308.

〔4〕 Colin C. Williams, Mark A. Lansky, "Informal Employment in Developed and Developing Economies：Perspectives and Policy Responses", *International Labour Review*, Vol. 152, No. 3-4., 2013, p. 356.

非正规就业最开始指的就是在非正规部门中就业（Employment in the Informal Sector），1971 年，哈特在"非洲城市失业大会"上首次提出了"非正规部门"这一术语，并在关于加纳的论文中详细阐述了其对非正规部门的观点。[1]1972 年，国际劳工组织在《就业、收入和平等：肯尼亚增加生产性就业的战略》（Employment, Incomes and Equality: A Strategy for Increasing Productive Employment in Kenya）中吸收了这一术语并将之普及化。国际劳工组织认为非正规部门指的是那些努力工作但低薪酬的劳动者所进行的经济活动。这些经济活动的特征是：容易进入、依靠本土资源、企业由家庭所有、小规模经营、劳动密集和技术依靠引进、不受干预和自由竞争影响。其常被政府忽视，甚至被规制和禁止。[2]1991 年，国际劳工组织又进一步将之阐释为"发展中国家城市地区那些低收入、低报酬、无组织、无结构的小规模生产或服务单位。"[3]

1993 年，第 15 届国际劳工统计学家会议（15th International Conference of Labour Statisticians）对非正规部门的界定成了当前国际通用概念。该会议将非正规部门定义为"从事商品生产和服务并以为相关人员提供就业和收入为目标的企业单位。这些单位组织程度低、劳动和资本未分离、规模较小且就业关系基本为临时雇用、亲属、个人或社会关系，不具有正式保障的合同安排。"[4]就其构成而言，非正规部门是由家庭所有的非法人企业（Unincorporated Enterprises）所组成的生产单位，包括非正规自营企业（Informal Own-account Enterprises）和非正规雇主企业（Enterprises of Informal Employers）。[5]要界定

----

〔1〕 哈特认为公共和私人部门的工薪劳动以及养老金、失业福利的转移支付是正规收入机会（formal income opportunities）的主要特点，而正规收入机会与非正规收入机会（informal income opportunities）的区别就建立在工资收入（wage-earning）与自雇（self-employment）之间，非正规收入机会既包括合法行为也包括非法行为。Hart K., "Informal Income Opportunities and Urban Employment in Ghana", *The Journal of Modern African Studies*, Vol. 11, No. 1., 1973, pp. 68-69.

〔2〕 See ILO, *Employment, Incomes and Equality: A Strategy for Increasing Productive Employment in Kenya*, International Labour Office, Geneva, 1972, pp. 5-6.

〔3〕 See ILO, *The Dilemma of the Informal Sector*, *Report of the Director-General*, International Labour Conference, 78th Session, International Labour Office, Geneva, 1991, p. 4.

〔4〕 See ILO, *Statistics of Employment in the Informal Sector: Report* Ⅲ, Third Item on the Agenda, The Fifteenth International Conference of Labour Statistics, International Labour Office, Geneva, 1993, p. 78.

〔5〕 See ILO, *Resolution Concerning Statistics of Employment in the Informal Sector*, The Fifteenth International Conference of Labour Statisticians, International Labour Office, Geneva, 1993.

非正规部门时，需满足若干标准。[1]随后为了促进国际间比较，国际非正规部门统计专家组认为非正规部门为"至少生产部分用于销售或交易的商品或服务且雇佣少于 5 名雇工、未注册、非农业活动的私营非法人企业，不包括由家庭雇佣的家政工人"。[2]另外，非正规部门的经济活动也不一定是故意逃税、不缴纳社会保险费或违反劳动法与其他法律和行政规定的活动。因此，应将非正规部门活动与隐形经济（Hidden Economy）与地下经济（Underground Economy）活动相区分。[3]

总之，非正规部门是发展中国家在城市地区劳动力过剩的一种常见现象。早期认为过剩的劳动力主要来自农村转移劳动力，其自身无法在正规部门找到工作，为了生存只能进行低工资劳动或自雇劳动。在这里，非正规部门就业就包括了"非正规部门企业（Informal Sector Enterprises）中的所有工作，即在一定期间内，所有在至少一个非正规部门企业中工作的劳动者，而不论其雇佣状态为何或是否是其主要或次要工作。"[4]

（2）以工作为基础的概念

随着经济社会发展，非正规部门就业已经不能涵盖所有非正规形式的就业。原因在于早期的正规部门一般仅指"政府部门和出口导向部门"或是刘易斯所称的"现代部门"，其范围较窄，以非正规部门对应之，虽有一定模糊性，但争议不大。但柔性化、专业化的劳动逐渐增多，分包工、短期工等劳动形式的出现使这一定义出现了局限性。[5]批评人士认为统计报告经常忽视那些从事小规模或者临时自雇的劳动者，尽管他们符合以企业为基础的定义。另外，非正规部门统计也许会受到以就业状况对某些特定雇佣群体分类时的错误

---

〔1〕 非正规部门的界定标准为：（1）非法人私营企业（private unincorporated enterprises）；（2）全部或部分商品或服务应用于销售或易货；（3）企业的雇佣规模低于国家管制的临界值，并且/或企业或雇员本身并未注册；（4）企业从事的是非农业活动。See Ralf Hussmanns, *Defining and Measuring Informal Employment*, Bureau of Statistics, International Labour Office, CH-1211 Geneva 22, 2004, p. 3.

〔2〕 See Hassan Essop, Derek Yu, *The South African Informal Sector（1997-2006）*, Stellenbosch Economic Working Papers, No. 3. , 2008, p. 5.

〔3〕 See ILO, *Resolution Concerning Statistics of Employment in the Informal Sector*, The Fifteenth International Conference of Labour Statisticians, International Labour Office, Geneva, 1993.

〔4〕 See Ralf Hussmanns, *Defining and Measuring Informal Employment*, Bureau of Statistics, International Labour Office, CH-1211 Geneva 22, 2004, p. 2.

〔5〕 参见乔观民等：《对城市非正规就业概念理论思考》，载《宁波大学学报（人文科学版）》2005 年第 4 期。

所带来的影响，这些群体包括外包工（Outworkers）、分包工（Subcontractors）、自由职业者（Freelancers）或其他在自雇与雇佣边界的劳动者。再者，以企业为基础的非正规部门定义也已难以应对日益增长的信息化就业（Informalization of Employment）的挑战，这一信息化就业产生了许多不同形式的非正规（或非标准、非典型、替代性、不稳定、不规则）就业。[1]

基于此，2003年第17届国际劳工统计学家会议（17th International Conference of Labour Statisticians）对以企业为基础的概念进行了补充，并将之扩大为以工作为基础的概念。该会议将非正规就业定义为一定时期内在正规、非正规或家庭企业中的所有非正规工作，包括非正规企业中的自雇者（Own-Account Workers）和雇主（Employers）、正规和非正规企业中的家庭工人（Contributing Family Workers）、非正规合作生产社成员（Members of Producers' Co-operatives）以及正规、非正规和家庭企业中的非正规雇员（Employees）、从事供其家庭最终使用的商品活动的自雇者。[2]可以说，非正规就业是相对于正规就业而言的，在非正规部门、正规部门和家庭中缺乏基本的社会、法律保障或就业福利的一切就业，[3]其包括了除正规就业以外的非正规部门中的所有就业形式。另外，由于就业情况在形式与实践中存在差异，如雇员虽然在理论上受劳动法保护、被社会保障覆盖及有权获得就业福利，但在实践中囿于缺乏法规执行机制而无法实现权利，或者雇员主动放弃权利而无法适用法律保护等。[4]第17届国际统计学家会议将非正规雇员定义为因临时工作或工作时间较短与工时、工资低于特定门槛（如社会保障缴费）或缺少法律规范等原因，所导致的在法律或实践中不受劳动法、税法、社会保护等规制或不享有特定就业福利（如解雇的提前通知、遣散费、带薪年假或病假等）的

---

〔1〕 See Ralf Hussmanns, *Measuring the Informal Economy: From Employment in the Informal Sector to Informal Employment*, Working Paper No. 53., Policy Integration Department, Bureau of Statistics, International Labour Office, Geneva, 2004, p. 2.

〔2〕 See ILO, *Guidelines Concerning a Statistical Definition of Informal Employment*, The Seventeenth International Conference of Labour Statisticians, International Labour Office, Geneva, 2003.

〔3〕 See ILO, *Statistical Update on Employment in the Informal Economy*, ILO Department of Statistics, 2011, p. 12.

〔4〕 See Ralf Hussmanns, *Measuring the Informal Economy: From Employment in the Informal Sector to Informal Employment*, Working Paper No. 53., Policy Integration Department, Bureau of Statistics, International Labour Office, Geneva, 2004, p. 7.

劳动者。[1]非正规就业也由此被定义为："所有未被现有法律或监管框架登记、监管或保护的有酬就业（Remunerative Work），包括自雇、受雇以及盈利企业中的无薪劳动。"[2]

（3）以活动为基础的概念

在发达国家，非正规就业经常与"地下经济"相联系。根据 OECD 等出版的《未观测经济的计量手册》（Measuring the Non - Observed Economy：A Handbook）一书，地下生产（Underground Production）也就是非正规就业，指的是所有因逃避税款、社会保险费或避免达到劳动基准门槛的合法生产活动。根据该定义，非正规就业是一种合法行为，其目的是逃避某些法律责任。[3]

2. 各国对非正规就业的界定

域外各国在研究非正规就业时，使用了不同术语。在发达经济体中最常使用的是非标准雇佣（Non-Standard Employment）和非典型就业（Atypical Employment），在欧盟为未申报的工作（Undeclared Work），在日本为非正规雇用，在印度为无组织部门就业（Unorganized Sector Employment），等等。基于各个国家的社会经济体制、目前的主要经济活动特征和文化特征的差异，各国对于非正规就业的判断标准与分类各不相同。如有些国家强调是否进行注册或工商登记、用人规模大小、是否具有银行账户、是否具有统计账目、是否具有专门的生产场所等；有些国家则从个体出发，强调其是否为个体及自营经济行为、是否是第二职业、是否具有社会保障、工作时间多少等。[4]总体上，多数国家并未对非正规就业进行直接定义，而是通过对非正规部门企业以及非正规雇员的界定来进行诠释。

在非正规部门企业上，各国通过雇佣员工数量、注册与否、是否包括农业活动、有无书面合同、有无社会保障等进行界定。如土耳其认为非正规部门企业指的是除农业活动以外，从业人员在 10 人以下的一次性纳税或不纳税

---

〔1〕 See ILO, *Guidelines Concerning a Statistical Definition of Informal Employment*, The Seventeenth International Conference of Labour Statisticians, International Labour Office, Geneva, 2003.

〔2〕 See ILO, Informal Economy Workers, https://www.ilo.org/global/topics/wages/minimum-wages/beneficiaries/WCMS_436492/lang--en/index.htm（last visited on May 8, 2023）.

〔3〕 See Colin C. Williams, Mark A. Lansky, "Informal Employment in Developed and Developing Economies：Perspectives and Policy Responses", *International Labour Review*, Vol. 152, No. 3-4., 2013, p. 358.

〔4〕 参见彭希哲、姚宇：《厘清非正规就业概念，推动非正规就业发展》，载《社会科学》2004年第 7 期。

的家庭非法人企业（Household Unincorporated Enterprises）；巴西认为非正规部门企业应是除农业活动外，雇员少于6人的无完整账户的家庭非法人企业；墨西哥规定没有完整账户、未注册、除农业活动外的家庭非法人企业为非正规部门企业；马里则规定非正规部门是少于11人且未参保社会保障、无完整账户的私营企业等。[1]

在非正规雇员上，各国以劳动合同、社会保障、年假和公共假等因素为标准进行界定。如匈牙利、巴西认为没有正规合同的为非正规雇员；土耳其规定没有参保社会保障的为非正规雇员；韩国规定没有参保国家养老金计划（National Pension Scheme）的雇员为非正规雇员；墨西哥认为无法通过工作获得公共或私人医疗服务的为非正规雇员；帕纳马认为非正规雇员指的是无劳动合同或有劳动合同但未被纳入社会保障的雇员（不包括退休人员）；波兰认为没有雇佣合同或未参保社会保障的为非正规雇员；越南以没有书面劳动合同或未被纳入社会保险，不享有年假/公共假的雇员为非正规雇员等。[2]

（二）国内外学者对非正规就业的界定

当前，国内外学者对非正规就业的界定大多以国际劳工组织的概念为基本框架，但也有部分学者持不同意见。

国外学者目前对于非正规就业概念的界定方式基本可以分为两大类：一类是基于生产力（Productivity-Based）的定义；一类是基于法律（Legalistic）或社会保护的定义。前者通过工作特征来体现劳动力市场的非正规性，个体经营者、非技术工人、从事边缘工作的群体、家政工人和家庭工人、少于一定人数的小型企业的雇员都可被视为非正规就业者；后者则认为，非正规就业的主要特征是不受劳动法和社会保障制度保护，因此为了避税或雇主拒绝缴纳社会保险费/养老保险费的从属劳动者、未向国家注册的自雇工为非正规就业者。[3]

---

〔1〕 See ILO, *Measuring Informality: A Statistical Manual on the Informal Sector and Informal Employment*, International Labour Organization, Geneva, 2013, p. 23.

〔2〕 See ILO, *Measuring Informality: A Statistical Manual on the Informal Sector and Informal Employment*, International Labour Organization, Geneva, 2013, p. 41; OECD, "Declaring Work or Staying Underground: Informal Employment in Seven OECD Countries", *OECD Employment Outlook* 2008, 2008, p. 3.

〔3〕 See Hartmut Lehmann, "Informal Employment in Transition Countries: Empirical Evidence and Research Challenges", *Comparative Economic Studies*, Vol. 57, No. 1. , 2015, pp. 5-6.

除此之外，还有学者认为广义的非正规就业应包括非法或犯罪活动，[1]或是认为非正规就业应包括向国家隐瞒从而未在税收、社会保障和劳动法等项下登记的活动。[2]相对应地，基于不同定义，非正规就业的外延也呈现出极大的多样性，如有学者认为非正规就业应包括虚假自雇，[3]有学者认为非正规就业包括社会保障欺诈下的工作[4]等。

我国学者对非正规就业的概念界定则更为混杂。多数学者从非正规就业的特征总结出非正规就业的概念；还有学者提出非正规就业的概念框架；或是认为应多维度界定非正规就业；或是从就业部门、法律身份进行认定等。在此，非正规就业的外延也不尽相同。

（三）本书对非正规就业的内涵与外延界定

1. 对非正规就业的内涵界定

"非正规就业"这一术语在我国属于舶来品，在新中国成立以来的很长一段时间里，我国并不重视非正规就业的存在。随着国有企业及劳动制度改革，非正规就业在夹缝中生长并逐渐占据重要地位。即使 1995 年和 2008 年我国开始施行《中华人民共和国劳动法》（以下简称《劳动法》）和《中华人民共和国劳动合同法》（以下简称《劳动合同法》），就业的正规性有所上升，但仍不能阻挡非正规就业的快速增长。只是，我国目前仍未形成对于非正规就业的统一认识，学术界对非正规就业的概念界定较为混乱，官方也并未出台明确规定。基于国际组织及国内外学者的研究，本书认为非正规就业的概念应兼具国际可比性与国内特殊性。

其一，从国际可比性来说，国际劳工组织与相关专家就非正规性的共识从两个维度去理解：第一个维度是经济组织的性质或类型。当该经济组织致

---

〔1〕 See Demetra Smith Nightingale, Stephen A. Wandner, *Informal and Nonstandard Employment in the United States: Implications for Low-Income Working Families*, The Urban Institute, 2011, p. 3.

〔2〕 See Colin C. Williams, Jan Windebank, *Informal Employment in the Advanced Economies: Implications for Work and Welfare*, Routledge, 1998, pp. 4-5.

〔3〕 Danielle Venn, *Measuring Informal Employment in OECD Countries*, Paper for the WIEGO Meeting on "Measuring Informal Employment in Developed Countries", Harvard University, 2008, 载 https://www.wiego.org/sites/default/files/publications/files/Venn_OECD_Countries.pdf, 最后访问日期：2023 年 5 月 10 日。

〔4〕 See Colin C. Williams, Jan Windebank, *Informal Employment in the Advanced Economies: Implications for Work and Welfare*, Routledge, 1998, pp. 4-5.

力于生产商品或提供服务，其运行主要依据家庭资源且不保留基本会计记录的，就是我们所称的非正规部门企业或未经登记的小型企业以及与非正规部门有关的就业；第二个维度是从劳工的观点出发，认为无论劳动者就业所在的经济单位是未经登记的企业还是正规企业，只要其不受劳动法或体制框架约束，就是非正规就业。以上两个维度相互补充，前者主要针对独立就业（雇主和自雇者），后者主要针对依赖型就业的劳动者，如工资就业（Wage Employment）者。[1]这两个维度也就是前文所说的以企业为基础的概念和以工作为基础的概念。另外，非正规就业的内涵应包括其核心特征、具有确定性，而外延应是动态性、扩展性的。非正规就业的核心特征应是不受劳动法律规范和社会保障规范的约束，其可能发生于不同的部门中。因此，我国的非正规就业概念应以工作为基础的概念为总括性概念，并辅之以以企业为基础的概念。

其二，从国内特殊性来说，我国的非正规就业较之国际组织及其他国家的界定有着一定的特殊性，主要表现在以下几个方面：（1）为了稳定就业，非正规就业是我国政府提倡的一种就业形式，这与国外发达国家将非正规就业视为违法行为不同。如在美国，非正规就业被视为黑市（Black Market）、犯罪和非法活动、非法移民（Undocumented Immigrants）或是白领（White - Collar）的逃税行为。[2]另外，我国原有的部分非正规用工还获得了一定的正式和合法身份，如非全日制用工和劳务派遣用工。（2）域外国家普遍将无固定期限的劳动合同作为标准就业形式看待，其他短暂的就业合同则被视为非正规就业中的临时就业。而在我国，固定期限劳动合同、以完成一定工作任务为期限的劳动合同均被劳动法律规范和社会保障规范规制，其均应被视为正规就业。而且1996年，我国原劳动部便已否认了临时工的存在，[3]因而正规部门中的非正规就业便不包括临时工。（3）有部分文献将小微企业纳入非正规部门，其原因在于域外部分国家对规模低于一定标准的企业在社会保障、

---

[1] See ILO, *Informal Employment in Mexico: Current Situation, Policies and Challenges*, Notes on Formalization, International Labour Organization, Geneva, 2014, p. 4.

[2] See Demetra Smith Nightingale, Stephen A. Wandner, *Informal and Nonstandard Employment in the United States: Implications for Low-Income Working Families*, The Urban Institute, 2011, p. 1.

[3] 原劳动部在《劳动部办公厅〈关于临时工用工形式是否存在等问题的请示〉的复函》（劳办发〔1996〕238号）中提出："《劳动法》施行后，所有用人单位与职工全面实行劳动合同制度，各类职工在用人单位享有的权利是平等的。因此，过去意义上相对于正式工而言的临时工已经不复存在，用人单位在临时性岗位上用工，可以在劳动合同期限上有所区别。"

劳动标准等方面进行了豁免。但我国对小微企业并无此项规定，因此他们仍需遵守相关劳动法律规范，仍属于正规部门。(4) 特别要说明的是个体工商户、非全日制工和劳务派遣。我国《劳动法》《劳动合同法》将个体工商户、非全日制工和劳务派遣纳入了规制范围，这三种就业形式在域外都是典型的非正规就业。但在我国，个体工商户雇员、劳务派遣者基本已享有同正规就业者相同的就业保护，[1]而只有非全日制工和无雇工的个体工商户在受保护力度上有所欠缺。具体而言，用人单位只被强制为非全日制工缴纳工伤保险，其他如养老保险、医疗保险都需其自我缴纳。而无雇工的个体工商户的所有社会保险都只能自己承担，且目前也仅能缴纳养老保险、医疗保险。[2]故而，本书认为劳务派遣应被视为正规就业，无雇工的个体工商户、非全日制工应属于非正规就业。

综上，本书将非正规就业的内涵定义为在一定时期内，在法律上不受一项或多项现有劳动法律规范或社会保障（主要为社会保险）[3]规制的就业形式，不包括非法活动、农业活动。非正规就业存在于正规部门、[4]非正规部门与家庭中。非正规部门指的是由个人或家庭所有的非法人企业，其从事为他人生产商品或提供服务的合法经济活动，特征为小规模（可定义为 7 人以下）、未注册或注册后无法获得劳动法律规范和社会保障保护；家庭指的是专门为自己最终使用而生产商品的部门。

2. 对非正规就业的外延界定

非正规就业的外延较为广泛，既包括为自己工作的劳动者，也包括在正规或非正规企业中没有劳动合同或没有参保社会保障的劳动者。具体可以分为以下三类：

〔1〕 参见《劳动法》《劳动合同法》《劳务派遣暂行规定》《社会保险法》。
〔2〕 参见《劳动和社会保障部〈关于非全日制用工若干问题的意见〉》（劳社部发〔2003〕12号）、《社会保险法》。
〔3〕 我国当前主要的劳动法律规范和社会保障规范包括：《中华人民共和国工会法》《劳动法》《中华人民共和国职业病防治法》《工作场所职业卫生管理规定》《最低工资规定》《中华人民共和国就业促进法》《中华人民共和国劳动争议调解仲裁法》《劳动合同法》《社会保险法》《中华人民共和国劳动合同法实施条例》。
〔4〕 根据正规就业受国家管理和法律保护的特点，我国的正规部门应包括国家机关和需要在相关政府部门登记注册的企事业单位、民办非企业单位、社会团体等，其中企业通常包括国有企业、集体企业、股份合作单位、联营企业、有限责任企业、股份有限企业、港澳台商投资单位、外商投资单位。

（1）非正规雇员

非正规雇员包括在正规部门、非正规部门和家庭中处于雇佣关系的劳动者。

正规部门非正规雇员指的是在机关事业单位、企业、民办非企业单位、社会团体、律师事务所、会计师事务所等单位中的雇员，目前主要为非全日制工。他们虽然与用人单位形成了劳动关系，但与正规就业者相比，其劳动保护程度较宽松且基本处于社会保障的强制保护之外。另外，个体工商户的帮工、学徒亦属于正规部门非正规雇员。个体工商户虽然具有劳动法上之主体地位，但其所招收的帮工、学徒却不受劳动法律保障也不被社会保险强制覆盖。

非正规部门雇员主要指的是家庭作坊雇员，包括帮工、学徒。家庭作坊雇员不属于我国劳动法律规范的调整对象，雇员与雇主之间多为亲属关系或是通过亲属、朋友介绍的社会关系，其雇佣关系较为松散、不稳定。

家庭中的非正规雇员主要为家政工。目前我国对家政工并没有明确定义，国务院办公厅仅指出家政服务业是以"家庭为服务对象，由专业人员进入家庭成员住所提供或以固定场所集中提供对孕产妇、婴幼儿、老人、病人、残疾人等的照护以及保洁、烹饪等有偿服务，满足家庭生活照料需求的服务行业。"[1]根据2011年的《家政工人公约》（Domestic Workers Convention），我们可以将家政工定义为"处于雇佣关系中，为一个或多个家庭从事家政工作的劳动者。"从我国实践看，家政工主要包括以下两种类型：与家政公司签订劳动合同，并被派遣到家庭中从事家政服务的人员；经家政服务介绍机构居间介绍或通过某种途径自行到家庭从事服务工作的人员。本书中的非正规雇员指的是后一种形式的家政工，他们为个人或家庭所雇用，包括保姆、月嫂、护工、家庭厨师、家庭司机等。

（2）自雇者

自雇者指的是那些不受雇于其他单位、个人或家庭，并进行独立自我劳动的从业者，包括自雇经营者和自雇劳动者。

自雇经营者的构成主体为个体工商户户主和家庭作坊主。前者需要在工商管理部门登记注册，一般由个人或家庭经营，可以签订劳动合同也可以招收帮工、学徒；后者一般为家庭或几个家庭共同经营，不需要登记注册，可

---

〔1〕《国务院办公厅关于促进家政服务业提质扩容的意见》（国办发〔2019〕30号）。

以招收帮工、学徒。自雇经营者对其经营活动承担无限连带责任，一般没有完整的会计账户，其经营活动与个人财产难以区分。

自雇劳动者则不被他人雇用也不雇用他人，其自负盈亏或与合伙人共负盈亏。他们通常没有固定的工作地点、工作时间，内部的差异性也较大。既有低收入者如街头摊贩、打零工者、非正规就业劳动组织[1]从业人员；也有高收入者，如作家、撰稿人、翻译等。

（3）灰色地带劳动者

近年来，新型就业形式的发展使从属性就业与自雇就业之间的界限正变得逐渐模糊化，处于两者之间的"灰色地带"（Gray Zone）劳动者不断增多。其产生的根本原因在于法律范围的不确定性与滞后性，法律应用和实际情况之间存在着鸿沟。[2]与此同时，雇主极力"去劳动关系化"[3]、劳动者追求灵活性或是存在认知薄弱、短视行为等也都是其增多的主要原因。用于"灰色地带"群体的术语主要包括经济依赖性劳动者（Financially/Economically Dependent Workers）、准从属性劳动者（Para-Subordinate Workers）或类雇者（Persons Similar to Wage Earners）等。"灰色地带"劳动表现为两个不同特征：（1）兼有从属性和自雇性的劳动。该劳动难以被纳入原有的"雇员——自雇"二元体系，其法律地位处于不确定的状态。（2）虚假自雇（Bogus Self-Employment），即伪装成自雇的从属性就业。[4]

由于"灰色地带"劳动者在法律地位上的模糊性，其时常游离于劳动法律规范与社会保障规范的规制之外。因此，"灰色地带"劳动者应被视为非正规就业者中的一员。国际劳工组织亦认可"灰色地带"就业的存在并将之作

---

〔1〕 非正规就业劳动组织是指组织本市失业人员、协保人员、农村富余劳动力，通过开发社区服务业、家庭工业和工艺作坊等小型制作业、为单位提供社会化服务等进行生产自救，以获得基本的收入和社会保障的一种社会劳动组织。参见《关于规范非正规就业劳动组织管理的若干意见》（沪劳保就发〔2003〕34号）。

〔2〕 参见董保华：《"隐蔽雇佣关系"研究》，载《法商研究》2011年第5期。

〔3〕 "去劳动关系化"是对一种经济契约型劳动交换方式的描述或遮蔽，其实质是去除雇佣或从事从属性劳动的束缚。成本与收益的考量是用人单位"去劳动关系化"的首要动因，通过弹性、灵活的用工方式，用人单位可以避免承担诸如劳动保护、社保缴费、最低工资等一系列法律义务，最大限度地降低自身成本，提升竞争力。参见胡磊：《网络平台经济中"去劳动关系化"的动因及治理》，载《理论月刊》2019年第9期。

〔4〕 See Adalberto Perulli: Economically Dependent/Quasi-subordinate (Parasubordinate) employment: legal, social and economic aspects, 2003, pp. 8-12.

为非标准就业的形式之一。[1]本书认为对于虚假自雇，其在根本上仍然是劳动关系，只是被表面的其他法律关系所掩盖。国际劳工组织在第 198 号《关于雇佣关系的建议书》（Employment Relationship Recommendation）中提出要与隐蔽雇佣关系做斗争。从实质意义上而言，处于虚假自雇的劳动者并不是非正规就业者，而应是被隐蔽的正规就业者，其劳动保护和社会保障权益应通过劳动保障监察、权利救济等形式予以实现。不同于虚假自雇，兼有从属性和自雇特性的"灰色地带"劳动并不是源于雇主的有意隐瞒，而是现有的法律框架致使其难以被简单地划分为任何一方，从而也难以获得劳动保护和社会保障。此种"灰色地带"就业应属于非正规就业的表现形式，最典型的如互联网平台经济[2]就业。

　　平台经济是基于互联网、云计算等现代信息技术，以多元化需求为核心，全面整合产业链、融合价值链、提高市场配置资源效率的一种新型经济形态。在平台经济中，个人使用自有资产或者个人劳动力，为他人提供服务，从而获取报酬，而平台为个人提供信息平台、交易平台等。由于平台经济的特殊化，其用工关系相对于传统用工关系也呈现出不同的特点：（1）形式上的自主性。平台经济下，平台本身并不生产产品，而主要在整合社会资源，灵活用工成为平台用工形式的一大趋势。区别于标准劳动关系，平台经济下，平台与劳动者并不签订劳动合同；劳动者没有固定的工作场所和工作时间，劳动者可以选择自己认可的地点与合适的时间自由办公，既可以全职工作，也可以兼职工作；劳动工具一般由劳动者个人提供；平台对劳动者的管理较松散；劳动者既可以为一个平台工作，也可以同时为几个平台工作。以上这些都可以看出平台经济下的劳动者似乎对其劳动本身有着非常大的自主选择权

---

　　[1]　国际劳工组织认为"灰色地带"就业包括隐蔽雇佣关系（disguised employment relationships）和依赖性自雇（dependent self-employment）。前者指的是雇主隐瞒雇员的真实法律地位而将其视为雇员以外的劳动者；后者指的是劳动者以雇佣合同以外的合同形式从事劳动，但他们的收入依赖于一个或少数客户并受其直接指示以完成工作。ILO, *Non-Standard Employment around the World: Understanding Challenges, Shaping Prospects*, International Labour Office, Geneva, 2016, p.36.

　　[2]　互联网平台经济，与其他术语如共享经济、按需经济、零工经济、协作经济或数字经济在意涵上存在交叉，学者们在运用时，也多根据研究客体进行调整。本书所指的主要为 Uber、滴滴出行、美团外卖等平台企业，故选择使用互联网平台经济一词。另外本书主要关注通过平台进行就业以换取报酬的劳动者，因此不包括资产分享型的平台，如出租房屋、交通工具的平台如 Airbnb、摩拜单车等、线上零售商如 Ebay 等。

利。（2）内容上的限制性。平台虽然为劳动者提供了一定的灵活性和自主性，但同时也对劳动者劳动给付的形式和内容等有一定的限制。如 Uber 从劳动者一上线就开始监控其整个行为，并要求劳动者穿着正式服装、接单后给顾客发信息、为顾客开门并保证在车内播放轻音乐等；虽然劳动者可以自由选择登录时间，但 Uber 将长时间不上线的劳动者剔除出平台，实践中其定期将底部的百分之五劳动者淘汰；Uber 也单方面决定劳动者提供劳务的价格并从中提取一定的"份子钱"；Uber 禁止劳动者在 Uber 平台以外招揽客人等。[1]以上这些限制似乎又与传统劳动关系下用人单位对职工的管理有一定的相似性。（3）手段上的隐蔽性。在传统的劳动关系中，用人单位对职工通常采取直接控制，如上班打卡、指派工作内容、进行职业培训等。但在平台经济中，平台通常不直接控制劳动者，而采取间接控制手段，这种控制手段具有很强的隐蔽性，很容易使大众产生劳动者拥有极大自主权的错觉。如滴滴平台的评分机制，若劳动者评分过低，则其通常会被滴滴"雪藏"；滴滴的智能派单系统，如若劳动者拒接，则会有一定惩罚等。平台经济下，由于平台和劳动者的用工关系存在着上述特点，使得平台用工关系使世界范围内的劳动关系认定陷入困境，如在英国，有些判例根据雇佣法（Employment Law）将平台从业者定义为 b 项工人，但在社会保障和税法下（Social Security and Tax Law）又将其分类为自雇收入者（Self-Employed Earner），而最近又有判例将平台从业者在雇佣法下定义为独立合同工。[2]在我国，要求确认劳动关系的互联网平台案件也在不断增多，[3] 而出于不同的利益考量，对平台与平台从业者之间的用工关系裁判不一，包括认定其为劳动关系[4]、合作关系[5]、居间合同关系[6]、雇佣关系[7]和劳务关系[8]等。总体上，劳动者提出的与平台

[1] See O'Connor, V. Uber Techs., Inc., 82 F. Supp. 3d at 1142-1150.

[2] See Paul Schoukens, et al., "The EU social pillar: An answer to the challenge of the social protection of platform workers" *European Journal of Social Security*, Vol. 20, No. 3., 2018, p. 232.

[3] 如 2015 年至 2018 年第一季度，北京市朝阳区人民法院共受理互联网平台用工劳动争议案件 188 件，其中 61.2% 的案件，从业者要求确认劳动关系；在审结的 171 件案件中，超过 84% 的案件双方对是否建立劳动关系存在争议。

[4] 参见（2019）鲁 02 民终 1391 号；（2018）苏 05 民终 4683 号；（2017）京 0108 民初 53634 号。

[5] 参见（2018）辽 13 民终 1569 号；（2017）沪 01 民终 13747 号；（2018）赣 0424 民初 1142 号。

[6] 参见（2019）皖 01 民终 1913 号；（2018）京 0102 民初 4883 号。

[7] 参见（2019）黑 01 民终 3539 号；（2017）粤 01 民终 13837 号。

[8] 参见（2017）豫 13 民终 5793 号；（2017）陕 01 民终 11374 号。

认定劳动关系的案件中，一般由于其用工非标准化、难以符合传统的从属性标准而被认定为不具有劳动关系。而在侵害损害赔偿的案件中，一般又认定劳动者的行为属于职务行为，由平台进行赔偿。反观学界中，学者们也意见不一，主要包括以下三种：第一种观点认为平台下劳动者与平台之间的关系不是劳动关系。如有学者以"e 代驾"在我国三地法院的判决为切入点，并结合美国联邦地区法院判决此类案件所依据的博雷洛（Borello）测试，认为不应当认定基于互联网平台提供劳务属于劳动关系，同时应对劳动法的适用范围作动态调整，防止劳动关系的泛化。[1]第二种观点认为平台经济并未改变劳动和资本的关系，劳动者与平台的用工关系仍是劳动关系。如有学者认为虽然互联网经济下用工的形式和内容都发生了变化，但是雇佣关系仍然是基本的用工形式。[2]第三种观点则认为当前平台经济下用工关系存在复杂性，应根据具体情况判断劳动关系的存在与否。如有学者认为应当先"谋"后"动"，以宽容的心态对待平台经济的发展和平台企业的用工创新，观察分析创新型用工的特点、趋势和问题，将实务中发生的争议交由司法部门结合个案"自由裁量"。[3]由上，平台经济带来了劳动力市场的深刻变革，也产生了新的用工关系，这种用工关系较传统雇佣关系发生了形式上的变化，使劳动者的身份变得模糊，并因此被排除在一系列与雇佣相关联的就业保障中。

二、非正规就业与其他相关概念的区分

在理论与实务中，政府和学者们还在使用非正规部门就业、非正规经济、灵活就业、非典型就业等概念，这些概念与非正规就业相互交叉，使得非正规就业更是难以捉摸、容易混淆，亟需予以区分。

（一）非正规就业与非正规部门就业

我国公认最早提出非正规就业一词的城市为上海市。1996 年，上海再就

---

[1] 参见王天玉：《基于互联网平台提供劳务的劳动关系认定——以"e 代驾"在京、沪、穗三地法院的判决为切入点》，载《法学》2016 年第 6 期。

[2] 参见常凯：《雇佣还是合作，共享经济依赖何种用工关系》，载《人力资源》2016 年第 11 期。

[3] 参见王文珍、李文静：《平台经济发展对我国劳动关系的影响》，载《中国劳动》2017 年第 1 期。

业工程领导小组办公室在《关于实施再就业工程试点工作的若干政策》(沪府办发〔1996〕66号)中引进了非正规就业并将之定义为"生产自救性的劳动组织及社会服务"。随后在《关于鼓励下岗人员从事非正规劳动组织就业的若干试行意见》中又将其定义为"下岗人员个人或组织起来通过参与社区的便民利民服务、市容环境建设中的公益性劳动、为企事业单位提供各种临时性、突击性的劳务及以家庭手工业、工艺作坊等形式进行生产自救,无法建立或暂时无条件建立稳定劳动关系的一种就业形式。"[1]截至2005年,上海市的非正规就业劳动组织已达3.2万户,累计吸收31万名从业人员。[2]

部分省市在吸收"上海经验"的同时将非正规就业定义为:"失业人员以个人或组织起来的方式参与社区的便民利民服务、城市管理服务、家政服务,为机关和企事业单位提供各种临时性、突击性劳务,以及家庭手工业、工作作坊等个人自谋职业、合作就业方式进行生产自救,但又无法建立或暂无条件建立稳定劳动关系的一种就业形式。"[3]实质上看,此定义将非正规就业限制在了非正规部门,早期非正规部门的特点即为个体或合伙经营、组织松散、缺乏资本等。[4]我国学界也有部分学者认为非正规就业就是非正规部门就业。[5]

产生这一认知的原因与我国的经济发展状况有关。在劳动制度改革前期,

---

〔1〕 丁金宏等:《中国对非正规就业概念的移植与发展》,载《中国人口科学》2001年第6期。

〔2〕 参见上海市人力资源和社会保障局:《申城自主创业日趋活跃,今年新增非正规就业组织4500家》,载 http://rsj. sh. gov. cn/tsj_17090/20200616/t0035_1366172. html,最后访问日期:2023年5月22日。

〔3〕 《宁波市人民政府关于鼓励失业人员自谋职业从事非正规就业的意见》(甬政发〔2002〕78号)、《关于非正规劳动组织的认定和管理暂行办法》(锡劳社就〔2002〕12号)、《杭州市人民政府办公厅关于鼓励下岗职工和失业人员从事非正规组织就业若干意见的通知》(杭政办〔2000〕17号)、《合肥市国有企业下岗职工基本生活保障和再就业工作领导小组办公室关于建立非正规就业劳动组织的实施意见》(合再就办〔2001〕4号)。

〔4〕 非正规部门实际是指城镇中这么一类人,他们基本是以个体经营活动为主体,也有少数几个人合伙结成松散的经济组织,这些人从事的经营活动,很少有法定的经营范围限制,资本量很少,或只是以提供社会服务(劳务)来维持生活,经济收入很不稳定;他们的经营活动既得不到金融部门的资金支持,也很少取得当地政府专门批准的手续,但是,工商、税务管理部门要照章收费和征税;他们中有一些人以各种名目取得营业执照,其中有为数不少的人,其实际经营内容常常处于法律法规的边缘,即处在合法与非法之间。参见宋晓梧主编:《中国人力资源开发与就业》,中国劳动出版社1997年版,第415页。

〔5〕 参见姚裕群:《论我国的非正规就业问题》,载《人口学刊》2005年第3期;剧宇宏:《我国非正规就业劳动者权益保障法律分析》,载《河北师范大学学报(哲学社会科学版)》2013年第2期。

非正规就业主要存在于非正规部门中，正规部门中的非正规就业几乎没有生存空间。而随着经济社会的变化，大量弹性就业、非全日制就业的突起，给正规部门非正规就业的存在提供了契机，这就使得原有对于"非正规就业"的界定呈现出一定局限性，非正规就业应是比非正规部门就业更为广泛的一个概念。

根据国际劳工组织的观点，非正规部门就业与非正规就业是关于非正规性（informality）的两个方面。前者是一种基于企业的概念，根据劳动者的工作场所特征来进行界定，这些工作场所在法律地位、注册登记、规模与雇员登记上具有非正规性；而非正规就业建立在工作的基础之上，以劳动者与工作相关的就业关系与保护来进行辨别。非正规就业者缺乏基本的社会或法律保护、就业福利并可能出现于正规部门、非正规部门与家庭之中。[1]因此，非正规部门就业中的就业基本都是非正规就业，但非正规就业并不一定是非正规部门就业。可见，两者之间具有很大区别，非正规就业这一概念使非正规部门就业的定义有所扩大，但这两种概念应是互补性的，不能相互替代。[2]

（二）非正规就业与非正规经济

关于非正规经济的称呼有着不同用语，如黑市经济、无形经济、双重经济、平行经济、不正当经济等，其最早由哈特提出。哈特认为非正规经济包括货币工资雇佣和自我雇佣。此后，关于非正规经济的看法不一，或是认为非正规经济偏离已建立的制度或未被国家规定；或是认为其没有或逃避申报合法及非法收入；或是认为其对财政和社会保险没有贡献等。[3]

2002 年，国际劳工组织在第 90 届会议中提出了非正规经济的概念框架（conceptual framework），并用之形容在法律或实践中未被正规安排所覆盖或覆盖不足的劳动者及其经济单位所进行的经济活动。[4]2015 年，国际劳工组织

---

〔1〕 See ILO, *Statistical Update on Employment in the Informal Economy*, ILO Department of Statistics, 2011; OECD, ILO, *Tackling Vulnerability in the Informal Economy*, Development Centre Studies, OECD Publishing, Paris, 2019, p. 155.

〔2〕 See Ralf Hussmanns, *Defining and Measuring Informal Employment*, Bureau of Statistics, International Labour Office, CH-1211 Geneva 22, 2004, p. 5.

〔3〕 参见宋秀坤、黄扬飞：《非正规经济与上海市非正规就业初探》，载《城市问题》2001 年第 2 期。

〔4〕 See ILO, *Resolution Concerning Decent Work and the Informal Economy*, The General Conference of the International Labour Organization, Meeting in its 90th Session, Geneva, 2002.

在《关于从非正规经济向正规经济转型建议书》中进一步认为非正规经济应不包括非法活动，特别是提供法律所禁止的服务或生产、销售、拥有、使用法律所禁止的物品。[1]

就非正规就业与非正规经济的关系而言，我国有学者认为广义上的非正规就业等于非正规经济。[2]本书则认为非正规经济应当是非正规性的整体概念，包括生产关系（production relationships）和就业关系（employment relationships），体现了非正规部门就业与非正规就业的互动。[3]二者在内容指向上有所不同，非正规经济是除了违法活动以外的所有"非正规部门单位、活动、产出与非正规部门以外的非正规就业活动、产出构成的集合体"[4]；非正规就业则指的是事实上或法律中不受国家劳动立法、所得税、社会保护或其他就业福利（提前通知解雇、遣散费、带薪年假或病假）保护的工作安排。[5]另外，非正规经济可能包括非正规部门中的正规就业（在某些只以企业规模界定非正规部门与否的情况下），但非正规就业却不包括。

（三）非正规就业与灵活就业

灵活就业是我国现阶段官方和学者们使用最多的一个术语。早在 1996年，我国原劳动部在《贯彻〈中国妇女发展纲要（1995—2000 年）〉实施方案》（劳部发〔1996〕215 号）中就提到要"根据妇女的就业特点，结合生产实际，开辟非全日制及临时工、小时工、弹性工作等灵活就业形式"；2004年，国务院新闻办公室在《中国的就业状况和政策》白皮书中再次重申要"发展灵活多样的就业形式……在劳动关系、工资支付、社会保险等方面建立制度，促进和保障灵活就业人员的合法权益"；2010 年，在《中华人民共和国社会保险法》（以下简称《社会保险法》）中也使用了"非全日制从业人

---

〔1〕 See ILO, *Transition from the Informal to the Formal Economy Recommendation*（No. 204），2015.

〔2〕 参见李恩平、王莫寒：《非正规就业与非正规经济关系浅析》，载《经济问题》2009 年第 6期。

〔3〕 See ILO, *Decent Work and the Informal Economy. Report Ⅵ*, International Labour Conference, 90th Session, Geneva, 2002, pp. 121-127.

〔4〕 李金昌等：《非正规部门、非正规就业与非正规经济研究的进展与展望》，载《经济统计学（季刊）》2013 年第 1 期。

〔5〕 OECD, ILO, *Tackling Vulnerability in the Informal Economy*, Development Centre Studies, OECD Publishing, Paris, 2019, p. 26.

员以及其他灵活就业人员”的表述。之所以选择灵活就业一词有着政策上的考量，我国有学者认为“非正规就业”降低了相关工作的社会地位，对从事此种劳动的从业者有着消极影响，因为他们中的一些人正是从较低的社会地位进入到这种就业方式（如农村流动人口和下岗工人）中的。[1]

关于灵活就业的概念，多数观点使用的是劳动科学研究所课题组的定义，即灵活就业指的是“在劳动关系、劳动时间、收入报酬、工作场地、社会保险等几方面不同于建立在工业化以及现代工厂制度基础上传统的主流就业方式的就业形式的总称。”[2]

在灵活就业与非正规就业的关系上，我国大部分学者认为二者是同一概念，[3]官方释义中也将灵活就业的外延视同于非正规就业。[4]但也有部分研究认为二者有着不同点，如劳动科学研究所课题组认为灵活就业是一个理论概念，而非正规就业是相对具体的分析概念。根据非正规就业的口径不同，灵活就业或大于、等于非正规就业或与之互相交叉。[5]陈荣林认为灵活就业与非正规就业既有联系又有区别。[6]钱叶芳认为灵活就业是非标准就业，广义上的灵活就业可以包括非正规就业等。[7]在此，本书更为认同劳动科学研究所课题组的研究，且根据上文界定，灵活就业的外延应广于非正规就业，

---

〔1〕　Cooke F., "Labour Market Regulations and Informal Employment in China: To what extent are workers protected?", *Journal of Chinese Human Resources Management*, Vol. 2, No. 2., 2011, pp. 100-116.

〔2〕　中国劳动和社会保障部、劳动科学研究所课题组：《中国灵活就业基本问题研究》，载《经济研究参考》2005 年第 45 期。

〔3〕　参见白永亮：《共享经济下灵活就业法律制度重构》，载《江西社会科学》2017 年第 10 期；王永洁：《国际视野中的非标准就业与中国背景下的解读——兼论中国非标准就业的规模与特征》，载《劳动经济研究》2018 年第 6 期。

〔4〕　《中华人民共和国社会保险法释义（十）》中将灵活就业定义为在劳动时间、收入报酬、工作场所、保险福利、劳动关系等方面不同于建立在工业化和现代工厂制度基础上的传统主流就业方式的各种就业形式的总称。包括：（1）非正规部门就业，如家庭作坊式的就业；（2）自雇型就业，包括个体经营和合伙经营；（3）自主就业，如自由职业者、自由撰稿人、个体演员等；（4）临时就业，如家庭小时工、街头小贩、打零工者。参见人力资源和社会保障部：《中华人民共和国社会保险法释义（十）》，载 http://www.mohrss.gov.cn/fgs/syshehuibaoxianfa/201208/t20120806_28571.html，最后访问日期：2023 年 6 月 1 日。

〔5〕　参见中国劳动和社会保障部劳动科学研究所课题组：《中国灵活就业基本问题研究》，载《经济研究参考》2005 年第 45 期。

〔6〕　参见陈荣林：《“灵活就业”与“非正规就业”的比较思考》，载《工会理论研究》2007 年第 6 期。

〔7〕　参见钱叶芳：《非标准就业的经济分析与法律调整》，载《法学》2011 年第 3 期。

其还包括了正规就业中不同于传统典型就业形式的用工安排。

（四）非正规就业与非典型就业

非典型就业（Atypical Employment/Non-Standard Employment）也可被称为非标准就业，其最先由弗里德曼于 1985 年提出。[1]根据国际劳工组织的定义与分类，非典型就业指的是偏离典型就业也就是正规就业的所有就业形式的总称，包括临时就业（Temporary Employment）、非全日制就业（Part-Time Employment）和按需工作（On-Call）、分包及临时派遣（Temporary Agency Work）等多重就业关系（Multi-party Employment Relationship）、隐蔽雇佣（Disguised Employment）和依赖性自雇（Dependent Self-Employment）这几种类型。[2]相对于典型就业，非典型就业或是非全时工作，或是非直接从属于雇主，或是非雇佣关系等。在我国，有学者认为非典型就业就是非正规就业。[3]

本书认为非典型就业与非正规就业存在高度交叉，但也有不同之处。就其共性而言，二者描述的都是偏离典型就业的就业安排，在外延上有很大的重合性。就其区别而言，其一，关于非典型就业的讨论一般集中于发达国家，而发展中国家则更多关注的是就业的正规与否；其二，两者的侧重点不同，前者侧重于就业的标准性或就业的合同安排，围绕就业是否与典型就业一致、是否缺少长期合约等，后者则侧重于就业的合规性或就业的法律身份，即围绕着企业性质是否为非注册、是否欠缺规制或劳动者是否不受劳动立法、所得税、社会保障和就业福利等覆盖，其识别标准为单位类型和个人的就业身份，[4]故而，在非典型就业中也可能包括部分正规就业形式；其三，非典型就业不包括真正的自雇就业，而自雇就业却是非正规就业中的重要组成部分。

---

[1] 弗里德曼最初将之称为临时工作（Contingent Work），指的是在一定时间和地点内，企业对某项特定的产品、技术或服务需求增加，从而做出的附条件的短暂就业安排。See Polivka Anne E., Nardone Thomas, "On the Definition of 'Contingent Work'", *Monthly Labor Review*, Vol. 112, No. 12, 1989, pp. 9-12.

[2] See ILO, *Non-Standard Employment around the World: Understanding Challenges, Shaping Prospects*, International Labour Office, Geneva, 2016, p. 7.

[3] 参见陈杰：《非典型雇佣问题文献综述》，载《经济学动态》2003 年第 5 期。

[4] 参见王永洁：《国际视野中的非标准就业与中国背景下的解读——兼论中国非标准就业的规模与特征》，载《劳动经济研究》2018 年第 6 期；钱叶芳：《非标准雇佣与非正规就业：区分、交集与调整》，载《中国劳动》2018 年第 4 期。

　　由上可见，非正规就业与非典型就业之间并非归属关系而是存在重要交集。非典型就业中既有正规就业形式也有非正规就业形式，而非正规就业中既有非典型就业的部分形式，也有非典型就业中所没有的就业安排。

三、非正规就业者的类型化——基于从属性标准

　　以从属性为核心论点的从属劳动论是劳动关系二分法的理论基点，从属劳动论为公权力介入以平衡从属劳动为私法契约带来的局限提供了正当性。一般而言，从属性以"人格从属性"为核心要素，继而衍生出"经济从属性"、"组织从属性"、"技术从属性"和"阶级从属性"等要素。人格从属性指的是"负有劳务给付义务之一方基于明示、默示或依劳动之本质，在相当期间内，对自己之习作时间不能自行支配。换言之，人格上的从属性系劳动者自行决定之自由权的一种压抑。"[1]从属性使法律在调整劳动关系时为保护较为弱势的劳动者建立了相关的劳动保护制度如劳动基准、解雇保护、社会保险等。其原因在于，基于劳动者对雇主的人身依赖，使得劳资双方在契约中的关系呈现出实质上的不平等，而劳动者本身又难以与资方抗衡。故而，需由公权力透过倾斜保护的手段以达到实质上的平等，从而使劳动者得以充分参与到劳动力市场中并享有经济发展成果。当前不同类型劳动者的从属性强弱有所不同，非正规就业者中就既有从属性的就业群体，也有独立劳动的就业群体，该从属性可以被法律识别并归类。鉴于此，以从属性标准对非正规就业者进行分类将有利于凸显不同类型用工方式的特性，并可据此实现差异化的社会保障安排。而且，以从属性进行分类也将无需在学理上进行高度抽象及排序，具有一定的灵活性。[2]根据从属性，本书将非正规就业者划分为从属性非正规就业者和非从属性非正规就业者。从属性非正规就业者在雇主的指令下劳动，应享有与传统正规就业者相同的基本权利，主要包括非正规雇员。而非从属性非正规就业者主要为自雇者，其缺乏人格从属性且能够独立承担劳动，需要自负盈亏，在权利享有上应区别于从属性非正规就业者。

---

〔1〕　黄越钦：《劳动法新论》，中国政法大学出版社 2003 年版，第 94 页。
〔2〕　参见王天玉：《劳动法规制灵活化的法律技术》，载《法学》2017 年第 10 期。

针对"灰色地带"就业特别是互联网平台经济从业者，[1]目前域外部分国家将具有强经济从属性的自雇者作为中间主体[2]从而赋予其一定的社会保障。如西班牙将主要为单一客户工作，并至少依靠其取得 75% 的收入的劳动者视为依赖性自雇者，法律规定其必须缴纳工伤保险；德国的"类雇者"（Arbeitnehmerähnliche Personen）在符合特定情形时[3]可以获得与雇员同等的社会保护；[4]意大利的经济依赖性劳动者可以参加特别和单独的社会保障基金等。[5]我国也有多位学者建议当前的劳动关系二元框架向三元框架转变。[6]但是设立中间主体存在着一定的负面影响，如增加企业负担、无法转移劳动者风险、导致隐蔽雇佣下的劳动者失去成为雇员并获得更多保护的机会等。[7]再者，我国现实的制度基础和理论积累水平也不足够支撑实施第三类劳动者制度。[8]且在我国工资申报法律制度不完善的情形下其可操作性也较低，难以确定具体标准的设定。[9]鉴于此，本书认为我国当前还不宜设立中间主体。对于"灰色地带"劳动者，首要选择仍应是完善劳动关系认定标准，丰富从属性内涵并进而正确划分劳动者。如美国加州法院通过 ABC 检验

---

〔1〕 平台从业者指的是由平台通过互联网从众多劳动者中挑选出来，并为不同的人或企业完成按需、短期的任务以获得收入的劳动者。See Paul Schoukens, et al., "The EU Social Pillar: An Answer to the Challenge of the Social Protection of Platform Workers?", *European Journal of Social Security*, Vol. 20, No. 3., 2018, p. 223.

〔2〕 如加拿大的非独立承包人（Dependent Contractors）、意大利的准从属性劳动（Illavoroc. d. parasubordinato）、英国的 b 项工人（Limb〔b〕Worker）以及西班牙的经济依赖自雇者（Trabajador Autónomo Económicamente Dependiente）。

〔3〕 这一特定情形包括：（1）他们不得不自行完成合同任务，基本上没有雇用其他人帮忙；（2）他们主要是为某个人工作或者他们收入的一半以上由某个人支付。

〔4〕 参见［德］曼弗雷德·魏斯、马琳·施米特：《德国劳动法与劳资关系》，倪斐译，商务印书馆 2012 年版，第 43-44 页。

〔5〕 See Christina Behrendt, Quynh Anh Nguyen, "Innovative approaches for ensuring universal social protection for the future of work", ILO, 2018, p. 21.

〔6〕 参见班小辉：《论"分享经济"下我国劳动法保护对象的扩张——以互联网专车为视角》，载《四川大学学报（哲学社会科学版）》2017 年第 2 期；王全兴、王茜：《我国"网约工"的劳动关系认定及权益保护》，载《法学》2018 年第 4 期；战东升：《民法典编纂背景下劳动法与民法的立法关系——以"类似劳动者型劳务提供人"的保护为切入点》，载《法学》2018 年第 10 期。

〔7〕 See Valerio De Stefano, *The Rise of the "Just-in-Time Workforce": On-Demand Work, Crowdwork and Labour Protection in the "Gig-Economy"*, Conditions of Work and Employment Series No. 71, ILO, 2016, pp. 18-21.

〔8〕 参见肖竹：《第三类劳动者的理论反思与替代路径》，载《环球法律评论》2018 年第 6 期。

〔9〕 参见娄宇：《平台经济从业者社会保险法律制度的构建》，载《法学研究》2020 年第 2 期。

进行甄别。[1]目前，我国的劳动关系认定标准仍是《劳动和社会保障部关于确定劳动关系有关事项的通知》（以下简称《通知》）中所规定的"三要素"。[2]其虽能在一定程度上有所作用但仍显示出极大的滞后性。其一，《通知》中认定劳动关系的三个标准过于笼统，没有进一步细化。符合三个标准的认定为劳动关系，不符合的则不认定为劳动关系，这种做法使得一大批游离在标准劳动关系之外的用工关系难以得到进一步的保护。而且，当前的劳动关系认定标准主要适用于传统上具有固定工作时间、固定工作场所和严格从属性等特征的劳工，在正确划分灵活化用工形式上呈现失灵状态。其二，当前的法律规范主要是从主体性标准对劳动关系进行认定，《劳动法》《劳动合同法》也都是从"用人单位"和"劳动者"的角度出发界定双方权利与义务，但是关于"用人单位"和"劳动者"的内涵与外延却没有一个具体的立法界定，这就导致了"主体性标准"在实践中可操作性低，难以有效适用。特别在平台经济下，平台不同于传统的实体企业，对"用人单位"的概念有所挑战。其三，司法实践中，法院主要依靠"人身从属性"来判定劳动者与用人单位之间是否存在劳动关系。然而在非正规就业中，劳动者与用人单位的"人身从属"关系正不断弱化。在具体的案件中，司法实务人员也大多并未认真探究新的劳动关系应该如何认定而是严格按照以往的认定标准，这就使得绝大多数非正规就业者难以被认定为劳动关系中的劳动者。反观国外，对于劳动关系认定，基本上都不依靠单一的认定标准，也不要求劳动者符合所有的认定标准，而是法官根据综合因素进行判定。总之，我国运用《通知》中"三要素"去判断劳动关系与否已有所僵化，无法适应不断变化的劳动用工形态。学界中也早有学者对如何构建合理科学的劳动关系认定标准进行探讨，如有学者认为对于劳动关系的认定标准，应建构综合标准，包括主体性

---

　　[1]　ABC 检验包括：（1）劳动者在履行服务合同时事实上不受控制或指导；（2）劳动者提供的服务独立于企业常规业务或在企业的所有营业场所之外执行；（3）个人通常从事的是独立的贸易、职业、行业或业务。2750.3.（a）(1)-(3)，SEC. 2，Chapter296，Assembly Bill No. 5.
　　[2]　《通知》中规定用人单位招用劳动者未订立书面劳动合同的，但同时具备下列情形的，劳动关系成立：（一）用人单位和劳动者符合法律、法规规定的主体资格；（二）用人单位依法制定的各项劳动规章制度适用于劳动者，劳动者受用人单位的劳动管理，从事用人单位安排的有报酬的劳动；（三）劳动者提供的劳动是用人单位业务的组成部分。

判断路线和内容性判断路线。[1]还有学者认为应分别构建适用于正规用工的一般标准与灵活用工的特殊标准。[2]

本书认为在关注新经济形态的同时，也应更侧重保护劳动者的权益。原因在于：第一，我国当前的社会主要矛盾已经转化为人民日益增长的美好生活需要和不平衡不充分的发展之间的矛盾。根据这项论断，劳动者目前追求的不再仅仅是基本的物质文化需要，而是美好的生活，即对应国际劳工组织所提倡的"体面劳动"。此时，如若不能确定劳动者的用工关系性质，使其难以享有相关劳动法律规范保护，势必将导致其无法达成对美好生活的追求。第二，就平台经济而言，平台与劳动者之间的利益是失衡的。随着平台经济的发展，为平台工作的劳动者数量逐步上升。但在平台经济下，即使劳动者身穿平台的统一服装，也无法认定其为平台职工，如 Uber 的私家车司机、美团外卖骑车和网络直播平台的主播等。平台声称平台从业者为独立合同工或自雇工人，他们之间并未建立劳动关系，从而不用付出诸如社会保险、加班费等人工成本。反观劳动者，他们除了受到种种束缚外，如"好厨师"平台下的厨师要按时上班打卡，迟到或拒绝接单要接受罚款等，其收入也很微薄，如"滴滴"平台下的私家车主，要自负油费、汽车维护费等，所赚取的收入还要被平台抽成。另外，由于劳动者处于弱势地位，使得其无力对抗平台，加之现下对平台的监管措施及用工关系性质还未明朗，也无疑加剧了这种不平衡性。第三，从世界范围看，已有国家开始审视将劳动者错误划分为独立合同工、外包工人的情形，并认识到这种情形的危害。在我国，这种情形也存在。基于上述，要准确划分用工关系性质，避免错误划分，就要始终将劳动者的合法权益放在首位，立法与政策上要有所倾斜，不能为了简单的经济发展而有所让步。因此，在重塑劳动关系认定标准时，应根据更有利于保护劳动者利益的原则出发，正确处理经济发展与劳动者利益之间的关系，不能因追求发展而损害劳动者的合法权益。

具体而言，对于劳动关系认定标准应给予以下改革：（1）重塑劳动关系认定的前提。由《通知》的表述"……同时具备下列情形的，劳动关系成

---

〔1〕 参见冯彦君、张颖慧：《"劳动关系"判定标准的反思与重构》，载《当代法学》2011 年第 6 期。

〔2〕 参见李雄、田力：《我国劳动关系认定的四个基本问题》，载《河南财经政法大学学报》2015 年第 3 期。

立"可知，当前我国在认定劳动关系时，其前提假设是劳动关系不成立，只有当同时具备了《通知》中的"三要素"时，方可认定劳动关系成立。这种前提在传统的劳动关系中或许尚可维持，但在平台经济下，由于平台控制的间接性与隐蔽性，就使得依据原有的前提假设很难证明劳动关系的成立，这是极不利于劳动者权益保护的。笔者认为劳动关系认定的前提应是假设劳动关系成立，当出现某些重大的不能认定为劳动关系的要素，方能认定劳动关系不成立。这样做的原因可以概括为以下几点：第一，假设劳动关系成立，将使更多劳动者特别是平台经济下的劳动者被纳入到相关劳动法律的保护中，使劳动者能够得到休息休假、最低工资、社会保险等应有的福利。这既有利于减少劳动争议，和谐劳资关系，也有利于实现劳动者对"体面劳动"的追求。第二，假设劳动关系成立，基于"谁主张，谁举证"的原理也就将主要的举证责任赋予企业。在实践中，许多劳动者因无法有效收集证据，加之时间和金钱成本等原因而放弃起诉。虽然目前我国在进行劳动关系认定时规定有"部分责任倒置"，但在平台经济下，由于平台的虚拟性，使得举证的困难程度较之传统劳动关系更高，所以扩大"责任倒置"的范围应成为当前处理平台经济劳动关系认定的应有措施。第三，假设劳动关系成立，可以促使平台正确看待其与劳动者的关系。在平台采取手段规避劳动关系的发生时，预先假设劳动者与平台为劳动关系，通过增加平台的举证责任增加其违法成本，从而达到指引平台正确划分劳动者的目的。（2）确立主体性标准的实质性审查。从德国和日本来看，其一般都对雇员或者雇主的含义有着明确的定义。如德国一般认为，雇员是基于私法上的劳动合同为获取工资而有义务处于从属地位为他人（雇主）提供劳动给付的人。[1]日本基于不同的法律对"劳动者"的定义不同，其中《劳动基准法》第9条规定劳动者为"不问职业种类如何，被企业和实物所使用并被支付工资者"[2]，这就为日本从主体认定劳动关系时提供了一定标准。而我国当前对"用人单位"和"劳动者"却并未有明确定义，这就导致了现实中平台常利用此项漏洞规避相关责任。如有平台通过与劳动者签订类似服务协议的合同，否认其用人单位的地位，规避与

---

〔1〕　参见［德］W. 杜茨：《劳动法》，张国文译，法律出版社2005年版，第16页。

〔2〕　参见田思路、贾秀芬：《契约劳动的研究——日本的理论与实践》，法律出版社2007年版，第73页。

劳动者之间形成劳动关系，如熊猫互娱文化与其平台主播签订《熊猫直播主播独家合作协议》、上海乐快与平台厨师签订《好厨师平台合作协议》等。实践中，就有地方认为应根据双方签订的协议认定二者关系，如江苏省认为如果劳动者未与互联网平台企业订立劳动合同，而是签订了承包合同、委托协议等，一般应从其约定来认定双方的法律关系。[1]鉴于劳动者的弱势地位，其无力与平台进行协商，只有在签订协议的情况下才能进入平台工作，这样的规定无疑将使劳动者在保护自身权益的道路上步履维艰。因此，为解决以上问题，我们在判断平台的主体属性时，在没有相关明确定义的前提下，应采取实质性审查，即根据平台的实际运作情况及跟劳动者关系的实质内容认定其主体的适格性，而不应是根据其自行起草的协议文件。（3）重新审视内容性标准的基本内涵。劳动关系认定标准的内容性标准主要是"从属性"标准，是认定劳动关系的核心。"从属性"使劳动关系区别于其他包含劳动给付内容的法律关系。如何重构"从属性"标准应成为我们研究的重中之重。重构可以从以下三个方面展开。第一，从劳动者的直接从属性向间接从属性转变。雇佣状态并不取决于对于工作场所的控制，而在于对于工作条件的影响力，而这种影响力可能由于合同关系的层级模糊化。[2]平台经济更是如此，我们很难从平台经济中发现平台对劳动者的直接控制，有学者表示，有些用人单位为了避免或者排除自己的义务，可能在有些条款里面故意去放松对劳动者的管理控制，从而导致没有劳动关系。事实上，对劳动者直接的控制只是表面现象，用人单位除了有控制员工工作行为这种直接控制外，还有控制其工作条件这种间接控制。可见，传统的"从属性"含义已经不适应时代的发展，需要扩大其含义。认定"从属性"不仅要评估直接控制，如招录程序、工作时间和地点、工资、日常监管等，还要评估间接控制，如评分机制、奖惩、控制工作条件及操作方法等。第二，从劳动者对用人单位的单向从属向双向影响转变。当前我国在考察劳动者的"从属性"时，主要从劳动者对用人单位的"人身从属性"出发，但并未考虑到劳动者对用人单位的影响能力。在平台经济中，平台大多称其平台劳动者为独立合同工，独立合同工与具有

---

〔1〕 参见《江苏省劳动人事争议疑难问题研讨会纪要》（苏劳人仲委〔2017〕1号）。

〔2〕 Keith Cunningham-Parmeter, "From Amazon to Uber: Defining Employment in the Modern Economy", *Boston University Law Review*, Vol. 96, 2016, p. 1674.

劳动关系的劳动者之间的一个重要区别就在于对劳动内容的控制程度。即我们在考察"从属性"时也应考察劳动者本身是否具有"自我创业"的认知、是否能够控制其完成工作的方式、是否具有与平台议价的能力等内容，从而依据双方的影响程度认定劳动关系的成立与否。美国认定劳动关系的"普通法测试（Common Law Test）"就是如此，其认为如果雇主可以控制雇员的工作完成始终以及工作方式，那么两者之间就是劳动关系；如果雇主只能控制工作完成的结果，而不能控制如何完成、完成什么，那么雇员就是独立合同工。这种确认方法包括一些判定要素：行为（雇主有权控制或控制雇员的工作以及工作方式）、经济（雇员工作的业务方面是否由雇主支配，包括雇员的支付方式和雇员花费的报销以及工作工具的提供情况等）、关系种类（是否签订合同或者订有职工福利方面的协议，关系存续时间以及雇员的工作是否构成雇主业务的主要方面）。第三，从单一依赖"人身从属性"标准向兼具"经济从属性""组织从属性"标准转变。随着经济的不断发展、新经济形态及灵活用工的出现，现实劳动关系中的"人身从属性"不断弱化，在平台经济下更是如此，因此根据单一的"人身从属性"标准很难认定劳动者与平台的劳动关系。在此种情况下，我们应改变原有过于依赖劳动者对用人单位的"人身从属性"标准，而向综合考察劳动者与用人单位的"人身从属性""经济从属性""组织从属性"标准转变。从全世界范围看，这也成为一种趋势。如英国法院在长期的实践中，提出了若干区分劳务合同和劳动合同的标准，依次为"控制标准（Control Test）""组织标准（Organization Test）"以及"多重标准（Multiple Test）"。"多重标准"考察多种因素，其中任何一个都不具有决定性。[1]美国在认定劳动关系时，其中一个主要的方法就是"经济现实标准（Economic Realities Test）"，这是法院在《联邦公平劳动标准法》（Federal Fair Labor Standards Act）下认定雇员身份的一种方式，其包括多种因素以检验雇员对雇主的经济依赖性，如雇员的劳动是否构成了雇主的全部业务、雇主对雇员的控制程度、工作的时间长短、从事职业所需的技能和创造性、雇主对雇员的收益和损失情况的决定程度、雇员和雇主投资情况的内容等。[2]

---

[1]　参见谢增毅：《劳动关系的内涵及雇员和雇主身份之认定》，载《比较法研究》2009年第6期。
[2]　See Mark A. Rothstein, et al., *Employment Law*, West Academic publishing, 2005, p. 331.

在重塑劳动关系认定标准，正确划分正规就业者和非正规就业者的基础上，可根据不同从业者的核心需求实现劳动和社会保障权利的扩展。平台就业虽然在生产交换方式、就业形态、劳动过程上有所演变，但归根结底仍未脱离传统的雇佣模式，其性质仍然是一种从属性的雇佣劳动。[1]只是，数字信息作为主要生产要素的介入增加了供求信息的透明度，降低了交易成本，从而使生产资料与劳动力的结合变得松散。在互联网平台经济中，平台从业者对平台的依附性呈现出弱化或部分化特征，即弱从属性。这一弱从属性以管理控制的"异形化"甚至"异质化"为主要表征。区别于雇主对传统雇员的直接控制，平台通过间接的制度设计对从业者的劳动过程进行着实质性限制。[2]另外，"在随时面临失业、收入中断的压力下，即使同一工作岗位，灵活雇佣劳动者也表现出比正式雇员更多的对雇主的经济依赖"，这都说明了平台从业者对平台有一定的依附性。因而，本书将平台从业者视为从属性非正规就业者看待。

第二节　非正规就业者失业保险权益的缺失

自从人类进入工业社会后，诸如年老、疾病等风险所产生的社会安全问题已难以通过个人资产、继任者、氏族群体等内化的方式予以消解，此时就自然催生了对国家实施社会保障制度的需求。社会保障制度以保障个人及其家庭的基本生活为目的，通过结合个人与群体的力量以预防社会风险造成的损害。其中，社会保险是以特定风险为标的的预护制度。在我国，社会保险险种包括养老保险、医疗保险、工伤保险和失业保险。[3]各险种之间既相互联系，又相互区别，在功能发挥上有着很大不同。养老保险所应对的是老年风险，老年是一种个人生理的、心理的及社会释义的综合体。养老保险保障

---

〔1〕　参见常凯：《雇佣还是合作，共享经济依赖何种用工关系》，载《人力资源》2016 年第 11 期。

〔2〕　具体而言，虽然看似平台从业者拥有对工作时间、工作地点的自由权，但平台通过定价机制决定着从业者的收入；通过派单规则影响着从业者的劳动选择；通过评价体系对从业者的工作情况进行监督与考核；通过奖惩制度实质上行使着传统雇主的惩戒权。而且由于缺乏相关法律保护与自身话语权的弱小，使得平台从业者难以与平台抗衡，只能被动地接受平台制定的一系列规则。

〔3〕　2019 年，生育保险与职工基本医疗保险合并实施。详见《国务院办公厅关于全面推进生育保险和职工基本医疗保险合并实施的意见》（国办发〔2019〕10 号）。

个人退休后经济生活的不安全情况，具有保险与强制储蓄的双重属性。医疗保险在参保人遭受疾病风险受到经济损失时予以补偿。这里疾病的范围较为广泛，既包括身体也包括心理，既含有疾病也含有伤害和生育。医疗保险除了医疗服务、药物与必要器材的提供外，还要对参保人误工期间的损失进行现金给付。工伤保险是各险种中参保强制力度最大的险种，原因在于职业伤害广泛存在于各类别劳动者中且其伤害较大。工伤保险将雇主从纷繁杂乱的工伤诉讼中解脱出来并对劳动者在工作中的事故伤害或职业病给予必要补偿，是对雇主责任制的修正。失业保险则是"国家通过立法强制实行的，由社会集中建立基金，对因失业而暂时中止生活来源的劳动者提供物质帮助的制度。"[1] 失业保险除以维持被保险人的基本生活条件为主要功能外，还通过职业训练、就业服务等帮助失业者重返劳动力市场。可见，失业保险是社会保障制度中应对失业风险的关键一环。

一、非正规就业者失业保险权益的法制实践

(一) 国家层面失业保险权益的法制实践

当前，我国国家层面失业保险制度的主要法律依据为 1999 年所颁布的《条例》，《条例》第 2 条规定城镇企业事业单位、城镇企业事业单位职工应依照规定，缴纳失业保险费；第 6 条规定城镇企业事业单位招用的农民合同制工人本人不缴纳失业保险费，由其用人单位承担。另外，为了因地制宜，《条例》第 32 条中还规定各地可以根据需要将社会团体及其专职人员、民办非企业单位及其职工、有雇工的城镇个体工商户及其雇工等纳入失业保险。由上可见，条例的覆盖范围始终围绕的是正规就业及其从业者。具体而言，《条例》中虽然规定可参保失业保险的用人单位包括国有企业、城镇集体企业、外商投资企业、城镇私营企业以及其他城镇企业、事业单位，但在可参保的劳动者上却限定为"职工"。"职工"这一用语是从计划经济时代遗留下来的，指纳入原国家劳动人事管理计划或"编制"的劳动者，现在则指称具有

---

〔1〕 夏积智、葛蔓：《对失业保险若干问题的初步认识》，载劳动部劳动科学研究所劳动法及社会保险研究室编：《失业保险的理论与实践》，中国劳动出版社 1991 年版，第 6 页。

长期固定就业身份的受雇者，即"正式雇员"。[1]《中华人民共和国社会保险法释义（十二）》中将职工定义为与用人单位存在劳动关系（包括事实劳动关系）或者人事关系的各种用工形式、各种用工期限的劳动者。可见，职工的显著特征即是与用人单位形成劳动关系或人事关系，应为正规就业者。

此后，我国虽然还颁布了其他法律规范，但对失业保险覆盖范围一直未有突破。2010年，我国第一部社会保险专门法——《社会保险法》第1条规定："为了规范社会保险关系，维护公民参加社会保险和享受社会保险待遇的合法权益，使公民共享发展成果，促进社会和谐稳定，根据宪法，制定本法。"第3条规定："社会保险制度坚持广覆盖、保基本、多层次、可持续的方针。"这一"公民""广覆盖"的特定描述体现出社会保险法上之主体并不限于正规就业者。从其内部险种来看，无雇工的个体工商户、未在用人单位参加基本养老保险的非全日制从业人员以及其他灵活就业人员均可参加职工基本养老保险制度和职工基本医疗保险制度，由其个人缴纳相关保费。[2]除此外，我国还实行有城乡居民基本养老保险制度和城乡居民基本医疗制度。截至目前，基本养老保险已覆盖近10亿人，基本医疗保险覆盖超13亿人。但在失业保险上，《社会保险法》却仍是局限于"职工"之上。其第44条规定："职工应当参加失业保险，由用人单位和职工按照国家规定共同缴纳失业保险费。"2012年，《中华人民共和国社会保险法释义（十四）》中对第44条进行了解释，认为失业保险制度的覆盖范围仍然与《条例》中的相关规定相同。2017年，为了进一步健全失业保险制度功能，发挥失业保险制度作用，人社部发布了《失业保险条例（修订草案征求意见稿）》。该意见稿对失业保险制度预防失业、促进就业的功能与缴费费率、失业保障水平等各方面进行了调整。在覆盖范围上，根据劳动合同法及其实施条例的规定，其将《条例》中的"城镇"扩大至"城乡"，同时将社会团体、民办非企业单位、基金会、律师事务所、会计师事务所等组织及其职工也纳入进来。但《失业保险条例（修订草案征求意见稿）》从总体上而言仍是根据劳动法律规范的改革而加以修订，其覆盖范围仍是劳动法律规范上具有劳动关系之"职工"。

---

〔1〕 参见顾昕：《通向普遍主义的艰难之路：中国城镇失业保险制度的覆盖面分析》，载《东岳论丛》2006年第3期。

〔2〕 参见《社会保险法》第10条、第23条。

由上，在国家层面，我国的失业保险制度并不是以失业风险，而是以特定的职业身份与失业类别为标准来划定保障圈。失业保险制度的保障范围被限定于具有劳动关系或人事关系的用人单位与职工之间。这种局限于特殊职业身份的制度设计显示出我国的失业保险有着一项隐性基本假定，即以身份差别原则为依据，对面临劳动市场风险者进行区分并据此施以程度各异的协助资源，从而最终形成差别次序与差序资源的治理模式。[1]而在我国非正规就业中，多数非正规就业者不具有劳动关系，或即使有劳动关系，也被排除于失业保险之外，这就导致了失业保险对非正规就业者的制度性排除。具体包括以下几种情形：（1）部分从业者显然不具有劳动关系，如自雇者。（2）部分从业者被明确排除于劳动关系之外。1994年，劳动部办公厅在《关于〈劳动法〉若干条文的说明》（劳办发〔1994〕289号）中指出劳动法的"适用范围排除家庭保姆"。2020年，在《最高人民法院关于审理劳动争议案件适用法律问题的解释（一）》中进一步规定"家庭或者个人与家政服务人员之间的纠纷；个体工匠与帮工、学徒之间的纠纷"不属于劳动争议。另外，在2014年实施的《劳务派遣暂行规定》中明确表明"用人单位将本单位劳动者派往境外工作或者派往家庭、自然人处提供劳动的，不属于该规定所称的劳务派遣。"以上这些法律法规及解释就自然地否定了家政工与其所服务的家庭或个人、个体工匠与其帮工和学徒之间的劳动关系。（3）部分从业者虽然具有劳动关系，但难以参保失业保险，如非全日制工。2003年，在《劳动和社会保障部关于非全日制用工若干问题的意见》（劳社部发〔2003〕12号）中仅规定了非全日制从业者的基本养老保险制度、基本医疗保险制度和工伤保险制度的参保问题，而未提及其能否参保失业保险制度。2010年的《社会保险法》也仅规定了未在用人单位参保的非全日制从业者可以参保基本养老保险制度和基本医疗保险制度。同其他正规就业者相比，非全日制从业者同样与用人单位建立了劳动关系，但其失业保险权益却被限缩，这令人匪夷所思。（4）部分从业者的劳动关系不明确，如平台从业者。

（二）地方层面失业保险权益的法制实践

从地方上看，自《条例》颁布以来，各省、自治区、直辖市大都根据其

---

〔1〕　参见李健鸿：《差序治理体制与治理矛盾：台湾就业体制变革分析》，载《台湾社会福利学刊》2008年第2期。

制定了相应的地方性法规、规章和规范性文件。地方性法规包括浙江、福建、广东、海南、云南、黑龙江、辽宁、四川、河南、重庆、天津颁布的失业保险条例；地方政府规章包括湖北、湖南、贵州、江苏、广西壮族自治区、安徽、吉林、河北、山东、内蒙古、江西、陕西、甘肃、青海、宁夏回族自治区、西藏自治区、北京、上海发布的失业保险规定（办法）；规范性文件包括山西、新疆维吾尔自治区下发的贯彻《条例》的通知。总体上，各地失业保险制度内容基本依据的是《条例》中的相关规定，其覆盖范围也一般以《条例》为准。除城镇企业事业单位及其职工外，根据《条例》第32条，有绝大多数地方将社会团体及其专职人员、民办非企业单位及其职工纳入失业保险，如安徽、福建、甘肃、广东、广西壮族自治区、河北、海南、黑龙江等；大部分地区将有雇工的个体工商户及与之建立劳动关系的劳动者或雇工纳入失业保险，如北京、重庆、浙江、云南、新疆、山西、北京等。另外，也有地方允许国家机关或事业单位中的劳动合同制工人参保，如福建、甘肃、广东、广西壮族自治区、海南等；还有少数地区如广东、海南将基金会、律师事务所、会计师事务所等组织及其职工纳入失业保险。可以说，各地在失业保险的保障范围上基本落实了《条例》中的相关规定。

不同于国家层面对非正规就业者参保的制度性排除，有地方将非正规就业者全部或部分地纳入了失业保险，只是涉及地方较少，部分地方的纳入范围还较窄。

其一，将全部非正规就业者纳入失业保险制度。如云南省规定在法定劳动年龄内的城镇未雇工个体工商户及城镇其他从业劳动者，可以自愿参加失业保险；山西省规定灵活就业人员参保失业保险，连续缴费满一年的可以领取待遇；北京市规定灵活就业人员可以按照1%的费率缴纳失业保险费，缴费基数在企业职工养老保险缴费的下限和上限之间适当选择。[1]其二，将部分非正规就业者纳入失业保险制度。如湖北省将无雇工的城镇个体工商户、自由职业者纳入失业保险，允许其自由选择是否参保；上海市将个体工商户业主及其帮工、非正规劳动组织中具有本市城镇户籍的从业人员纳入失业保险；

---

〔1〕 参见《云南省失业保险条例》、《山西省劳动和社会保障厅关于灵活就业人员参加失业保险有关问题的通知》（晋劳社办发〔2007〕86号）、《北京市人力资源和社会保障局支持多渠道灵活就业实施办法》（京人社就发〔2020〕19号）。

广东省规定法定劳动年龄内依托新业态平台实现就业，但未建立劳动关系的人员、无雇工的个体工商户可以遵循自愿原则参保失业保险。[1]

二、非正规就业者难以获得失业保险制度保障

（一）非正规就业者面临着失业风险

工业社会中由于工作时间和工作地点的解标准化，原来终身的单一工作场所里的全职工作，逐渐转变为充满风险的灵活、多样和分散的不充分就业体系，这一体系带来了普遍的就业不安全感。而劳动市场分工便在统一标准的工业社会劳动市场与灵活多样的风险社会的不充分就业市场中产生，且第二种市场在量上增长并不断控制着第一种市场的地盘。[2]在这一弹性多元化劳动市场中，非正规就业者日渐增多，从而引发了不稳定就业的劳动市场风险。由于非典型劳动者所从事的往往是短期性、季节性和临时性的就业，职业层次较低且工作替代性较强，因而通常不能维持稳定就业，而且其自身也无法决定何时中断工作（主要由雇主决定）以及多长时间可以过渡到下一份工作。在这种情形下，非典型劳动者就经常面临着短暂就业后再失业的高风险，从而形成了容易重复失业的高失业风险群体，[3]如独立合同工的解雇率几乎是全职工人的两倍，而临时工、应召工人、短期合同工则几乎达到三倍。[4]可以说，这一劳动市场风险主要源自劳动市场的结构性变迁，其在劳动市场不断弹性化下已成为当代社会生活的主要风险来源。

随着经济转型与社会的发展变迁，我国劳动力市场分割加剧，弹性的劳动力市场日渐占据重要地位。传统经济部门的从业人员（主要为农民）出于

---

[1] 参见《湖北省失业保险实施办法》（湖北省人民政府令第 235 号）、《上海市失业保险实施细则》（沪劳保就发〔1999〕17 号）、《广东省灵活就业人员参加失业保险办法（试行）》（粤人社规〔2021〕31 号）。

[2] 参见［德］乌尔里希·贝克：《风险社会》，何博闻译，译林出版社 2004 年版，第 143-144 页。

[3] 参见李健鸿：《后工业社会的失业风险调控——台湾因应金融危机的就业政策与治理困境分析》，载《政大劳动学报》总第 28 期；陈静等：《非正规就业劳动关系的调整机制——基于对城市农民工群体的调查》，载《农村经济》2012 年第 12 期。

[4] See Conor Mckay, et al., *Modernizing Unemployment Insurance for the Changing Nature of Work*, The Aspen Institute Future of work Initiative, 2018, p. 5.

利润驱动，大批涌向现代化部门服务，从而引起了非正规经济的爆发性扩增，再加上经济周期和国企改革的冲击，使劳动力市场的非正规化成为必然。当前，非正规就业对于劳、资、政三方有着积极意义。对劳动者而言，非正规就业的工作时间、工作地点的弹性化使之可以自由安排生活与工作；对企业来说，弹性雇佣可以降低其生产成本，提高利润；对于政府而言，则可以透过非正规就业吸纳更多就业，促进市场的再就业。但这一劳动市场的转变自然也引起了不稳定就业的劳动市场风险，我国的非正规就业者同样面临着失业难题。

在我国，非正规就业的劳动关系较为松散，大部分劳动者都没有签订劳动合同，而是以民事雇佣合同或者劳务合同为主。以农民工为例，2016 年未与雇主或单位签订劳动合同的农民工在农民工群体中的占比高达 64.9%。[1]另外，家庭作坊等非正规部门企业技术水平、管理水平较差，竞争力较弱，生产不稳定且平均寿命短，难以具有持续性，这些都使非正规就业者的失业风险加剧。根据原国家卫计委 2010 年—2016 年的全国流动人口动态监测调查数据显示，没有失业保险的劳动者（通常为非正规就业者）失业率为 3%，而有失业保险的劳动者，失业率只有 0.67%[2]。具体以农民工群体与互联网平台经济从业者为例。城市农民工是城市中失业比例最高的就业人员，[3]据调查，2012 年高达 87.3% 的城市农民工更换过工作，其中半数以上的农民工一年更换一次工作，超过 20% 的农民工一年更换两次工作。此外，从事季节性、临时性等工作的农民工更换工作的频率更高。[4]2021 年，外来农业户籍人口失业率达到了 4.6%。[5]而在吸纳了大量非正规就业者的互联网平台经济中，所谓的灵活用工模式加剧了工作的不可预测性，而失业风险的陡增正是这种不可

〔1〕 参见国家统计局：《2016 年农民工监测调查报告》，载 http://www.stats.gov.cn/tjsj/zxfb/201704/t20170428_1489334.html，最后访问日期：2023 年 6 月 15 日。

〔2〕 参见吴要武、陈梦玫：《当经济下行碰头就业压力——对中国城乡劳动力市场状况的分析》，载《劳动经济研究》2018 年第 6 期。

〔3〕 参见李强、唐壮：《城市农民工与城市中的非正规就业》，载《社会学研究》2002 年第 6 期。

〔4〕 参见陈静等：《非正规就业劳动关系的调整机制——基于对城市农民工群体的调查》，载《农村经济》2012 年第 12 期。

〔5〕 参见王萍萍：《2021 年就业形势总体稳定》，载国家统计局，http://www.stats.gov.cn/sj/sjjd/202302/t20230202_1896588.html，最后访问日期：2023 年 4 月 10 日。

预测性的衍生之一。实践中，大多数平台从业者提供的是一种微型工作，只在短时间内提供及时性的劳动力。当短期劳务结束时，劳动者就必须退出劳动市场，从而面临失业处境。而如果平台从业者是完全依赖零工经济的全职劳动者，则处境更为困难，其必须承担"短期就业——失业——再短期就业——再失业"的重复失业困境。[1]再加上政策监管、平台奖惩机制等，更使这种情况雪上加霜。如在滴滴出行中，自 2016 年交通运输部、工信部等七部委发布《网络预约出租汽车经营服务管理暂行办法》及各省市相继在合格证、汽车状况、户籍等方面设立门槛限制后，2018 年年中全国网约车合规率不到 1%，[2]这就使绝大多数网约车处于灰色地带并迫使一部分司机离开平台。在奖惩机制上，滴滴通过降级[3]乃至封号使司机的派单减少或无法继续工作。[4]以上这些都意味着滴滴司机时刻面临着"淘汰"风险。另外，在平台从业者所面临的主要问题上，前三名分别为工资收入偏低、没有社会保险和工作不稳定、担心失业。[5]可见，平台从业者对于失业风险也存在普遍担忧。

由上，非正规就业者同其他劳动者一样面临着失业风险，且较之正规就业者，非正规就业者的工作更具不稳定性，在雇佣与失业的转换之间更为频繁，失业风险也就更大。因此如何分散其失业风险就成为一个迫切需要解决的难题。

（二）非正规就业者参保失业保险率低

目前，非正规就业者极少参保失业保险。以占非正规就业者比重较高的农民工为例（见表1），2010 年—2017 年，虽然农民工参保失业保险的比例在

<hr>

〔1〕参见李健鸿：《就业机会的新途径或是劳动保护的新挑战？——零工经济下劳动者的就业风险分析》，载《台湾劳工季刊》总第 53 期。

〔2〕参见《不少城市频繁出现"叫车难"，节假日期间供给不足明显——"网约车"如何越驶越顺？》，载《人民日报：海外版》2019 年 2 月 19 日，第 11 版。

〔3〕如果司机符合了降级标准中的任意两条，滴滴将对司机进行降级操作，这时司机必须重新申请 30 单快车考核才能"重操旧业"。司机降级标准包括：1. 车龄超过 6 年；2. 服务得分排名位于最后 25%；3. 服务星级低于 4.7 星；4. 行程成交后取消率高于 25%；5. 前 50 个舒适型以上车型订单内有投诉记录；6. 乘客投诉率高于 2%；7. 平均接驾时间高于所在城市平均值 2 倍。

〔4〕参见于晓东等：《共享经济背景下的人力资源管理模式探索：以滴滴出行为例》，载《中国人力资源开发》2016 年第 6 期。

〔5〕参见中国劳动和社会保障科学研究院课题组：《共享用工平台上从业人员劳动就业特征调查分析》，载《中国人力资源社会保障》2018 年第 4 期。

上升，但也仅有不到 1/5 的人参保，其中还包括本被纳入失业保险制度的农民合同制工人。可见，真正从事非正规就业的农民工参保比例更低。

表1　2010 年—2017 年农民工失业保险参保情况

年度	农民工总人数（万人）	农民工参保人数（万人）	农民工参保率（%）
2010	24223	1990	8.2
2011	25278	2391	9.5
2012	26261	2702	10.3
2013	26894	3740	13.9
2014	27395	4071	14.9
2015	27747	4219	15.2
2016	28171	4659	16.5
2017	28652	4897	17.1

注：农民工参保率指的是农民工参保人数占农民工总人数的比重

数据来源：2010 年至 2017 年年度《人力资源和社会保障事业发展统计公报》

究其原因，首先，失业保险法律规范对非正规就业者存在一定程度上的制度性排除。我国《条例》将非正规就业者排除于失业保险之外，而后《社会保险法》《实施〈中华人民共和国社会保险法〉若干规定》中均未对非正规就业者能否参保失业保险制度有所明确。在地方上也仅有少部分地区将全部或部分非正规就业者纳入失业保险制度。这就使得非正规就业者参保失业保险制度缺乏法律依据。其次，企业规避社会保险义务。在非正规就业中，以劳务关系与雇佣关系居多，劳动关系较为松散。即使是应建立劳动关系的情况，由于劳动执法较弱，也存在着不建立劳动关系的情形。这就在落实失业保障参保责任上留下了制度"缝隙"。对于企业而言，很多企业将缴纳社会保险视作企业的负担和成本，因此竭尽全力拒绝履行法定义务。特别是在互联网平台企业中，平台往往采取各种方式"去劳动关系化"，避免与从业者建立劳动关系。如 Uber 称其劳动者为独立合同工，"京东到家"将通过京东众包平台接单为京东送货的人员称之为"众包兼职人员"等。平台"去劳动关系化"的模式包括：（1）排除双方劳动关系。平台往往采取不签署劳动合同或提前制定格式合同、书面协议等方式排除双方之间的劳动关系。根据有关调研，实践中未发现任何一家平台与劳动者直接签订劳动合同，基本以民事协议（合作协议、居间协议等）代之。〔1〕另外，在朝阳法院审理的 188 件案件中，有 138 件案件签订了相关条款排除劳动关系，涉及 7 个互联网平台，案件占比达 73.4%。（2）雇佣合同层级化。平台通过劳务派遣、外包、四方协议〔2〕等方式，不直接与平台从业者发生雇佣关系，通过合同的层级化安排模糊雇佣事实。（3）设立关联公司。有些平台设立若干关联公司，将平台业务进行分割。这些关联公司分别负责平台的合同订立、劳动工具提供、报酬发放、押金收取、经营地租赁等运营操作。〔3〕这一做法隐蔽了真实雇主，也使雇佣情况复杂化，给劳动关系的认定带来难题。最后，多数非正规就业者的教育程度不高，其对失业保险缺乏基本认识。部分非正规就业者不知如何参保；部分非正规就业者出于理解偏差、短视行为等认为失业保险的作用不大而不愿参加，甚至为了领取更多报酬而放弃参保权益；还有部分群体即使可以参保，但对自己是否符合失业保险要求，能否领取失业保险待遇意识不清，从而造成失业保险权益的损失。根据一项针对平台从业者的调查，不了解社会保险制度是其未参保的重要原因。数据显示，超 1/5 的从业者完全不了解社会保险制度，而尽管有 1/2 的从业者知道社会保险制度，但对其具体险种内容了解不深。〔4〕

　　总之，非正规就业者与正规就业者在失业后面临着截然不同的待遇，正规就业者普遍被强制纳入了失业保险。根据《条例》规定，其失业后可以获得失业保险金、医疗保险费（医疗补助金）、死亡失业人员的丧葬补助金和其供养的配偶、直系亲属的抚恤金以及接受职业培训、职业介绍的补贴。这一失业保险待遇弥补了正规就业者在失业后所产生的部分收入损失，起到了收

　　〔1〕　参见张成刚：《共享经济平台劳动者就业及劳动关系现状——基于北京市多平台的调查研究》，载《中国劳动关系学院学报》2018 年第 3 期。
　　〔2〕　四方协议指的是在网约车中，平台、汽车租赁公司、劳务公司以及司机四方主体签订相关协议以确定各方权利义务。具体而言，司机与劳动公司签订劳动合同或劳务合同，劳动公司与平台签订商务合作协议，平台与汽车租赁公司签订车辆租赁协议。
　　〔3〕　参见海淀法院课题组：《涉互联网行业劳动争议现状分析及对策建议——基于海淀区涉互联网企业劳动争议情况的调研分析》，载《法律适用》2019 年第 8 期。
　　〔4〕　参见严妮等：《新就业形态下平台经济从业者社会保险制度探析》，载《宏观经济管理》2020 年第 12 期。

入替代的作用并促进了其再就业。而失业保险对非正规就业者有着相当程度上的制度性排除，这使得非正规就业者在失业后几乎毫无保障，大多数非正规就业者只能通过内化的方式如储蓄、亲属扶持等进行分散，这无疑形成了对"正规就业者"和"非正规就业者"实质性的区别对待。目前失业保险制度在非正规就业者中呈现的缺失状态，也已逐渐被视为是从工业时代向后工业时代过渡过程中所产生的新型社会风险。[1]这种新型社会风险进一步拉大了非正规就业者与正规就业者之间的社会保障差距，形成了"二元化"的结构体系。

---

〔1〕 See Bastian Betthaeuser, "Protecting Outsiders? Corporatism and the Dualization of Unemployment Protection in Germany and Austria", *European Journal of Social Security*, Vol. 19, No. 3. , 2017, p. 209.

非正规就业者纳入失业保险制度的
必要性与可行性

第一节　非正规就业者纳入失业保险制度的必要性

一、风险社会化决定了应为非正规就业者提供失业保险

在人类早期即有生老病死、饥荒、灾害等风险发生，但当时的生活危险主要由个人、家庭、宗族等加以应对，国家尚无或极少提供保障。该危险事故也主要被视为天灾或是个人因素导致，带有私问题性。而随着近代社会发展，社会矛盾凸显，自由国家观以及根植于此的市民法原理就呈现出一定的时代局限性。故而，福利国家观的社会保障制度逐步生成。社会保障又被称为"社会安全""社会保护"，指的是"社会通过采取一系列的公共措施来向其成员提供保护，以便与由于疾病、生育、工伤、失业、伤残、年老和死亡等原因造成停薪或大幅度减少工资而引起的经济和社会贫困进行斗争，并提供医疗和对有子女的家庭实行补贴法。"[1]在封建社会及资本主义原始积累时期，各国为了缓解贫困问题，维护社会稳定，就实施过诸如救灾、济贫等相关措施，最为著名的即是 1601 年英国所颁布的《济贫法》（The Poor Law）。进入工业社会后，机器大生产普遍替代了手工劳作，劳资双方由于利益相悖而矛盾加剧，再加上劳动者的工作伤害、失业、疾病等风险已无法通过传统

---

〔1〕　国际劳工局社会保障司编著：《社会保障导论》，管静和、张鲁译，劳动人事出版社 1989 年版，第 3 页。

的内化方式予以解决，因此资产阶级国家的阶级冲突便愈演愈烈。此时，由个人对自己生活负责的"常态"和由社会负责的"风险""例外"所构成的常态——例外关系得以建立，一些"社会风险"如疾病、伤残、年老等获得了社会关注从而在法律中被典型化并与预防和救助措施联系在一起。但福利社会国家要求实现社会稳定的目标不能仅依靠制定防范措施，还应更侧重于缓和"社会风险"。由此，社会保险作为一项重要机制被提出。[1]1883 年起俾斯麦相继颁布了《疾病保险法》（Krankenversicherungsgesetz）、《劳工伤害保险法》（Unfallversicherungsgesetz）和《伤残及老年保险法》（Invaliditäts-und Altersversicherungsgesetz）。这种法律强制纳保、雇主与劳工共同筹资、集体分摊风险的社会预护制度标志着现代社会保险制度的产生。此后世界各国都相继建立了自己的社会保险制度，如美国 1935 年颁布的《社会保障法案》（Social Security Act），英国 1946 年颁布的国民保险法（National Insurance Act）、国民医疗保健法（National Health Service Act）等。社会保险以其特有的机制设计已逐渐成为社会的"稳定器"、经济运行的"减震器"和实现社会公平的"调节器"，在现代社会中占据着不可或缺的地位。

从农业、手工业社会到工业社会，对失业本体、诱因及其应对策略的深化认识使得"失业"成为一个有意义的概念。早期认为，有工作能力者失业是其人格瑕疵所致，故而此一时期，对贫困者的救助也多为惩戒性质，即在严苛的工作条件下教导其从事工作（大多包括强迫劳动）。可以说，救济的主要目的是控制穷人和维护公共秩序，而并非为有需求的人提供帮助，这也被视为"消极社会政策"（Negative Social Policy）。19 世纪中后期至 20 世纪初期，失业开始被视为重要的"社会问题"，是与失去工作能力相同的"社会风险"。具体来说，不同于个人风险（主要为身体或财富等方面）和团体风险（家庭、社团、工会等成员所要共同面对的问题），失业风险的特性使其成为社会风险的一员。这种特性可以归纳为对象上的普遍性、或然率上的一般性与危险上的一致性。[2]也就是说，失业风险并非只是个别劳动者或部分职业团体的固有风险，而是所有劳动者的或然风险，这种或然风险不一定发生且

---

〔1〕 参见［德］汉斯·察赫：《福利社会的欧洲设计：察赫社会法文集》，刘冬梅、杨一帆译，北京大学出版社 2014 年版，第 240-241 页。

〔2〕 参见钟秉正：《社会保险法论》，三民书局 2019 年版，第 129 页。

不以个人意志为转移，具有偶然性。每一劳动者都具有面临失业风险的或然率，而失业不仅会使劳动者失去收入来源，威胁失业者及其家属的生存，而且也会给失业者自身带来心理阴影，违背人类尊严。在工业社会向后工业社会的转变过程中，经济全球化、劳动管制放松以及弹性、柔软化雇佣的扩大，使得劳动力市场风险加剧，不稳定性、脆弱性占据上风。传统上稳固的劳动关系逐渐被临时化、短暂化、多样性的就业关系所取代，劳动者进出劳动力市场也更为频繁，间隔时间更为漫长。另外，职业的专门化、精细化分工又要求个人在融入劳动力市场时具备一定的技能和经验。在以上多种因素下，摩擦性失业、结构性失业等失业风险也就充斥整个社会。作为社会风险，失业风险的规模早已不能只由个人或团体通过自我储蓄、理财或商业保险、团体保险等自我预护的方式来进行承担，而是应由社会整体力量去应对。此时，政策制定者引入了现代劳动力市场政策的两大基本支柱：公共就业服务（Public Employment Services）和失业保险（Unemployment Insurance）。历史地看，失业保险制度发端于工人基于连带建立的互助组织，如法国的"互济会"、德国的"劳动者福利中心"等，这一由会员缴费、互助共济的风险分摊形式便构成了早期失业保险制度的雏形。[1]但随着工业化的深入发展，私法渊源的、企业性质或自愿合作性质的、小范围的风险保障机制已难以应对大规模失业。由此，公法上的失业风险补偿机制即现代化的失业保险制度就自然生成。从世界范围看，国际组织及世界各国都采取了各种措施以保障失业与促进再就业。在国际组织上，国际劳工组织发布了多个公约和建议书以呼吁各国实施失业保险和补充援助计划；[2]在各国实践中，全球 203 个国家中有 98 个国家在立法中规定了失业保障制度，占比 48%。其中 82 个国家建立

---

〔1〕 参见杨翠迎主编：《社会保障学》，复旦大学出版社 2015 年版，第 322-323 页。

〔2〕 国际劳工组织（International Labor Origination）在 1934 年通过《失业补贴公约》（Unemployment Provision Convention，C044）和《建议书》（Unemployment Provision Recommendation，R044）呼吁各国实施强制或自愿性失业保险，同时还应建立补充援助计划。1952 年的《社会保障（最低标准）公约》［Social Security（Minimum Standards）Convention，C102］对失业津贴的覆盖范围和待遇给付进行了规定。1988 年的《促进就业与失业保障公约》（Employment Promotion and Protection against Unemployment Convention，C168）与《促进就业与失业保障建议书》（Employment Promotion and Protection against Unemployment Recommendation，R176）倡导把失业保障措施同促进就业结合起来。2012 年的《社会保障最低限额建议》（The Social Protection Floors Recommendation，R202）认为应向失业的劳动年龄人口发放不低于国家规定最低限额的补助。

了强制性的失业保险，24 个国家实施有兜底的社会救济制度。[1]可见，对失业进行社会保障已经成为国际社会共识，且失业保险始终作为最主要的保障手段。其原因就在于社会保险是"由国家依据自治行政原则，所组织的公法上的强制保险，保护劳动者在遭遇因工作能力丧失、失业及死亡时所可能带来的危害。"其建构基础即是以集体保障措施来因应大部分社会成员均可能面临之结构性社会问题，该社会问题就以社会风险的角度予以关照。

非正规就业者单个的失业风险也是公共、整体社会风险的一部分，以自由主义为导向的个体解决难以有效应对，需要国家予以干预。鉴于此，国家应通过一定的制度安排使其能够抵御失业风险，失业保险便是其中最重要的手段。失业保险通过社会互助，运用保险原理向参保对象提供保障以分摊其风险。故而，失业保险不应将非正规就业者排除其外。另外，非正规就业者对参加失业保险也往往具有较高的意愿。根据一项对平台从业者的调查，在愿意参与的社会保险中，有 27.1% 的人选择加入失业保险，仅次于工伤保险。[2]为非正规就业者供给失业保险制度，可以通过收入替代和损失缓冲以预防非正规就业者一旦失业即陷入贫困的危险境地。更为重要的是，可以促进非正规就业者再就业，从而实现社会的充分就业。

二、非正规就业者的从业特性亟需失业保险制度保障

（一）相当部分的非正规就业者收入水平较低

根据早期的劳动力市场分割理论，劳动力市场可以分为一级劳动力市场和次级劳动力市场。一级劳动力市场以正规就业为主，表现为高工资、优越的工作条件、就业稳定、晋升几率较高和更注重公平。而非正规就业者所处的劳动力市场主要为次级劳动力市场，这一市场的特征是工资低廉、福利薄

---

[1] See ILO, *World Social Protect Report* 2017-19: *Universal Social Protection to Achieve the Sustainable Development Goals*, 2017, p. 44.

[2] 参见中国劳动和社会保障科学研究院课题组：《共享用工平台上从业人员劳动就业特征调查分析》，载《中国人力资源社会保障》2018 年第 4 期。

弱、工作条件差、劳动周转率高、向上流动率低和就业不稳定。[1]在这种次级劳动力市场上，非正规就业常常与贫困挂钩，非正规就业者被称为"有工作的穷人"。[2]我国也一般认为非正规就业者文化教育程度、能力水平、权利意识和行动能力上处于弱势地位，且多处在小规模企业、低层次部门，在就业形式上以非全日制用工、短期工为主，相关法律关系多为模糊、短期、缺乏规范合同与裁判依据的形态。[3]甚至认为非正规就业是介于正规就业与失业之间的一种特殊的就业形态，是二者之间的缓冲层。[4]

但随着非正规就业的不断发展，学者们逐渐发现非正规就业与贫穷之间的联系并不那么简单，不能认为非正规就业者就是贫穷者，正规就业者就是非贫穷者。进一步说，虽然正规就业者的收入普遍高于非正规就业者，但非正规就业者内部也存在着收入等级，一般非正规雇主收入最高，其次为自雇者，最后为非正规雇员。但是，虽然不同就业地位的劳动者在平均收入上存在着明显分割，但由于结构障碍（国家、市场和社会）或累积性劣势（Cumulative Disadvantage），这一分割很难再上升。许多非正规就业者，特别是妇女，仍然留在低收入和高风险的部门中。[5]总体上，非正规工作与贫穷之间的关联仍然很大，贫困家庭的非正规工作比例高于正规工作，所有非正规工人中也只有3%是雇主——非正规工作中的一种不贫穷分类。[6]

目前，我国的非正规就业群体主要以农村进城务工人员、城市国有企业、集体企业结束劳工关系人员、城市新劳动力和其他人员为主。[7]与正规就业

---

[1]　See P. B. Doeringer，M. J. Piore，*Internal Labor Market and Manpower Analysis*，D. C. Heath and Company，1971，p. 165；参见李艳霞：《国外非正规就业理论的述评》，载《中国海洋大学学报（社会科学版）》2013年第3期。

[2]　See Marilyn Carr，Martha Alter Chen，*Globalization and the informal economy：How Global Trade and Investment Impact on the Working Poor*，general information，2001.

[3]　参见陈步雷：《论我国非正规就业群体的社会保障法律模式——以养老保险为例》，载《经济法论坛》2013年第2期。

[4]　参见丁金宏等：《中国对非正规就业概念的移植与发展》，载《中国人口科学》2001年第6期。

[5]　See Chen M.，"Informality and Social Protection：Theories and Realities"，*IDS Bulletin*，Vol. 39，No. 2.，2008，p. 20.

[6]　See Chen M.，Françoise Carré，*The Informal Economy Revisited：Examining the Past，Envisioning the Future*，Rloutledge Explorations in Development Studies，2020，p. 3.

[7]　参见中国劳动和社会保障部劳动科学研究所课题组：《中国灵活就业基本问题研究》，载《经济研究参考》2005年第45期。

者相比，虽然有一些收入较高的从业者，但整体而言，非正规就业者的收入水平较低。[1]以农民工为例，2019 年全国农民工的月平均收入为 3962 元，[2]而同期城镇非私营单位就业人员月平均工资为 7541 元，[3]私营单位人员月平均工资为 4467 元。[4]造成这一情况的原因可能是正规就业受到制度性优待，也可能是正规就业者的人力资本要高于非正规就业者。[5]在这些低收入群体中，还有部分非正规就业者极易陷入贫困状态且其家庭负担较重。如非正规受雇农民工的贫困发生比率要比正规受雇农民工高出 25.6%；[6]又如滴滴平台的网约车司机中，有 6.7%的从业人员是建档立卡的贫困人员，12%是退役军人，超过 21%的司机是家里唯一的就业人员。2018 年在美团外卖获得收入的 270 万骑手中，有 77%来自农村，其中 67 万骑手来自贫困县。[7]另外，在滴滴平台中，高达 83.33%的司机已婚且其家庭人口数在 5 至 6 人的占比最多，分别为 31.12%和 21.8%。但同时，家庭就业人数占比最多却仅为 2 人，占比 49.11%。网约车司机的抚养比高达 1.65。[8]而且超九成的女性司机已婚并有 11.3%是单亲妈妈。[9]

由上，如果这些低收入非正规就业者一旦失业，将极有可能陷入贫困并威胁其与家庭的基本生活水准，而这自然需要一定的制度安排以进行风险补偿。

---

〔1〕 参见薛进军、高文书：《中国城镇非正规就业：规模、特征和收入差距》，载《经济社会体制比较》2012 年第 6 期；张抗私等：《正规就业与非正规就业工资差异研究》，载《中国人口科学》2018 年第 1 期。

〔2〕 参见国家统计局：《2019 年农民工监测调查报告》，载 https://www.stats.gov.cn/xxgk/sjfb/zxfb2020/202004/t20200430_1767704.html，最后访问日期：2023 年 9 月 15 日。

〔3〕 参见国家统计局：《2019 年城镇非私营单位就业人员年平均工资 90501 元》，载 https://www.stats.gov.cn/xxgk/sjfb/zxfb2020/202005/t20200515_1767714.html，最后访问日期：2023 年 6 月 21 日。

〔4〕 参见国家统计局：《2019 年城镇私营单位就业人员年平均工资 53604 元》，载 https://www.stats.gov.cn/xxgk/sjfb/zxfb2020/202005/t20200515_1767713.html，最后访问日期：2023 年 6 月 21 日。

〔5〕 参见吴要武、蔡昉：《中国城镇非正规就业：规模与特征》，载《中国劳动经济学》2006 年第 2 期。

〔6〕 参见李振刚、张建宝：《正规与非正规：就业模式对农民工工作贫困的影响——来自八个城市的经验证据》，载《北京工业大学学报（社会科学版）》2020 年第 6 期。

〔7〕 参见国家信息中心分享经济研究中心：《中国共享经济发展年度报告（2019）》。

〔8〕 参见滴滴政策研究院：《新经济 新就业——2017 年滴滴出行平台就业研究报告》。

〔9〕 参见滴滴发展研究院：《技术进步与女性发展：滴滴平台女性新就业报告 2019》。

（二）非正规就业者普遍缺乏社会保障

非正规就业在促进就业、稳定经济发展的同时也给个人及社会带来了负面影响，特别是其导致了"权益赤字"的产生。在这种情况下，大多数非正规就业者都缺乏充分的保护以抵御风险。从社会层面而言，非正规就业正侵蚀着国家保障公平工作条件的能力，更为重要的是，它对依靠税收和缴费的社会保障制度造成冲击。[1]非正规就业以其较强的异质性、分散性、无组织性以及隐蔽性（部分非正规就业部门带有流动性）等特点，使大部分就业群体游离在社会保障制度的覆盖边缘。[2]这不仅发生在自雇者或小型私营企业中，也越来越多地存在于从事灵活性就业的薪资劳动者身上。据统计，全球只有47%的人能够获得至少一项社会保护待遇，这意味着超40亿人无法获得任何社会保护。[3]

我国当前的社会保障规范也主要是依据正规就业而建立。除了可以自愿参保、自我缴费的养老保险、医疗保险外，大多数非正规就业者都不受失业保险、工伤保险的保护，而这种自愿性在实践中遵从度也较低。如在农民工中，2014年农民工参保工伤保险、医疗保险、养老保险、失业保险、生育保险的比例也仅分别为26.2%、17.6%、16.7%、10.5%、7.8%。[4]此时，如果非正规就业者在失业后无法取得一定保障，那么在丧失劳动收入时也将会对其他风险的应对带来隐忧。

（三）非正规就业者平均教育水平不高且缺乏职业培训

根据人力资本理论，教育水平是一个人就业能力与赚取收入能力的重要决定因素。国际劳工组织将技能发展视为非正规就业人员从事生产性就业和体面工作的重要手段，教育程度低是妇女和农民工等特定社会群体在劳动力

---

〔1〕　See Johannes P. Jütting, Juan R. de Laiglesia, *Is Informal Normal? Towards more and Better Jobs in Developing Countries*, Development Centre of the OECD, 2009.

〔2〕　参见张青：《非正规就业群体社会保护的国际参照——发展中国家的视角》，载《辽宁大学学报（哲学社会科学版）》2009 年第 5 期。

〔3〕　See ILO, *World Employment and Social Outlook-Trends* 2023, International Labour Office, Geneva, 2023, p. 12.

〔4〕　参见国家统计局：《2014 年全国农民工监测调查报告》，载 https://www.stats.gov.cn/sj/zxfb/202302/t20230203_1898768.html，最后访问日期：2023 年 6 月 25 日。

市场中处于不利地位的原因之一。[1]在我国，非正规就业者的教育程度平均水平偏低。以农民工为例，2019 年，有 88.9%的从业者为大专及以下学历，其中半数以上为初中文化程度，高中文化程度的只有 16.6%，而小学文化程度的也占 15.3%之多。[2]此时，由于部分非正规就业者没有雇主，或雇主囿于资金、人力等负担而不愿意提供培训，再加上政府在非正规就业者培训上的长期缺位或供给不足，最终导致了其在技能培训上的欠缺。根据调查，2017 年，在农民工中只有 30.6%的从业者接受过非农职业技能培训，9.5%的从业者接受过农业技能培训，而同时接受农业与非农业技能培训的只有 7.1%。[3]

而在教育程度不高并缺乏职业培训的情况下，非正规就业者就极易产生摩擦性失业与结构性失业。另外，再就业需要就业能力与就业信息，而非正规就业者的教育程度与培训状况对两者都造成了一定影响。实践中，非正规就业者主要通过朋友、同乡、亲戚、同事等社会关系寻找工作，还有小部分是自己寻找或单干，可见再就业途径极窄。[4]因此，当非正规就业者失业时，将可能面临着较长时间的求职过程。此时，为非正规就业者提供失业保险，以满足其求职期间的收入替代需求并为之提供职业介绍、职业培训，便成为题中之义。

三、失业保险制度具有不可替代性

失业作为一种获得普遍关注的特定风险，给劳动者自身及其家庭、经济与社会带来了不利益的情况。失业保险将之作为标的，通过"大数法则"予以分散，不仅能够保障失业人员在失业期间的基本生活水平，为失业人员提供求职的缓冲时间以促使其进入劳动力市场再就业，而且还具有平滑消费、抵御异质性、区域性冲击以及稳定宏观经济的重要作用。[5]其他的风险防范

---

[1] See Jue Wang, et al., "Informal Employment in China: Recent Development and Human Resource Implications", *Asia Pacific Journal of Human Resources*, Vol. 54, 2016, p. 302.

[2] 参见国家统计局：《2019 年农民工监测调查报告》，载 https://www.stats.gov.cn/xxgk/sjfb/zxfb2020/202004/t20200430_1767704.html，最后访问日期：2023 年 9 月 15 日。

[3] 参见国家统计局：《2017 年农民工监测调查报告》，载 https://www.stats.gov.cn/sj/zxfb/202302/t20230203_1899920.html，最后访问日期：2023 年 6 月 25 日。

[4] 参见李强、唐壮：《城市农民工与城市中的非正规就业》，载《社会学研究》2002 年第 6 期。

[5] See Tatsiramos, K., van Ours, J. C., "Labor Market Effects of Unemployment Insurance Design", *Journal of Economic Surveys*, Vol. 28, No. 2, 2014, pp. 5-6.

措施诸如自我储蓄、理财、商业保险、团体保险和就业救助等都无法替代失业保险。

（一）自我预护、私营保险无法替代失业保险

具体来说，以自我储蓄、理财应对失业风险，只能起到一时的作用，待其耗尽后将严重影响劳动者个人生活的维持；而就商业保险、团体保险这些私营保险来说，私营保险中的信息不对称，往往会引发逆向选择，从而形成"弱体保险"的现象。也就是说，具有低失业风险的劳动者往往不愿意加入私营保险，因而他们一旦面临失业事故将无法获得保障。此时，私营保险内部将主要由高失业风险群体组成，在这种情况下，高额的保险支出不仅将使劳动者本身承担较高的保费，也会给保险基金的收支平衡造成负担。另外，失业风险的不可预测性和经济衰退时所产生的大量失业，要求失业保险费率不断调整以避免失业保险基金破产，这时只有国家方有如此力量。因此，国际社会中的失业风险保障机制通常都是公共性、集体性的。[1]

（二）就业救助无法替代失业保险

就业救助与域外的失业救济（Unemployment Assistance）相似，指的是"在家计调查的基础上，国家为有劳动能力的贫困者提供货币支持和就业服务，帮助其摆脱贫困所采取的社会救助措施。"[2]在工业社会中，就业所得收入是大多数群体获得生活所需的必然路径，而针对获得社会救助的个人而言，工作也是促使其自立，得以发展独立人格的方法。所以，国家在提供金钱给付的同时，也要帮助受救助者重返劳动力市场，以就业脱离贫困与依赖。这不仅是使受救助者得以获得生存能力的现实选择，也是以独立自主，为自己负责为前提的人性尊严的本质要求。在此，就业救助制度通过培训补贴、公益性岗位安置、贷款贴息等多种手段，为受救助者提供了一定的就业协助，以使其自助自力。

就业救助与失业保险虽然同为失业保障制度的重要组成部分，但两者在筹资方式、资格条件等方面有着不同的制度逻辑：（1）在设计原理上，失业

---

〔1〕　See Tatsiramos, K., van Ours, J. C., "Labor Market Effects of Unemployment Insurance Design", *Journal of Economic Surveys*, Vol. 28, No. 2., 2014, p. 5.

〔2〕　韩克庆：《就业救助的国际经验与制度思考》，载《中共中央党校学报》2016 年第 5 期。

保险采用的是保险机制，通过保险的独特机理使失业风险在最大范围内进行分散；而就业救助采用的则为救助机制，对达到一定条件的失业者进行救济，体现着明显的济贫思想。(2) 在资金来源上，失业保险由雇主与雇员共同缴费；就业救助则由公共财政支持。(3) 在覆盖范围上，失业保险的覆盖范围通常由法律规定，一般为非自主性的雇佣劳动；而就业救助则只限于符合最低生活保障的家庭成员。(4) 在领取资格上，失业保险要求缴纳一定时期的保费、非自愿失业等；就业救助则要求处于最低生活保障家庭中且处于失业状态即可。(5) 在待遇水平上，失业保险体现着明显的权利义务相一致原则，待遇水平通常与缴费水平与缴费时间相挂钩；而就业救助的待遇水平则相对较低，一般与最低生活标准相联系。[1] (6) 在受领人的主观感受上，失业保险体现了参保人的缴费权利，其待遇与缴费之间的对价使参保人获得了某种程度的人性尊严；而就业救助制度则会给予被救助者以被施舍的感觉。

　　总而言之，就业救助虽然对失业者特别是那些无法参与社会保险机制的劳动者而言，是确保其基本生存的重要方面。但就业救助作为最终福利手段，严重仰赖经济调查，其一般与劳动者的就业状态无关，而只关乎其家庭整体收入情况。与就业救助相比，失业保险在覆盖范围和保护程度上更广也更高，其不仅可以维持劳动者一段时间内的生活水平，还可以促进就业，防止劳动者陷入贫困或永久失业。另外，就业救助容易受到政策变化的影响，而失业保险基金独立运行，具有一定稳定性。因此，失业保险在为失业者提供福利的充足性上起着关键作用。在国际社会中，失业救济也已逐渐成为失业保险的辅助政策。从我国实践来看，我国的就业救助制度本身虽并未对非正规就业者进行特别限制，只要当非正规就业者处于最低生活保障标准时，就可以申请就业救助以重回劳动力市场。[2] 但从就业救助制度的运行来看，截至2015年，全国城市低保人口为1708万人，其中登记失业人员265.2万人，占

────────────

〔1〕　参见周建文编著：《失有所助：失业保险》，中国民主法制出版社2016年版，第37页；章晓懿主编：《社会保障概论》，上海交通大学出版社2010年版，第215页。
〔2〕　《社会救助暂行办法》中规定"国家对共同生活的家庭成员人均收入低于当地最低生活保障标准，且符合当地最低生活保障家庭财产状况规定的家庭，给予最低生活保障"。其中，"对最低生活保障家庭中有劳动能力并处于失业状态的成员，通过贷款贴息、社会保险补贴、岗位补贴、培训补贴、费用减免、公益性岗位安置等办法，给予就业救助"，如果"最低生活保障家庭中有劳动能力的成员均处于失业状态的，县级以上地方人民政府应当采取有针对性的措施，确保该家庭至少有一人就业"。

比 15.53%，灵活就业人口 379.2 万人，占比 22.2%。[1]可见，虽然就业救助对非正规就业人员的失业起到了一定的兜底作用，但对于 6000 万到 1.3 亿人口的非正规就业者来说可谓是杯水车薪。

综上，要建立普遍性的社会保障需要缴款计划（Contributory Plan）与非缴款计划（Non-Contributory Plan）相结合，非缴款计划是确保基本保障水准的重要方面，特别是对于那些无法进入其他社会保障机制的人来说。但是，缴款计划将在提供充分福利上起到关键作用，因为他们提供更广范围和更高水平的保护。[2]非正规就业者在劳动力市场中的整体"弱势"特征，使得其在面临失业风险时更需对自身的所得安全进行保障，而这也是失业保险制度的首要目标。失业保险赋予符合失业给付资格的参保人以领取失业保险金等金钱给付的权利，从而替代其因失去工作而无法获取收入的损失。同时，失业保险提供的补助也可以有效降低失业者的预算约束，激发失业者职业搜索动力，增加劳动者职业匹配质量，并对在职者形成正向激励，促进个体劳动供给时间的增长，从而有效提高劳动参与率与劳动力市场流动性。[3]总之，为非正规就业者提供失业保险不仅可以保障非正规就业者失业时的基本生活水准，解决其实际生活困难，解除其可能出现的焦虑心理，从而减少社会矛盾的发生，促进社会和谐。而且也可以为不同形式的就业创造更公平的竞争环境，促进劳动力市场转型和劳动力流动，同时也可以避免企业倾向雇用无社会保障劳动者的社会现状，以利于劳动力市场过渡，减少劳动力市场分割。可以说，失业风险社会化有利于非正规就业者的权益保护和整个经济的发展，加强和调整失业保险计划将是保护非标准雇佣者和自雇者的关键。[4]

---

〔1〕　参见张浩淼：《就业救助：国际经验与中国道路》，载《兰州学刊》2018 年第 10 期。

〔2〕　See Christina Behrendt, Quynh Anh Nguyen, "Innovative Approaches for Ensuring Universal Social Protection for the Future of Work", ILO, 2018, pp. 8-9.

〔3〕　参见陈波、罗荷花：《失业保险的劳动供给效应：抑制还是激励?》，载《调研世界》2020 年第 1 期。

〔4〕　See Christina Behrendt, Quynh Anh Nguyen, "Innovative Approaches for Ensuring Universal Social Protection for the Future of Work", ILO, 2018, pp. 8-9.

四、体现了对非正规就业者生存权与劳动权的保障

（一）对非正规就业者生存权的保障

1. 生存权的形成与发展

生存是人类的本能，是人类最基本的欲望。早期的人类主要凭借个人禀赋获得生存机会，之后随着家族、部落乃至国家的逐步形成，生存观也不断改变。大致来看，自国家产生以来先后经历了国家无责任时期、国家施恩救济时期和国家承担义务时期。这时，生存不再被认为是自己责任，公民生存受威胁还源于国家政策的偏差或是社会制度不健全等，因此国家也应负有解决个人生存问题的义务。在这个过程中，生存的权利概念才得以最终形塑。

生存权在人权体系中占据重要地位。与其他人权相比，生存权属于基础权利，处于主导地位，是享有其他权利的前提。正如马克思所言："我们首先应当确定一切人类生存的第一个前提也就是一切历史的第一个前提，这个前提就是：人们为了能够'创造历史'，必须能够生活。"[1]关于生存权的近代论述，可以见诸先验自然权利的主要论证者霍布斯、洛克和卢梭。霍布斯在《利维坦》中认为自然权利就是"每个人都有按照自己的意愿，并使用自己的力量保全自己生命的自由。"[2]可见，霍布斯对自然权利的理解比较狭窄，主要聚焦于保全生命的生存权利之上。相对而言，洛克的自然权利外延则更为宽泛，但生存权仍然是其主要关注点。在《政府论》中洛克认为"人类一出生即享有生存权利，因而可以享用肉食和饮料以及自然所供应的以维持他们的生存的其他物品。"[3]卢梭继而也指出："人性的首要法则，是要维护自身的生存，人性的首要关怀，是对其自身所应有的关怀。"[4]由上，生存被视为处于个人欲望金字塔的顶层，理应得到优先满足。另外，早期的人权规范《弗吉尼亚人权法案》第1条、《独立宣言》、《人权宣言》第2条中也均有关

---

〔1〕《马克思恩格斯选集》（第一卷），人民出版社2012年版，第158页。

〔2〕［英］霍布斯：《利维坦：在寻求国家的庇护中丧失个人自由》，吴克峰译，北京出版社2008年版，第64页。

〔3〕［英］洛克：《政府论（下篇）》，叶启芳、瞿菊农译，商务印书馆1964年版，第18页。

〔4〕［法］卢梭：《社会契约论》，何兆武译，商务印书馆1980年版，第9页。

于生存权的规定，生命、自由、追求幸福的字眼闪烁着人权光辉。可以说，早期的生存权主要表现为生命权，其他人权与生命权之间存在着手段——目的的基本关系。此时，生存权具有自由权面向，国家消极防御即可，不进行主动干涉。而随着理性思想、自然法学与天赋人权的逐步发展，自由、平等被认为是人生来不可让渡的权利，这些权利进一步为确保生命、自由、幸福追求等目标亦成为国家成立的主要目的与任务，此后与人权宣言结合在一起成了生存权实定法化的动力。

19世纪后，资本主义的高度发展导致了贫富差距持续扩大，而这一不公平现象又难以为以自由权与平等权为保障核心的近代国家宪法所祛除。此时为了除去失业及劳动条件恶化的弊病，扶植社会的及经济的弱者以保障其生活，社会权思想便自然产生。社会权即是针对资本主义高度发展所产生的失业、贫穷、劳动条件恶化等社会问题，在社会正义的前提下，为保障社会与经济上的弱者要求国家以各种形式积极介入以形成正当的社会秩序，使其得以享有合乎人性尊严的生活的权利。换言之，社会权是享受福利与社会保障的权利，或是将充分就业以及对弱势者的特别保护视为一种应得的权利。不同于国家消极应对的自由权，社会权需要国家积极进行干预。在这种思想下，面对日益复杂的生存问题，人们一方面从自然权理念中找寻生存意涵及其权利基础的正当性依据，另一方面又要求社会负起责任积极谋求调和改善。由此，生存也不再只是生命机能的维持，而是饱含人格等多种内涵，需要国家具有积极性。但囿于国家资源与社会能力有限，无法逐一满足每个人的生活需求。国家就只能在能力范围内，致力于推动社会福利政策或健康医疗等制度，以保障公民最低限度生活的权利。故而，生存权也就逐步突破了自由权的防御性本质，而因其积极性被纳入社会权体系。在实定法上，德国是首个将生存权写入宪法规范的国家，《魏玛宪法》第151条规定："经济生活之组织，应与公平之原则及人类生存维持之目的相适应。在此范围内，个人之经济自由，应予保障"。也就是说，个人有权拒绝所有威胁其自身生存权利的经济活动，且国家也需通过土地政策、经济法、劳动法、社会保障法等多种配套措施将社会财富进行再分配以扶助经济上之较弱者，使其能够像人一样生存。该条款虽然只被通认为"纲领性规定",[1]但其肯定了生存权为客观意义下的法。此后,《联合国宪章》、《世界人权宣言》(Universal Declaration of Human Rights)、《经济、社会及文化权利国际公约》(International Covenant on Economic, Social and Cultural Rights)、《公民权利和政治权利国际公约》(International Covenant on Civil and Political Rights) 中均有针对生存权的相关规定,日本、瑞士、意大利等国也都在其宪法中明文规定了生存权。由此,生存权成了近代市民宪法中的新型基本人权,并逐步从自然权形态发展成为社会权形态。其目的在于保障国民能够在实际生活中有尊严地生活,倾斜于保护生活贫困者或是经济弱者,并要求国家积极作为以划定其应该做的范围。不过需要注意的是,生存权除了积极权利面向外亦有其消极权利面向,即排除国家公权力对个人生存自由的不当侵害。

2. 生存权的权利界限及其与社会保险之关联

虽然生存权作为一项基本人权已成为学界共识,但对其权利界限还不甚明晰。[2]生存权是向国家要求确保其生存或生活上的必要条件,以保障个人

---

[1] 宪法上的生存权最早只被认为是"纲领性规定",也就是说其仅仅是国家的政策性方针,是单纯的政治道德性规范,公民不可以据此直接向国家请求实现其权利。这种纲领性的认定无疑使公民的生存权保障沦为形式。日后关于生存权的诉讼频发,也就产生了对于生存权权利属性的新一轮探讨,"抽象权利论"和"具体权利论"就相继形成。前者认为生存权要求国家进行相关立法且只有在具体法律制定之后才能成为法上之权利。而生存权本身并不具有强制性质,即便受到侵害或义务难以被履行,也难以宪法上的生存权进行救济;后者则认为宪法上的生存权是具体的、强制性的权利,其既要求国家进行立法予以保障,又给予公民在国家消极不作为且侵害其生存权时,可以直接向法院进行起诉。目前"纲领性规定论"随着美国罗斯福新政及其立法已日渐消亡,"抽象权利论"自产生至今占据主要地位,而"具体权利论"方兴未艾,有待进一步进行论证。参见汪进元:《论生存权的保护领域和实现途径》,载《法学评论》2010年第5期。

[2] 关于生存权的权利界限观点纷呈。如徐显明将生存权划分为广义、中义和狭义三个层面。广义上的生存权是指包括生命在内的权利束;中义的生存权是指解决贫困人口的温饱问题;狭义上的生存权则是指社会弱者的请求权。参见徐显明主编:《人权研究(第二卷)》,山东人民出版社2002年版,第4页;李步云认为生存权是以生命权为主,以获得生存条件的权利为辅的权利群。参见李步云主编:《人权法学》,高等教育出版社2005年版,第121页;龚向和认为生存权是"最低限度合于人性尊严的生活"权利,其不是所有与生存相关权利的总称,也不仅是温饱权,而应包括社会保障权、适当生活水准权和健康权。参见龚向和:《生存权概念的批判与重建》,载《学习与探索》2011年第1期;汪进元认为生存权是具体而独立的权利,其本源性权域为最低生活水准权,具体包括生命体的维护、有尊严的生活和安全的生活。参见汪进元:《论生存权的保护领域和实现途径》,载《法学评论》2010年第5期;王全福等认为生存权是"生命安全得到保障和基本生活需要得到满足的权利"。王家福、刘海年:《中国人权百科全书》,中国大百科全书出版社1998年版,第531页。

在社会生活中维持最低限度之生活水准的权利。[1]最低限度之生活水准是国家综合全体经济情况后所确定的国民最低限度的生活标准，其是一个相对的概念，随着社会发展及人民认知的不同，其保障范围具有扩展性。但可以明确的是，这一最低限度的生活水准不仅仅是由经济条件决定的，还应受到人的文化欲求影响。可以说，"经济与文化都是确定生存标准的内在要素。"[2]以日本为例，日本宪法第 25 条就将生存权明示为："健康且文化的最低限度之生活"。可见，生存权的内容是维持必要物质与一定文化的复合。在这里，所谓"最低限度的生活"保障应是生存的最低要求，其原点为确保公民的生命权，此上国家应划有最低生活标准，低于此标准的国家应负有救助义务以充作人民生活风险的最低安全网，且在最低生活标准下的公民可以直接要求国家对其生存予以保障。至于"健康且文化"的生存权保障则与一国的经济发展条件与能力等相关，其目的在于实现人的尊严生活，为此在这个层次上的生存权的保障范围应是逐步扩展的。国家既需有能力促成保障制度的提升，又需不侵害公民追求"健康且文化"生活的实现。总而言之，维系人民生命应是最低限度的生存权要求，这时需要国家维持人民最低生活水准。而符合人的尊严生活应是保障生存权的合理目标，这就课予了国家最高的作为义务。生存权既需"合理地"保障有生存自救能力的人不断创造适于自己的生存环境，又应"明白地"保障生存弱者不断依据国家确立的生活水平的最低限度提出帮助请求并满足其请求。[3]

　　宪法中生存权的实现需以国家作用为中介，透过立法形式的客观法秩序具体化其保护意旨，这样才能避免成为一纸空文。社会保障制度便是实现生存权的客观法之一，其通过"物质请求——国家帮助——维持生存"的方式使得个人在遇到社会风险时得以维持生存。可以说，受社会保障权就是社会弱者的生存权。[4]从生存权的权利界限看，社会救助涉及生存权之保障自是不言自明，那么社会保险是否也如此呢？本书认为社会保险亦具有生存权保障的品格。首先，在宪法中的个人是自主决定、自立经营生活以形成自我的个人，其不依赖外力苟活。国家通过为人们在生涯中的职业规划、财产建构

　　〔1〕　参见李仁淼：《生存权的法性质》，载《月旦法学教室》总第 70 期。
　　〔2〕　徐显明：《生存权论》，载《中国社会科学》1992 年第 5 期。
　　〔3〕　参见徐显明：《生存权论》，载《中国社会科学》1992 年第 5 期。
　　〔4〕　参见徐显明：《生存权论》，载《中国社会科学》1992 年第 5 期。

提供帮助去预护自身的经济安全以安定其生存基础，这也是现代国家社会安全建构的基础理念。其中，社会保险是针对人民在年老、疾病、失业等情况下工作能力减损以致其丧失生存收入而设。政府通过社会保险以建构连带共同体的方式，使得人民累积形成对待给付的权利，这一权利就具有生存权保障与财产权保障的双重特质。换句话说，社会保险就是"以确保生存基础为目的、组成连带共同体之财产建构过程"[1]；其次，从比较法来看，日本的社会保险制度就被视为生存权的具体实现。日本的社会保障法是以市民社会的弱者为对象，以国家介入的方式缓和或解决生活个人责任原则下产生的贫困问题并且以生存权为基本理念的重新展开，故而生存权被视为是社会保险制度的宪法基础；最后，将社会保险制度视为实现生存权的手段也符合国际人权公约中保障社会保障权的世界趋势，并符合宪法保障生存权、维护人性尊严的基本核心价值。

综上，生存权的目的就在于实现社会政策、扶助弱者，以使社会全体成员能够像"人"一样生活，人人都得以各安其所，各遂其生。基本权从自由权到生存权的转变，使传统上个人对自由、幸福的追求转变为社会整体对平等、生存的追求，个体人权开始向集体人权过渡；另外，除了预防人权侵害以及对侵害加以排除的消极保障方式，也开始要求国际积极对人权实现提供必要条件。此时，生存权就为个人自由划定了边界，以实现所有人共性。[2]我国长期以来将生存权视为首要人权，虽然《中华人民共和国宪法》（以下简称《宪法》）中并未明文规定，但其第 44 条和第 45 条等均被视为涉及生存权内容之条款。可以说，社会保障制度与宪法的连接就在于宪法保障自我决定的主体维持最低限度的生活。故而，社会保障的法理念主要就是生存权，所得再分配则是社会保险制度落实宪法生存权保障的方式。总之，生存权的保障范围不应仅局限于满足最低生存需求，还应包括抵御社会风险及为之提供所得替代或所得维持，以满足适当生存。在实现载体上，前者可经由社会救助、社会扶助来实现，而后者则经由社会保险来实现。社会保险能够在疾病、失业、年老等风险事故发生时，通过所得重分配为人民提供损失替代，

---

〔1〕 参见蔡维音：《基本权之合体技？——兼具生存权与财产权性格之社会给付请求权》，载《月旦法学教室》总第 196 期。

〔2〕 参见徐显明：《生存权论》，载《中国社会科学》1992 年第 5 期。

以使其有适当生活。其中，失业保险制度的宗旨即在于"保障失业人员失业期间的基本生活"，而失业者和贫困者等均为生存权的权利主体。可见，失业保险制度应为保障失业者生存权的具体客观法制度。因此，如前所述，非正规就业者在失业后亦面临着生存威胁，此时失业保险制度自应成为其救济之法。

（二）　对非正规就业者劳动权的保障

1. 劳动权的正当性问题

在人类社会中，"替特异化了的需要准备和获得适宜的，同样是特异化了的手段，其中介就是劳动。劳动通过各色各样的过程，加工于自然界所直接提供的物资，使合乎这些殊多的目的。"[1]可以说"劳动是人类生活的第一个根本条件，劳动创造了人本身。"[2]劳动虽然在人类生活中占据着重要位置，但其成为权利的过程则相当漫长，人类可以进行劳动但并不意味着其享有劳动权。

从历史维度来看，虽然早在 16 世纪就有国家对贫民提供工作机会或对其进行救助，但这一时期劳动权利（或被称为工作权）并未形成。[3]直至 19 世纪，空想社会主义者和自然法学家才提出了劳动权的存在，代表人物如傅里叶、皮奎尔、费希特等。傅里叶认为计划的社会秩序授予了"劳动权利"，而其他人则主张在私有财产制度的前提下，应赋予那些无法依靠财产维持生活的人以劳动权，这样就产生了完全的劳动权和限定的劳动权之别。[4]1886

---

〔1〕　［德］黑格尔：《法哲学原理或自然法和国家学纲要》，范扬、张企泰译，商务印书馆 1961 年版，第 209 页。

〔2〕　［德］恩格斯：《自然辩证法》，郑易里译，生活·读书·新知三联书店 1950 年版，第 189 页。

〔3〕　16 世纪末到 17 世纪初，英国就通过《工匠法》（Statute of Artificers）与《济贫法》发挥着国家对贫民提供工作机会的职能，但这一制度并不是劳动权思想的具体体现。其原因在于劳动权是以"劳动自由"思想的确立为前提的权利，因而在该思想确立以前的制度都不是劳动权的具体化，也不是以劳动权为背景而建立的，其只能算是强制性劳动义务的具体化。1791 年法国宪法、1793 年法国宪法与 1794 年普鲁士普通邦法在确定"劳动自由"后要求国家或地方负有对贫民提供劳动及救助的责任，但这也不过是具有恩惠性质的社会救助，而没有劳动权利的意识构成。参见马渡淳一郎：《「労働権」論序説のための試論》，载 https://core.ac.uk/download/pdf/35424944.pdf，最后访问日期：2023 年 8 月 17 日。

〔4〕　完全劳动权指的是一国之内，凡是具有劳动意思及能力就可以对国家主张劳动机会并获取适当报酬的权利，其权利内容主要为工作权以及报酬权；限定劳动权则指的是资本主义制度下，国家承认生产手段私有，国民原则上只能在私企业内自行寻求劳动机会，不能实现者可由国家补充提供劳动者适当机会或提供其维持生活之必要资金。

年，安东·门格尔在《全部劳动权史论》中认为劳动权、劳动收益权、生存权是新一代人权——经济基本权的基础。这一认知上的劳动权被认为是生存权的一种特殊形态，是"限定的劳动权利"。1905 年，在限定的劳动权思想、劳工运动和社会主义运动下，英国修订了《个人失业法》（Unemployed Work-men Act）。同年，全国劳动权协会（National Right to Work Council）提出了《劳动权法案》（Right to Work Bill），该法案要求通过公共部门为失业人员提供工作或向其本人及家属提供失业津贴以维持基本生活。虽然最终该法案并未获得通过，但其直接促成了 1909 年《职业介绍法》的制定。而劳动权正式成为宪法上的权利则是始自 1919 年德国的《魏玛宪法》，该宪法第 163 条写道："德国人民应有可能之机会，从事经济劳动，以维持生计。无相当劳动机会时，其必需生活应筹划及之"。二战后，劳动权普遍被资本主义国家宪法及国际组织承认。[1]前者如德国基本法第 12 条、[2]日本宪法第 27 条；[3]后者如国际劳工组织第 87 号公约、第 98 号公约、第 154 号公约、第 158 号公约等。另外国际人权公约中如《世界人权宣言》第 23 条、《经济、社会及文化权利国际公约》第 6 条、第 7 条、第 8 条等均是有关劳动权的规定。至此，劳动权在 20 世纪已得到普遍确立。

我国劳动权的成文化与具体化主要见于《宪法》和《劳动法》中。宪法中的劳动权最先是以营业自由、职业自由的形式出现，其后几经修改。现行《宪法》第 42 条中规定了公民的劳动权利及国家的有关义务，但其所涉及内容比较狭窄。《劳动法》规定的范围则比较广泛，既包括职业自由、取得报酬，还囊括其他一系列权益。[4]在劳动权的权利属性上，大致可以分为三类观点：一是认为劳动权为自由权。这种观点将劳动权等同于职业自由，因而人民不具有请求国家给予一定工作的权利；二是认为劳动权为受益权[5]。其

---

〔1〕 参见马渡淳一郎：《「労働権」論序説のための試論》，载 https://core.ac.uk/download/pdf/35424944.pdf，最后访问日期：2023 年 8 月 17 日。

〔2〕 德国基本法第 12 条规定："一、所有德国人均有自由选择其职业、工作地点及训练地点之权利，职业之执行得依法律管理之。二、任何人不得被强制为特定之工作，但习惯上一般性而所有人均平等参加之强制性公共服务，不在此限制。三、强迫劳动仅于受法院判决剥夺自由时，始得准许"。

〔3〕 日本宪法第 27 条规定："①全体国民均享有劳动的权利，并负起义务。②关于工资、工作时间、休息和其他劳动条件之基准，以法律定之。③儿童，不得以残酷驱使之"。

〔4〕 参见《劳动法》第 3 条、第 7 条和第 8 条。

〔5〕 受益权指的是人民立于积极地位，为自己的利益向国家要求一定行为的权利。

指的是人民在失业时，可请求国家予以适当就业机会以维持生存；三是认为劳动权兼具自由权与受益权的双重性质。也就是说，人民可以自由选择工作，国家也需提供人民工作机会、保障其工作条件或给予失业救济。[1]我国《宪法》中的劳动权通常被认为是社会权。[2]

2. 劳动权的内容及价值

劳动权的确立与社会背景有着很大关系。这一时期，机器大生产普遍替代了手工劳作，劳动者由于缺乏生产资料日益依附于资方以维持生计。由于资方以追求利润最大化为目标，竭尽全力压缩生产成本、剥削劳工，从而使劳资双方矛盾加剧。此时，原有主张在劳动阶级与资产阶级之间存在的契约自由不仅脱离于现实而胶柱鼓瑟，而且还很有可能剥夺劳动阶级本应享有的契约自由。在这种情况下，若是继续坚持原来的自由权保障，那么人权将会沦为抽象的概念而难以保障人民免于贫穷与饥饿。鉴于此，宪法中逐步引入了劳动权，其目的在于保障处于经济弱势的劳动者，能够与资方进行交涉从而获得实质的契约自由与人性尊严。人性尊严即指的是每个个人以及自己所欲之价值，建构成个人本质上不可放弃的要素。基于该尊严，人类才有自我发展的能力。其包括两个基本意涵：（1）人的主体性：任何人或国家公权力不可将人当作权利客体或一项工具加以使用；（2）人的自由意志应受尊重。

劳动权的目的既在于使劳动者所从事的劳动合乎人性尊严，就说明其对于个人具有不可或缺性与不可侵犯性。在理论上，其也总是与生存权相联系，甚至被视为是生存权的一种。产生这一认识的原因在于传统上财产即被视为维持人类生存的要素，故而财产权保障成为第一代人权。但在资本主义制度下，受薪的劳动者越来越多，而财产权保障已不足以保证其生存。无工作——难以获得财产——无法保障生存的逻辑链条使得劳动权的保障需求自然形成。再者，生存权是基础权利，是其他权利的前提，劳动权的享有也必然受制于生存权。总之，劳动是创造自我财富和社会财富的源泉，保障劳动者的劳动权就既可以保障劳动者的生存又得以解决社会的生存权问题。[3]也

---

〔1〕　参见许志雄：《人权论：现代与近代的交会》，元照出版公司2016年版，第335-352页。

〔2〕　参见林来梵：《从宪法规范到规范宪法——规范宪法学的一种前言》，法律出版社2001年版，第218页。

〔3〕　参见马新福、薛长礼：《劳动权的法社会学论析》，载《吉林大学社会科学学报》2004年第2期。

就是说，确保劳动者健康地生存，有保障的生活是劳动权的生存理念，劳动权是达成生存的必要手段，这种生存理念表征为：（1）获得就业机会，保障休息的自由和职业安全；（2）参与社会生活的机会；（3）实现类生存。[1]

上述所确立的"限定的劳动权"内容只能通过宪法解释、政策和法律等才能得以了解，但可以明确的是劳动权不只限于失业救济，[2]在20世纪还发展出了职业介绍、职业培训、失业保险、失业津贴、解雇限制、就业促进等。角田丰认为现代劳动权思想总共有四种：第一是国家有义务采取全面的就业政策；第二是享有均等待遇和改善劳动条件与劳动环境的权利；第三是根据劳动者能力，对劳动者进行职业训练和职业介绍；第四是对不当解雇进行限制。[3]

综上，劳动权是"劳动者所享有的特定的角色权益"[4]，是以保障劳工为目的之社会基本权，其要求国家应为有工作能力者提供适当的工作机会，给予失业救助、提供职业训练，使其获得工作技能。劳动权具有自由权与社会权的复合性格，其消极面可以透过国家提供就业训练、就业服务、失业救济等措施，使国民免于失业造成社会安全上的负担；积极面则可透过团结、协商、争议等三权，使劳动者取得与资方平等的地位。具体可以分为：尚未进入雇佣关系的劳动者，国家对其既有就业安定上的责任又有对个别劳工就业辅导上的义务。进入雇佣关系后，工作权既包括对国家主张职业培训的权利以及当其就业安全受到威胁时享有失业救济制度的权利，也包括劳动者与雇主之间关系上的团结权、团结交涉权、争议权。即有工作能力者，国家应设法予以适当工作机会或给予失业救助，无工作能力者应为其提供职业训练。可见，劳动权不仅保护正在从事劳动的人，也包括即将参加劳动的人——提供就业机会和退出劳动的人——提供失业保险。[5]

---

〔1〕 参见马新福、薛长礼：《劳动权的法社会学论析》，载《吉林大学社会科学学报》2004年第2期。

〔2〕 我国就有学者认为劳动权包括广义和狭义两个层面。广义的劳动权范围比较广泛，指的是所有与劳动有关的权利群，包括工作权、休息权、劳动报酬权、职业培训权、劳动保护权、社会保障权、劳动福利权、参加和组织工会权、民主管理权、劳动争议处理权等；而狭义的劳动权仅包括获得和选择工作的权利，与工作权同义。参见薛长礼：《劳动权涵义辨析》，载《吉林省经济管理干部学院学报》2003年第3期。

〔3〕 参见马渡淳一郎：《「労働権」論序説のための試論》，载 https://core.ac.uk/download/pdf/35424944.pdf，最后访问日期：2023年8月17日。

〔4〕 冯彦君：《劳动权论略》，载《社会科学战线》2003年第1期。

〔5〕 参见王锴：《论我国宪法上的劳动权与劳动义务》，载《法学家》2008年第4期。

　　故而，应该让劳动付出而不是劳动者身份成为界定谁可以获得权益的标准，也就是说劳动权应该超脱雇佣形态、生产与再生产的区别，凡是具有劳动能力能够进行劳动的公民均应获得劳动权益。鉴于此，从事非正规就业的劳动人口应可以通过薪资参与失业保险，这样就不至于在其失去工作收入时陷入生活困境。[1]同时这也是保障其劳动权实现的必然选择。

五、统一原则下防止碎片化的优先选择

　　统一原则是社会保障制度的重要原则，其指的是"在社会保障的实施过程中，坚持统一收缴、统一法规、统一制度、统一政策和统一管理"。[2]在世界上，大多数国家的社会保障制度整合程度都较高。而且任一社会保障制度都历经了从个别到一般、从特殊到普遍的发展过程，某项社会保障制度最初总是针对特殊群体或特殊行业设置并形成差异化的制度安排，但在实践中碎片化的制度总会被逐渐整合为一个整体。[3]纵向看，碎片化的制度构建主要起源于欧洲工业革命时期的行业公会和基尔特主义互助会，处于弱势地位的产业工人、小生产者为应付人身意外风险而建立的小范围的内部互助团体。19世纪末，德国开始将碎片化的制度整合为强制性的社会保险制度，此后各国都拉开了社会保障制度的整合序幕，如城乡制度整合、职业身份分割的整合等。[4]《贝弗里奇报告》中也对统一的社会保障计划给予了充分肯定。在失业保障方面，其提出应统一失业福利待遇及其等待时间；统一享受失业福利待遇的缴费条件；取消全额失业保险金的享受期限限制；将为农业、银行、财政和保险业人员专门设立的失业保险计划并入社会保险中的普通失业保险计划等。[5]

　　对于非正规就业者失业保障制度的建立，从理论到实务基本都持肯定态度，但对于建立什么样的制度模式却存在着争议，大致可以分为将非正规就

---

　　〔1〕　参见张晋芬：《劳动法律的身份限制及改革——一个人权观点的检视》，载《台湾社会研究季刊》总第102期。
　　〔2〕　杨翠迎主编：《社会保障学》，复旦大学出版社2015年版，第91页。
　　〔3〕　参见高和荣：《论整合型社会保障制度的建设》，载《上海行政学院学报》2013年第2期。
　　〔4〕　参见孙淑云等：《从"碎片化"走向"整合"：中国社会保障制度建设研究》，山西人民出版社2016年版，第3-4页。
　　〔5〕　参见［英］威廉·贝弗里奇：《贝弗里奇报告——社会保险和相关服务》，劳动和社会保障部社会保险研究所组织翻译，中国劳动社会保障出版社2004年版，第13-15页。

业者纳入现有的失业保障制度与为非正规就业者构建新的失业保障制度两种。纳入现有的失业保障制度即是纳入到失业保险制度与就业救助制度、促进就业制度中去，就我国现状而言，后两种制度已将非正规就业者纳入其中，而失业保险制度就成为争议所在。我国有学者就认为非正规就业现已成为我国重要的就业形式，在稳定就业、促进经济社会稳定发展上发挥着重要作用，基于非正规就业不稳定、流动性的特征使其从业者面临着比正规就业者更大的失业风险。因此，将非正规就业者纳入失业保险既是保障其失业风险的自身需要，也是完善失业保险、发挥失业保险双重功效、构建和谐社会的必然要求。[1]在各地实践中，大多数地区也都是将全部非正规就业者或特定非正规就业者纳入到现有失业保险制度中去。域外部分国家也将失业保险覆盖范围扩张至所有雇员，有的还包括学徒、家政工、自雇工等。[2]但基于非正规就业者在收入、流动性、灵活性与失业保障需求上都与正规就业者有着很大区别，因而也有部分学者认为如若统一纳入现有的失业保障制度，可能会有保障失灵、效率低下、管理成本高等现实问题。因此，可以针对其特点建立相对独立的失业保障制度。

对于这一独立的失业保障制度，学者们提出了多种建议。有学者提出建立综合社会保险制度，综合社会保险制度是一种涵盖所有保险项目，覆盖所有非正规就业人员，统一费基、统一征收、自行确立费率的新型社会保险制度。如丁煜提出对非正规就业者实施包括"养老—失业两合"账户和"医疗—工伤—生育"三合账户的综合保险制度。在"养老—失业两合"账户上，设立产权归属参保人的个人账户并将该个人账户与养老保险相联系，以此规避非正规就业人员在参保失业保障时的道德风险并增强其养老保障能力。[3]在实践中，我国上海地区就实施过类似制度；[4]也有学者提出建立个人储蓄

---

〔1〕 参见洪萍：《对灵活就业人员实施失业保险制度的思考》，载《经济师》2008年第8期。

〔2〕 参见翁仁木：《国外失业保险制度覆盖范围研究》，载《人事天地》2014年第9期。

〔3〕 参见丁煜：《基于正规与非正规就业划分的"新二元"社会保险体系设计》，载《中国行政管理》2008年第5期。

〔4〕 根据《上海市小城镇社会保险暂行办法》（沪府发〔2015〕54号），小城镇社会保险是社会统筹与个人账户相结合的社会保险制度，其包括养老、医疗、失业、生育、工伤等基本社会保险和补充社会保险。其中基本社会保险为强制征缴，用人单位为缴纳主体；补充社会保险为自愿缴纳，用人单位和从业人员为缴纳主体。该制度覆盖至上海市户籍的个体工商户及其帮工、自由职业者和非正规劳动组织从业人员。

账户制度。如格鲁伯提出的个人安全账户（Security Accounts）[1]以及克莱泽等提出的个人失业账户（Personal Unemployment Accounts）；[2]还有学者认为可为自雇者、间歇性工人（Intermittent Workers）建立求职者津贴制度（Jobseeker's Allowance）等。[3]由上，在为非正规就业者构建独立的失业保障制度中，既有强制缴纳的，也有自愿加入的；既有由劳动者单一缴款的，也有由雇主或政府配套资金的；既有专门针对失业的，也有应对更广泛的紧急情况的。但是，这些建议具有相似性，即都提出应为非正规就业者在失业时提供一定的资金支持。

为非正规就业者构建独立的失业保障制度，虽然更能适应非正规就业者的异质性特征，但也自然会在正规就业者与非正规就业者之间形成二元保障体系，而这种二元体系的碎片化会带来很多问题。其一，二元体系建制成本较高。要为非正规就业者构建独立的失业保障制度，需要大量的人力、物力。在失业保障的制度设计、立法规范、运行管理等方面都需要重新进行投入，这样所耗费的时间成本自然就较高。其二，二元体系对公平目标的实现提出

---

〔1〕　2016年乔纳森·格鲁伯提出了个人安全账户，其建议所有劳动者不论其工作类型为何，都要根据其所赚取的每一美元相应地向地方储蓄机构持有的个人安全账户缴纳6美分。联邦政府要根据收入对该账户进行供款，对于低于2.5万美元收入的，联邦政府将全额缴款6%，2.5万美元到10万美元的，联邦政府将递减供款，对于10万美元及以上的，联邦政府将停止供款。该安全账户上限为6.5周工资或是当地周收入中位数的6.5倍，余出的将转入劳动者的退休账户。当出现重大的收入损失、工作伤害、残疾、照护或疾病、医疗费用超出一周收入时，劳动者可以提取该账户中的福利。劳动者只能在用尽该账户后才能领取社会保险待遇。See Jonathan Gruber, Security Accounts as Short Term Social Insurance and Long Term Savings：Expanding Financial Security for Workers in the New Economy, Aspen Institute Future of Work Initiative, 2016, pp. 8–10.

〔2〕　2006年，克莱泽等建议为不具有传统雇佣关系的劳动者包括自雇者建立个人失业账户，劳动者每年按0.25%的工资缴入账户，政府也按同样数额缴入，最高为每年200美元。劳动者可以用该账户缓解严重的收入损失或者用于与工作相关的培训和求职。当劳动者达到62岁以上时，剩余的账户资金将全部转入退休账户。See Lori G. Kletzer, Howard F. Rosen, *Reforming Unemployment Insurance for the Twenty-First Century Workforce*, The Brookings Institution, p. 19.

〔3〕　求职者津贴制度是一种由财政供资的小额、短期福利，其将帮助不符合传统失业保险资格的求职者如工作经历有限的劳动者或独立合同工，积极寻找工作和提高与就业有关的知识与技能。只要满足年龄、学历与家庭年收入的相关要求，此项津贴就将为求职者提供长达13周的每周约170美元的津贴，代替一般低收入工人大约50%的工资，并将帮助最近有限工作甚至无工作的劳动者重新加入劳动力市场，为其提供咨询、雇主介绍和参加培训与教育的机会。See Rachel West, et al., *Strengthening Unemployment Protections in America：Modernizing Unemployment Insurance and Establishing a Jobseeker's Allowance*, Center for American Progress & National Employment Law Project & Georgetown Center on Poverty and Inequality, 2016, pp. 6–7.

挑战。公平是社会保障制度的核心价值理念，非正规就业者独立的失业保障制度如何在缴费机制、待遇领取资格、待遇水平上与正规就业者保持公平是一个难题。其三，二元体系阻碍劳动力流动，造成制度壁垒。非正规就业者本身是一个上升群体，其最终可能转换为正规就业者或是在非正规就业者与正规就业者之间交替，实践中也有部分正规就业者转换为非正规就业者。这时，如若非正规就业者实行的是独立的失业保障制度，那么就产生了当从业者在正规就业与非正规就业之间转换时，这两种制度的转移接续问题。而在不能顺利对接的情况下，会致使部分人无法自由流动，或是权益受损。其四，二元体系不利于社会稳定。二元体系中如若待遇水平呈现差距，就很容易带来社会隔阂。如在法国，碎片化的制度导致抗议活动频发，待遇攀高拉齐或向下拉齐都有不少阻碍，前者容易导致财政负担，后者则难以同利益既得者达成共识。[1]故而，将非正规就业者纳入现有的失业保障制度就显得比构建独立的失业保障制度更为适宜。至于应否与其他社会保险捆绑参保，我国在社会保险的实施过程中，仅要求正规就业的职工参保所有险种，而对非正规就业者则没有此项要求，目前有雇工的个体工商户需强制参保工伤保险，[2]农民合同制工人需强制参保工伤保险和失业保险。[3]产生这一情况的原因主要在于社会保险各险种在实现基本权利的功能上存在差异，[4]其本身也并不存在捆绑参保的理论基础。而且非正规就业群体内部具有复杂性，对风险保障的偏好迥异。[5]其一，在劳动者所面临的风险类型上，每个非正规就业者都有其亟需加入的社会保险类型。如在建筑业、冶炼业、开采业、装卸搬运、运输等行业从事的非正规就业者对工伤保险的保障需求会高于其他风险防范。另外，非正规就业中，16—24岁初次进入劳动力市场的年轻人比重较高，这一群体对养老保障的需求就较弱。其二，在劳动者的风险防范能力上，我国

---

〔1〕 参见郑秉文：《中国社会保险"碎片化制度"危害与"碎片化冲动"探源》，载《社会保障研究》2009年第1期。

〔2〕 参见《工伤保险条例》。

〔3〕 参见《失业保险条例》《劳动和社会保障部关于农民工参加工伤保险有关问题的通知》（劳社部发〔2004〕18号）。

〔4〕 参见娄宇：《平台经济从业者社会保险法律制度的构建》，载《法学研究》2020年第2期。

〔5〕 风险保障偏好取决于两个方面：劳动者所面临的风险类型，即职业形态和劳动者的风险防范能力，即收入状况。参见汪华、汪润泉：《制度"碎片化"对社会保险协调性和可持续性的影响——基于上海政策与数据的实证分析（2003-2011）》，载《华东经济管理》2014年第10期。

当前的社会保险缴费较高，如若捆绑加入，即使是最低缴费水平，对于大部分非正规就业者来说可能也难以承受。因此，在政策制定时，应允许非正规就业者根据其自身风险情况和收入情况选择可以参与的社会保险，这既是基于社会保险各项目的差异所致，也是对于非正规就业者个体差异的尊重。

第二节　非正规就业者纳入失业保险制度的可行性

一、非正规就业者与正规就业者具有同质性

除了不受劳动法律规范或社会保障保护以外，非正规就业者与正规就业者之间具有同质性。这种同质性表明扩大失业保险覆盖范围至非正规就业者具有现实中的可操作性。

首先，非正规就业者与正规就业者都是劳动者，二者都是具有劳动资格（包括劳动年龄、劳动能力和人身自由）并从事职业劳动的自然人。作为劳动者的正规就业者和非正规就业者是劳动法律关系的重要主体，他们与生产资料相结合并通过劳动获得收入，还有一些非正规就业者如非全日制工同正规就业者一样成为劳动法上之主体。

其次，有相当部分的非正规就业者呈现出从属性或弱从属性特征，与正规就业者同属于雇佣劳动，如非全日制工、家政工等。在非正规就业者中还有一些较为隐蔽的雇佣劳动，如平台从业者。另外，"在随时面临失业、收入中断的压力下，即使同一工作岗位，灵活雇佣劳动者也表现出比正式雇员更多的对雇主的经济依赖。"[1] 在非正规就业中，有部分劳动者虽然没有人身从属性，但存在着经济从属性。经济从属性指的是"受雇人完全被纳入雇主经济组织与生产结构之内，但与受雇人和雇主间之经济或财政状况无关。"[2] 这部分劳动者主要为依附于某一用户的自营工人，如产业外包工等。

最后，非正规就业者与正规就业者同为我国公民。公民是一种法律概念，体现了法律身份和成员资格，反映了个人与国家之间的权利义务关系。"公民

---

〔1〕　常凯、郑小静：《雇佣关系还是合作关系？——互联网经济中用工关系性质辨析》，载《中国人民大学学报》2019 年第 2 期。

〔2〕　黄越钦：《劳动法新论》，中国政法大学出版社 2003 年版，第 95 页。

身份是一种地位（Status），一种共同体所有成员都享有的地位，所有拥有这种地位的人，在这一地位所赋予的权利和义务上都是平等的"[1]。

二、失业保险制度功能契合于非正规就业者需要

社会保险的产生主要是因应于工业社会所产生的社会风险。失业在中世纪进入工业社会期间一直被归因于个人人格缺陷，直至 20 世纪初，才由英国率先将其作为一种社会风险存在，并将之定义为持续性的或暂时性的工作失能。早期的失业风险主要是源于经济周期波动，由于市场需求降低，劳动者丧失工作机会从而难以获取收入以维持其自身生存，因此失业保险最早的功能即为保障失业者的基本生活和促进其再就业。[2]失业保险的基本目的也在于"提供失业者实际的所得保障，以促使失业者个人能在维持生活的情况下，顺利地就业转换到劳动市场。"[3]以德国及我国失业保险为例，德国的社会保险在早期并未涵盖失业保险，其对于失业者的法律保障主要是来自《失业者救济令》（Verordnung über die Erwerbslosenfürsorge），该法令引进了乡镇对失业者的救济义务。此后德国陆续颁布了《工作凭证法》（das Arbeitsnachweisgesetz）和《工作推介及失业保险法》（das Gesetz über Arbeitsvermittlung und Arbeitslosenversicherung），自此失业保险才逐渐替代救助制度。1969 年《就业促进法》（Arbeitsförderungsgesetz）制定并于 1997 年编入《社会法典》（Sozialgesetzbuch）第三编，该编成了当前德国失业保险的主要法律规范。[4]德国的失业保险通过完全失业期间给付、部分失业期间给付、破产保障、工作推介、就业培训等一系列措施有效地维护了失业者在失业期间的经济安全并促进其再就业。而我国在新中国成立初期即针对失业问题实施了失业救济，此后至1986 年才正式建设失业保险制度。现行失业保险法律规范《条例》第 1 条就开宗明义地指出："为了保障失业人员失业期间的基本生活，促进其再就业，

〔1〕 ［英］T. H. 马歇尔等：《公民身份与社会阶级》，郭忠华、刘训练编，江苏人民出版社 2007 年版，第 15 页。
〔2〕 参见钟秉正：《社会保险法论》，三民书局 2019 年版，第 140 页。
〔3〕 李健鸿：《"工作福利"治理下"个人化服务模式"对失业者权利与义务的影响》，载《人文及社会科学集刊》第 27 卷第 1 期。
〔4〕 参见张桐锐：《就业保险》，载台湾"社会法与社会政策学会"主编：《社会法》，元照出版公司 2015 年版，第 200-201 页。

制定本条例。"可见"保生活、促就业"就是我国失业保险制度的宗旨和功能目标。在这里，失业问题既包括失业者的生活维持问题，也包括失业者的再就业问题。

　　而随着社会的变迁发展特别是生产方式的改变，社会风险结构也自然发生了变化，失业已不再局限于经济周期问题，而更多地表现为结构性失业，如自动化所带来的大批失业。因此，失业保险的功能也随之进行了拓展，此时失业保险制度更为注重劳动者的职业训练及技能提升等。[1]我国 2017 年公布的《失业保险条例（修订草案征求意见稿）》就在原有的"保生活、促就业"之上增至"保生活、促就业、防失业"，从而形成"三位一体"的功能格局。

　　"保生活"是失业保险制度的基础功能，指的是保障失业人员的基本生活。失业易造成劳动者的经济不安全，而通过参保失业保险可以将其平时所得预留一部分，并与其他风险同质者相互结合，以保险给付替代失业的所得损失，从而维持个人及其家庭在寻找工作期间的生活所需。世界各国的失业保险制度均规定有一定标准的失业补贴，或是固定额度，或是与失业前收入相挂钩。国际劳工组织也在多项公约和建议书[2]中对失业津贴的范围、标准、给付方法等进行了规定。我国《条例》中的金钱给付就包括失业保险金、医疗保险金（医疗补助金）、丧葬补助金、抚恤金等，这在一定程度上替代了失业者的收入损失。另外，我国在政策制定中也肯定了失业保险"保生活"的基础功能，如国务院办公厅在《国务院办公厅关于以新业态新模式引领新型消费加快发展的意见》（国办发〔2020〕32 号）中就强调要"坚持失业保险基金优先保生活"；人社部、财政部在《人力资源社会保障部、财政部关于扩大失业保险保障范围的通知》（人社部发〔2020〕40 号）中也要求"充分发挥失业保险保生活基础功能"。"保生活"着重于适度保障，其既不能过高从而影响失业者搜索就业的积极性，也不能过低而难以维持失业者及其家庭

---

　　〔1〕　参见钟秉正：《社会保险法论》，三民书局 2019 年版，第 140 页。
　　〔2〕　参见《失业补贴公约》（Unemployment Provision Convention，C044）和《失业补贴建议书》（Unemployment Provision Recommendation，R044）、《促进就业与失业保障公约》（Employment Promotion and Protection against Unemployment Convention，C168）和《促进就业与失业保障建议书》（Employment Promotion and Protection against Unemployment Recommendation，R176）、《社会保障（最低标准）公约》〔Social Security（Minimum Standards）Convention，C102〕。

的基本生存。也就是说，"保生活"指的应是失业保险给付与失业者其他收入结合以后，能够维持大多数人的基本需求。

"促就业"是失业保险制度的重要功能。在这里，失业者可以通过失业保险制度获得就业支持从而得以重新就业。在经济危机后的工业社会中，失业问题愈加严重，再加上数字经济、人工智能、机器化等科技发展的冲击，结构性失业、摩擦性失业陡增。因此，"促就业"功能就变得更为紧要。世界上甚至有部分国家如加拿大、德国、日本等将其失业保险制度改革为就业保险制度，将失业津贴与促进就业紧密相连以应对后工业时代下的新型失业风险。德国《社会法典》第三编中就写到积极促进就业的重点是审慎使用就业促进福利，以避免支付替代收入损失的失业津贴并防止劳动者长期失业。〔1〕日本《雇用保险法》第1条也将其宗旨定位为维持劳动者生活的同时，便利、促进和稳定其求职，以增加劳动者就业机会、提高劳动者能力及福利。我国的失业保险制度也采取了多种措施以促进就业，如《条例》中规定对领金人员发放职业介绍和职业培训补贴、领金人员需要定期报告其求职情况等。另外，各地的失业保险制度中还增设有创业补贴、小额贷款担保基金、小额贷款担保贴息等。以上这些措施都有力地推动了失业人员再就业。

"防失业"是失业保险制度的新生功能。相对于"保生活""促就业"而言，"防失业"从事后救济变为事前预防，防线前移将更有利于治理失业。我国在《中共中央关于全面深化改革若干重大问题的决定》中就提到要"增强失业保险制度预防失业、促进就业功能"。近年来，我国也已开始逐步拓展该功能。如2014年，我国出台了失业保险援企稳岗政策，为符合条件的企业发放稳岗补贴。〔2〕2017年又开展了援企稳岗"护航行动"，进一步扩大了稳岗补贴的保障范围。〔3〕另外，国务院在《国务院关于做好当前和今后一段时期就业创业工作的意见》（国发〔2017〕28号）中规定取得职业资格证书或职业技能等级证书的参保人还可以申请技能提升补贴。从稳岗补贴和技能提升补贴的功能来看，前者通过稳定劳动关系，可以预防大规模裁员事件的发生；

---

〔1〕 Sozialgesetzbuch Ⅲ § 5.

〔2〕 参见《人力资源社会保障部、财政部、国家发展和改革委员会、工业和信息化部关于失业保险支持企业稳定岗位有关问题的通知》（人社部发〔2014〕76号）。

〔3〕 参见《人力资源社会保障部办公厅关于实施失业保险援企稳岗"护航行动"的通知》（人社厅发〔2017〕129号）。

后者则可以使劳动者提升技能以符合企业要求，从而降低其失业风险。

如上文所述，非正规就业者往往收入较低且家庭负担较重，失业保险的"保生活"功能将有利于其维持失业期间的基本生活所需，从而避免陷入长期失业和贫困；其次，非正规就业者的教育水平偏低，再就业困难，"促就业"功能将推动非正规就业者重新进入劳动力市场，获得生存能力；而"防失业"功能也将帮助非正规企业及其从业人员稳定就业，降低失业风险。由此可见，失业保险的"三位一体"功能契合于非正规就业者的现实需要。

三、现有失业保险具有一定的制度基础

我国《宪法》规定："国家尊重和保障人权""国家建立健全同经济发展水平相适应的社会保障制度""中华人民共和国公民在年老、疾病或者丧失劳动能力的情况下，有从国家和社会获得物质帮助的权利。国家发展为公民享受这些权利所需要的社会保险、社会救济和医疗卫生事业"。这些条款从根本法的高度上厘清了公民权利与国家权力之间的法权关系，通过宪法这一形式，确认了符合人的尊严的文明生活的最低条件以及国家在提供此种基本生存条件方面所应尽到的义务。这意味着国家有提供社会保障的宪法责任和义务，而公民具有享有社会保障的权利。建立社会保险即是国家的宪法义务之一，虽然宪法中对于社会保险的制度模式、保障内容等并未予以明确。但从国际劳工组织 1952 年的《社会保障（最低标准）公约》[Social Security (Minimum Standards) Convention] 和 2012 年的《社会保障最低限额建议》(The Social Protection Floors Recommendation) 中可以看出，社会保险应保障失业这一社会风险。另外，失业保险亦是工业发达国家或社会福利先进国家的社会给付项目之一。故而，社会保险制度中自应包括失业保险，国家也有责任建立失业保险。

我国的失业保险制度始于 1986 年的待业保险制度，距今已运行数十年之久。其以失业风险作为事故对象，以保险作为组织形式从而预防社会问题的发生，保障失业者的基本生活及促进其再就业。失业保险制度的实施既有助于失业者抵抗其自身难以预护的社会风险，解决物质匮乏的威胁，又有助于实现基本人权，维护个人尊严。再者，还可以防止社会贫困、加强社会连带责任和促进社会财富的公平分配。在多年的探索与发展过程中，失业保险在

经济发展的各个历史时期均不同程度地发挥着其"安全阀"和"减震器"的作用。在计划经济时期，失业保险为劳动制度改革、国企改革提供了坚实后盾，给予了下岗职工一定的生活保障；在市场经济时期，失业保险在企业深化改革、产业结构转型、劳动力市场发育等面向均起到了促进作用。从制度完善上看，无论是基本法律概念抑或是具体制度，失业保险都有着巨大进步，与国际上的失业保险制度也已逐渐接轨。目前，失业保险业已成为我国社会保险体系的重要组成部分。2010 年的《社会保险法》将失业保险以法律的形式固定下来，进一步增强了其强制性与规范性。

总的来看，失业保险在覆盖范围、筹资来源、给付资格与给付内容上均予以明确，在保障生活、预防失业与促进就业上取得了一定成就（见表 2）。截至 2022 年年底，全国参加失业保险人数为 23 807 万人，同比增加 849 万人；年末领取失业保险金人数为 297 万人，同比增加 38 万人。全年共为 616 万名失业人员发放了不同期限的失业保险金，为当年新发生的 415 万参保失业人员发放了失业补助金。另外，还为领金人员代缴基本医疗保险费 152 亿元，比上年增长 17.8%，为 787 万户企业发放稳岗返还 497 亿元，惠及职工 15 089 万人，并为 238 万人发放了技能提升补贴。[1]

表 2 我国 2000 年—2022 年失业保险运行情况表

年份	城镇登记失业总数（万人）	失业保险参保人数（万人）	城镇就业人数（万人）	领取失业保险金人数（万人）	失业保险参保率（%）	失业保险受益率（%）
2000	595	10 408.4	23 151	190	45.0	31.9
2001	681	10 354.6	24 123	313	42.9	46.0
2002	770	10 181.6	25 159	440	40.5	57.1
2003	800	10 372.9	26 230	415	39.5	51.9
2004	827	10 583.9	27 293	419	38.8	50.7
2005	839	10 647.7	28 389	362	37.5	43.1

〔1〕 参见中华人民共和国人力资源和社会保障部：《2022 年度人力资源和社会保障事业发展统计公报》，载 https://www.mohrss.gov.cn/SYrlzyhshbzb/zwgk/szrs/tjgb/202306/WO20230620362/292/7161.pdf，最后访问日期：2023 年 9 月 10 日。

续表

年份	城镇登记失业总数（万人）	失业保险参保人数（万人）	城镇就业人数（万人）	领取失业保险金人数（万人）	失业保险参保率（%）	失业保险受益率（%）
2006	847	11 186.6	29 630	327	37.8	38.6
2007	830	11 644.6	30 953	286	37.6	34.5
2008	886	12 399.8	32 103	261	38.6	29.5
2009	921	12 715.5	33 322	235	38.2	25.5
2010	908	13 375.6	34 687	209	38.6	23.0
2011	922	14 317.1	35 914	197	39.9	21.4
2012	917	15 224.7	37 102	204	41.0	22.2
2013	926	16 416.8	38 240	197	42.9	21.3
2014	952	17 042.6	39 310	207	43.4	21.7
2015	966	17 326.0	40 410	227	42.9	23.5
2016	982	18 088.8	41 428	230	43.7	23.4
2017	972	18 784.2	42 462	220	44.2	22.6
2018	974	19 643.5	43 419	223	45.2	22.9
2019	945	20 543.0	44 247	228	46.4	24.1
2020	1160	21 689.5	46 271	270	46.9	23.3
2021	1040	22 957.9	46 773	258.8	49.1	24.9
2022	1203	23 801	45 931	297	51.8	24.6

注：失业保险参保率指的是失业保险参保人数占就业人数的比重。按照不同的统计口径，就业人数包括城镇就业人数、全国城乡就业人数和全国经济活动人口数。鉴于失业保险主要在城镇中实行，本书选取城镇就业人数这一口径。失业保险受益率指的是领取失业保险金人数占城镇登记失业总数的比重。

数据来源：根据国家统计局：公共管理、社会保障及其他，http://data.stats.gov.cn/easyquery.htm? cn=C01 整理计算而得。

从其运行情况来看，失业保险仍是一项行之有效的制度安排，已具有一定的制度基础。此时，将非正规就业者纳入失业保险制度，既可以降低成本，又可以提高效率与可操作性。另外，如表 2 所示，我国失业保险参保人数和参保率均呈现出逐年上升的态势，这也使得失业保险基金收支基本处于较为平衡的位置，若不考虑疫情期间的影响，则收略大于支，结余呈现扩大态势。截至 2022 年，失业保险基金结余已高达 2890.8 亿元，是 2000 年基金结余的近 15 倍（如图 1 所示）。这在一定程度上就可以应对将非正规就业者纳入失业保险制度时对失业保险基金带来的冲击。

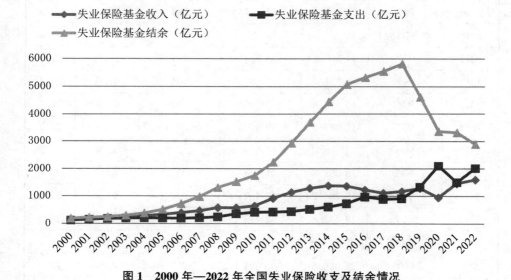

图 1　2000 年—2022 年全国失业保险收支及结余情况

数据来源：国家统计局：公共管理、社会保障及其他，http://data.stats.gov.cn/easy-query.htm? cn＝C01

四、域外经验可供借鉴

为非正规就业者提供失业保险具有一定的理论正当性，不仅可以有效保障非正规就业者的失业风险，而且也有助于促进社会再就业和充分就业，从而促进整个社会和经济的和谐稳定。从域外经验看，已有部分国家将非正规就业者纳入到失业保险中去（见表 3）。如有些国家将农民（如德国、日本、西班牙）、个体劳动者（如丹麦）纳入到失业保险制度；有些国家（如日本、法国、西班牙）为建筑工人、码头工人、铁路工人和海员建立单项失业保险制度；还有些国家对临时工、季节工的失业保险有专门规定，如日本规定季节性受雇者、短期受雇者（不满 1 年）均可享受一次性保险金。[1] 2018 年 3 月，欧盟提出为自雇者建立社会保护的建议，其中就包括为自雇者提供失业保险。目前，在欧盟 27 个国家中，有 12 个国家为自雇者提供强制性失业保险，4 个国家提供自愿性失业保险，另有 2 个国家为其提供经济审查的失业救济金。[2] 2018 年，法国通过职业未来法案（Projet de Loi pour la liberté de choisir son avenir professionnel），该法案对职业培训、学徒制度与失业保险制度进行了改革。在失业保险上，允许独立职业者在一定条件下领取失业补助。[3] 在美国，只有签署 W-2 人工税表的雇员才可以参保失业保险，这就意味着诸如独立合同工等自雇者将无法参保。但随着新就业形态的出现，美国立法者和劳工专家都提出应为不断增长的零工经济参与者提供失业保障，并认为应该将现有的制度适用于平台劳动者，而不是重新创造新制度。目前，美国已有一些州向自雇者提供失业保险。另外在司法中，也有判例表明平台从业者可以通过诉讼获得失业保险。[4] 虽然各国在覆盖非正规就业者的范围上有所不同，但为非正规就业者提供失业保险基本已成为各国趋势，这为我国非正规就业者失业保险制度的设计提供了一定的域外借鉴经验。下表简要就一些国家的失业保险制度覆盖范围进行介绍：

---

〔1〕　参见田大洲、梁敏：《积极的失业保险政策研究：实施广覆盖的参保政策》，载《中国劳动》2018 年第 9 期。

〔2〕　提供强制性失业保险的 12 个国家为捷克、希腊、克罗地亚、匈牙利、爱尔兰、芬兰、卢森堡、波兰、葡萄牙、瑞士、斯洛文尼亚、斯洛伐克；提供自愿性失业保险的 4 个国家为奥地利、丹麦、西班牙、罗马尼亚；提供经济审查的失业救济金的 2 个国家为爱沙尼亚、爱尔兰。See SLarina Spusova, et al., *Access to Social Protection for People Working on Non-standard Contracts and as Self-employed in Europe : a study of national policies*, 2017, p. 38.

〔3〕　参见山崎憲等：《諸外国のプラットフォームビジネス調査：アメリカ、イギリス、ドイツ、フランス》，労働政策研究・研修機構，2019 年。

〔4〕　See Cyrus Farivar, Uber drivers "employees" for unemployment purposes, NY labor board says, Jul. 20, 2018, ArsTechnica, 载 https://arstechnica.com/tech-policy/2018/07/uber-drivers-employees-for-unemployment-purposes-ny-labor-board-says/，最后访问日期：2023 年 7 月 1 日。

表 3　世界部分国家的失业保险制度覆盖范围

国家	失业保险制度覆盖范围
美国	美国的失业保险制度参保范围为所有公共和私人部门雇员、军事人员、大多数农业工人和家庭佣工（Household Workers）。另外，部分州（如弗吉尼亚州）允许自雇者参保失业保险或为其提供自雇者救助计划（Self-Employment Assistance Programs）（如特拉华州、缅因州、密西西比州、新罕布什尔州、新泽西州、纽约州、俄勒冈州、宾夕法尼亚州和罗德岛州等）
加拿大	加拿大的就业保险制度（Employment Insurance）已经覆盖至所有雇员和自雇渔民。同时，其他自雇者可以通过与加拿大失业保险委员会（Canada Employment Insurance Commission）签署协议或通过注册，获得六种失业保险特殊福利（EI Special Benefit）
法国	法国失业保险制度的覆盖范围为居住在法国或摩纳哥公国的雇员，包括学徒、家庭佣工和儿童保育员（Child Caregivers）。同时为建筑工人、码头工人、商船海员、飞行员、家庭佣工、保安（Doorkeepers）、安置工厂（Sheltered Workshops）中的残疾人、记者、表演艺术家和特定的移民人员制定了特别制度。2018 年，法国通过职业未来法案（Projet de Loi pour la liberté de choisir son avenir professionnel）以改革职业培训、学徒制度与失业保险制度。在失业保险上，允许独立职业者在一定条件下领取定额补贴
德国	德国的失业保险制度将雇员包括家庭佣工、学徒、实习生纳入其中，另外一些特定主体如领取疾病津贴人员和抚养孩子的人（Persons Raising a Child）也可以参保。同时，自雇工、家庭护理员（caregiver）和外籍劳动者（欧盟之外）可以自愿选择参加失业保险
丹麦	丹麦的失业保险制度为自愿型的补贴保险制度（Subsidized Voluntary Insurance），其覆盖范围包括雇员、自雇者、接受 18 个月以上职业训练的人、中央和地方政府官员和服兵役人员。同时，这些人必须是工会自愿建立并经批准的失业基金的成员
意大利	意大利的失业保险制度覆盖至私营部门的雇员和学徒，某些自雇者和签订非典型合同（Atypical Contracts）的工人
西班牙	西班牙的失业保险制度覆盖范围为工商服务业中在 11 个职业类别之内的雇员，另外自雇者可以自愿参保。公共部门从业人员则由特定制度覆盖
英国	英国的失业保险制度为缴费型求职者津贴制度（Contributory Job Seeker's Allowance），覆盖全体雇员
日本	日本的就业保险制度覆盖范围为所有雇员。同时，农业、林业、渔业少于五个雇员的组织成员可以自愿加入，对日雇工和季节工规定有特别制度

资料来源：Social Security Administration, International Social Security Association, Social

Security Programs throughout the World: The Americas, 2019; Social Security Programs throughout the World: Asia and the Pacific, 2018; Social Security Programs throughout the World: Europe, 2018

综上，非正规就业在增加劳动力市场灵活性的同时也使其安全性和稳定性下降。传统的标准就业逐渐被短期用工、兼职工、外包工等替代，劳资之间的契约也从劳动契约向私法契约转换。更为重要的是，非正规就业日渐脱离法律管制并处于劳动法外。与正规就业者相比，非正规就业者面临着更大的失业风险也更为缺乏保护。因此，若不对非正规就业者的失业风险进行保障，将进一步加剧其工作的脆弱性并很有可能无法保证其最低生活水准，从而损害非正规就业者及其家庭的总体福祉和生活质量，进而给整个劳动力市场以及社会带来损害。而个人必须在市场经济中凭借其财产和劳动力以维持其生计，一旦此预设有所动摇，则需要由社会政策介入以解决，而这也成了社会法的出发点。[1]故而，为非正规就业者提供失业保险就显得正当且必要，这不仅是非正规就业者对自己社会权利的行使，更是防止其与社会脱节，防止"社会排斥"发生的重要方面。[2]

---

〔1〕 参见张桐锐：《就业保险》，载台湾"社会法与社会政策学会"主编：《社会法》，元照出版公司 2015 年版，第 200 页。

〔2〕 参见王家福、余少祥主编：《弱者的守望——社会保险法的理论发展与制度创新》，社会科学文献出版社 2016 年版，第 199 页。

非正规就业者纳入现行失业保险
制度的困境

失业保险制度的实施完善了我国当前的社会保险体系，使从业者在其失业时得以通过社会保障机制予以应对。但是，我国的失业保险制度滥觞于计划经济时期的企业转制与经济转轨措施，至今仍深受其影响。随着劳动力市场的结构性变迁，弹性、去核心化、充满风险的劳动力市场逐渐占据重要地位，原有的因应国有企业改革而生的失业保险制度就呈现出一定滞后性，难以适应新型就业形式的发展。

第一节　社会性不足冲突：对失业保险制度适用范围的限制

一、作为经济体制改革配套措施而存在的失业保险制度

（一）从国有企业劳动制度改革到待业保险制度的源起

与其他社会保险险种相比，我国的失业保险制度产生较晚。新中国成立初期，源于国际与国内形势的严峻，百废待兴，社会中存在着大量的失业人员。据统计，1949 年我国城镇待业人员数达到 474.2 万人，城镇待业率高达 23.6%。[1] 为了解决这一困境，1950 年，我国陆续颁布了多个救济文件[2]

---

[1] 参见国家统计局社会统计司编：《中国劳动工资统计资料 1949-1985》，中国统计出版社 1987 年版，第 109 页。

[2] 参见《关于举行全国救济失业工人运动和筹措救济失业工人基金办法的指示》《关于救济失业工人的指示》《救济失业工人暂行办法》。

试图通过以工代赈、生产自救、专业训练及发放救济金等方法予以缓解。暂行办法中的救济基金虽然有来自行政方面或资方与在业工人及职员的缴费，但其设立的目的并不在于分散失业风险，而在于对失业工人进行救济，是救济基金的筹措方式之一。因此，其总体上仍属于社会救助范畴。1951 年，原政务院颁布了我国第一个社会保险法规——《劳动保险条例》，其风险保障范围包括年老、工伤、疾病、生育等，但却不包括失业保障。1953 年，对于该条例的修订及所颁布的实施细则中亦没有失业保险制度的出现。产生这一情况的原因大致在于：（1）这一时期我国处于计划经济建立阶段，所实行的是"统包统配"的劳动制度。该制度下由国家统一对劳动力的就业进行分配，所有城镇居民都被纳入企业。由此产生的"固定工"制度实际上是一种无条件的"终身制"，其基本没有失业的情况产生，劳动力的流动也被限制。（2）长期以来对失业问题的认识存在误区——即认为失业是有悖于社会主义制度的。不同于资本主义国家的社会保险制度，我国劳动保险制度所具有的社会主义色彩较浓，其各项费用均由企业行政方面或者资方承担，给付范围也扩及劳动者家属。在此，国家企业提供劳动者生活保障的福利模式呈现出"企业办社会"的特性，这也使得失业保险制度的发展与经济改革的过程息息相通。

1978 年后，我国进入改革开放的新时期，计划经济体制逐步向"计划经济与市场调节相结合"的经济体制转轨。按劳分配、扩大企业自主权、包产到户、恢复和发展个体经济、国企承包制、乡镇企业发展等多项经济改革措施使得经济结构发生了重大转变。此时，为了配合经济体制转轨，调动职工的积极性和主动性并促进生产力的发展和劳动力合理流动，就必须祛除"铁饭碗""大锅饭"的严重弊病，由市场对劳动力进行调配。故而，我国开始着手对劳动制度进行改革。1983 年，原劳动人事部出台了《劳动人事部关于积极试行劳动合同制的通知》（劳人计〔1983〕11 号），该通知通过签订劳动合同的形式使劳动者和用人单位两方面的责权利相结合，以力图对劳动用工制度破旧创新。而在劳动合同制下，原先由企业提供劳动者生活保障的福利模式就被动摇，一旦人民离开企业，就难以再获得任何保障以维持生活。1986 年，国务院出台了《国务院关于发布改革劳动制度四个规定的通知》（国发〔1986〕77 号），并开始在国营企业中实行《国营企业实行劳动合同制暂行规定》、《国营企业招用工人暂行规定》、《国营企业辞退违纪职工暂行规定》和《国营企业职工待业保险暂行规定》。《国营企业职工待业保险暂行规定》可谓是失业保险制度的雏形，对构成该制度的一些内容作了框架性的规定。自此，就拉开了我国失业保险制度建设的序幕。

从根本上来说，待业保险制度的实施主要在于平衡经济自由与社会主义体制之间的冲突。经济自由所遵循的是经济理性与利益最大化，在企业发展的过程中就必然存在着裁员、倒闭、破产等现象。而与此同时，社会主义体制又要求提供人民基本的生活保障与稳定。在我国的劳动制度改革中，劳动合同制度的实行使原有的终身制劳动转向有期性劳动且允许企业辞退违纪职工。用工、招工制度的转变则取消了退休工人"子女顶替"和内部招收职工子女的办法，而使社会公开招工成为主流方式。另外，《中华人民共和国企业破产法（试行）》颁布后，一批效益不佳、连年亏损的全民所有制企业破产倒闭。以上这些改革措施在使劳动力面向市场流动的过程中就自然地产生了劳动者的生活保障问题，而传统上只靠国家集中承担失业压力和风险的保障制度已难以应对双重化的就业机制。故而，待业保险也就因应于此一问题而生。之所以选用"待业"而非"失业"这一名词，盖因这一时期我国在理论上仍否认失业现象的存在，而只认为失去工作的劳动者是在等待政府安排就业。

由于待业保险制度的产生是为了因应国企中的劳动制度改革，其主要解决的是国营企业职工在待业期间的基本生活保障问题。故而，待业保险的覆盖范围就被局限于国营企业的"四类人"，[1] 其他如国营企业中的富余人员、临时工以及集体、私营企业等皆被排除在外。在资金来源上，主要是由企业按全部职工标准工资总额的1%缴纳的待业保险金、政府补贴和待业保险基金所产生的银行孳息所组成，另外对领取救济金的资格条件、待遇水平等也均作出了规定。1993年，为了进一步配合国企改革，弥补暂行规定中覆盖范围窄、保障水平不高、制度作用弱等方面的不足，国务院又继而颁布了《国有企业职工待业保险规定》。该规定虽然进一步扩大了失业保险制度的覆盖范围，从国有企业中的"四类人"扩大至七类九种人，[2] 但仍仅限于国企员工。在待业救济金上，由原有的按本人标准工资的50%—75%转变为当地社会救济金的120%—150%，从而使所有参保者的失业救济水平趋于一致。同时，将基金的统筹层次从省、自治区、直辖市统筹下调至市、县统筹。

---

〔1〕 参见《国营企业职工待业保险暂行规定》第2条。
〔2〕 参见《国有企业职工待业保险规定》第2条。

（二）从现代企业制度建设到待业保险制度的演进

1993 年，中共十四届三中全会通过了《中共中央关于建立社会主义市场经济体制若干问题的决定》。该决定要求确立社会主义市场经济体制，使市场在宏观调控中对资源配置起基础性作用。而且还提出要转换国有企业经营体制，建立"适应市场经济要求、产权清晰、权责明确、政企分开、管理科学的现代企业制度"。同年底，《中华人民共和国公司法》的颁布又确立了公司这一市场主体的法律地位，从而进一步促进了企业的现代化发展。此后，建立现代企业制度成了国有企业改革的主要目标。1994 年，我国要求按照"转机建制、万千百十"的规则搞好国有大中型企业[1]并在全国 2000 多家国有企业中开展现代企业制度的试点工作。1995 年，针对国有工业企业的亏损问题，[2]十四届五中全会在《中共中央关于制定国民经济和社会发展"九五"计划和 2010 年远景目标的建议》中提出要转变国有企业经济增长方式、实施"抓大放小"战略。[3]以上这些改革措施使得现代企业制度在我国已初具规模。与此同时，劳动就业体制也随之不断深化。1995 年，为了减少劳动争议，我国颁布了《劳动法》。《劳动法》的实施打破了计划经济时代对不同所有制形式进行分割保护的传统模式，而代之以统一保护的现代市场经济保护模式。1996 年，劳动部又进一步发出《劳动部关于实行劳动合同制度若干问题的通知》（劳部发〔1996〕354 号）。自此，原有的终身制劳动逐渐退出历史舞台。

而在这一系列的改革中，企业的破产兼并日趋激烈化，失业职工和企业富余职工不断增多。为了解决其再就业问题，实现社会稳定，我国开始实施"再就业工程。"[4]该工程通过企业安置、个人自谋职业和社会帮助安置相结合的方法，并综合运用职业介绍、就业训练、失业保险等就业服务手段以促

---

　　〔1〕　参见《〈关于转换国有企业经营机制建立现代企业制度的若干意见〉的通知》（国经贸〔1994〕95 号）。

　　〔2〕　此一时期，国有工业企业的总产值虽然有所增加，但经济效益却没有得到同步提升，大型国有企业与小型国有企业的亏损额与亏损面、亏损率呈现负相关，即大型国有企业的亏损额较大，但亏损面与亏损率较低，而小型国有企业的亏损额虽较小，但亏损额与亏损率却较高。

　　〔3〕　参见《中国改革开放全纪录（1978－2018）》，载 www. reformdata. org/records/1978. shtml，最后访问日期：2023 年 9 月 15 日。

　　〔4〕　参见《劳动部关于印发〈再就业过程〉和〈农村劳动力跨地区流动有序化——"城乡协调就业计划"第一期工程〉的通知》（劳部发〔1993〕290 号）、《劳动部关于全面实施〈再就业工程〉的通知》（劳部发〔1995〕43 号）。

进其再就业。1997 年，我国进而在试点城市建立再就业服务中心，从而为下岗职工提供更为便捷、体系化的再就业服务。[1]1998 年，中央又下发了《中共中央、国务院关于切实做好国有企业下岗职工基本生活保障和再就业工作的通知》，要求凡是有下岗职工的国有企业都必须建立再就业服务中心或是类似机构，而进入再就业服务中心的下岗职工仍与原企业保持劳动关系并由其提供相关社会保障福利。进入再就业服务中心的期限一般不超三年，三年不能就业的，可以享受失业救济或社会救济。另外，对于破产企业职工，要求采取专业培训、介绍就业、生产自救、劳务输出与自谋职业等多种措施进行就业安置。[2]总的来说，此时对于企业职工采取的是下岗的方式而非失业，是一种过渡性的安排。而针对现代企业制度改革，我国的待业保险制度亦做出了相应调整。其一，1993 年，在中共十四届三中全会通过的决定中首次以官方文件的形式使用了失业保险一词，并明确要重点完善、健全企业失业保险制度。从"待业"到"失业"的转变体现了失业意识形态的转变；其二，1996 年，我国在《关于国民经济和社会发展"九五"计划和 2010 年远景目标纲要》中提出要加快失业保险制度改革，扩大失业保险的覆盖面，建立失业救济和再就业相结合的制度；其三，1997 年在党的十五大会议上，再次提出要建立社会保障体系，完善失业保险制度；其四，1998 年，将失业保险费由原来企业工资总额的 1%调升至 3%，并从企方承担改为企业和职工双方共同负担。然而，这一调升部分并不是基于失业风险确定，其主要被用于保障国有企业下岗职工的基本生活和为其缴纳社会保险费用。另外，亦从失业保险基金中调剂部分资金用于企业再就业服务中心的建设。[3]

（三）从所有制改革到失业保险制度的转变

1999 年，在相关改革的催化下，《条例》颁布施行。《条例》在实质上推动了失业保险制度的转变，其不再局限于国有企业内，而是成为多种所有制

---

〔1〕 参见《国务院关于在若干城市试行国有企业兼并破产和职工再就业有关问题的补充通知》（国发〔1997〕10 号）、《劳动部、国家经贸委、财政部关于在企业"优化资本结构"试点城市建立再就业服务中心的通知》（劳部发〔1997〕252 号）。

〔2〕 参见《国务院关于在若干城市试行国有企业破产有关问题的通知》（国发〔1994〕59 号）。

〔3〕 参见《劳动和社会保障部等部委关于加强国有企业下岗职工管理和再就业服务中心建设有关问题的通知》（劳社部发〔1998〕8 号）、《劳动和社会保障部、财政部关于调剂失业保险基金支持企业再就业服务中心有关问题的通知》（劳社部函〔1998〕142 号）。

的风险防范制度，包括集体企业、外商投资企业、城镇私营企业及其他城镇
企业等。这一覆盖面的扩大与我国对于所有制的认识有关，党的十五大报告
中提出我国的基本经济制度是公有制为主体、多种所有制经济共同发展。

为了适应该基本经济制度的调整，失业保险制度积极扩大其规模。一方
面，要求事业单位人员参与失业保险。2000 年，原劳动和社会保障部颁布了
《劳动和社会保障部、财政部、人事部关于切实做好事业单位参加失业保险工
作有关问题的通知》（劳社部发〔2000〕14 号），该通知要求事业单位人员积
极参与失业保险；另一方面，推动下岗职工基本生活保障向失业保险并轨，
将原有的国有企业下岗职工基本生活保障、失业保险、城市居民最低生活保
障的三条保障线制度[1]合并为两条。2000 年，国务院在《国务院关于印发
完善城镇社会保障体系试点方案的通知》（国发〔2000〕42 号）中提出要用
三年的时间推动国有下岗职工基本生活保障向失业保险并轨，并表示此后不
再建立新的再就业服务中心，企业新的减员也不再进入再就业服务中心。
2003 年，又进一步规定可以将下岗职工基本生活保障资金的结余部分，用于
对国有困难企业解除劳动关系所需经济补偿金的补助，以逐步实现下岗职工
基本生活保障向失业保险并轨。[2]而一直到 2005 年，我国在原则上才开始停
止执行国有企业下岗员工基本生活保障制度并关闭再就业服务中心。此时，
所有并轨人员和新裁减人员均需通过劳动力市场再就业，未实现就业的，可
按规定享受失业保险或城市居民最低生活保障待遇。2007 年，全国人大五次
会议上审议的政府工作报告中表明国有企业下岗职工基本生活保障向失业保
险并轨已基本完成。而为了配合并轨过程的实现，失业保险也发挥了一定作
用，如调剂失业保险基金以保障国有企业下岗职工的基本生活、对并轨后未实
现就业的失业者发放失业保险金、充分利用职业培训与职业介绍补贴等。[3]
2007 年，全国人大五次会议上审议的政府工作报告中表明国有企业下岗职工
基本生活保障向失业保险并轨已基本完成。在这种情况下，原有的国有企业

---

　　〔1〕　参见《劳动和社会保障部、民政部、财政部关于做好国有企业下岗职工基本生活保障失业
保险和城市居民最低生活保障制度衔接工作的通知》（劳社部发〔1999〕13 号）。
　　〔2〕　参见《劳动和社会保障部、财政部关于妥善处理国有企业下岗职工出中心再就业有关问题
的通知》（劳社部发〔2003〕24 号）、《劳动和社会保障部办公厅关于充分发挥失业保险作用积极推进
并轨工作的通知》（劳社厅发〔2005〕3 号）。
　　〔3〕　参见《关于切实做好国有企业下岗职工基本生活保障制度向失业保险制度并轨有关工作的
通知》（劳社部发〔2005〕6 号）。

下岗职工基本生活保障、失业保险、城市居民最低生活保障制度的三条保障线制度也就合并为了两条。

（四）从促进就业政策导向到失业保险制度的完善

随着农村剩余劳动力转移、产业结构转型和国有企业下岗职工增多等因素，城镇中的失业现象严重，我国因此也面临着严峻的就业压力。为了解决此问题，2002 年起，我国先后颁布了《中共中央、国务院关于进一步做好下岗失业人员再就业工作的通知》（中发〔2002〕12 号）和《国务院关于进一步加强就业再就业工作的通知》（国发〔2005〕36 号），试图通过发放再就业优惠证、减免税费、鼓励灵活就业等方式对就业压力予以缓解。基于此，与待业保险制度时期不同，我国的失业保险制度除了保障失业人员的基本生活外，还增加了预防失业与促进就业功能。而在最近的一段时间内，这两项功能俨然已成为失业保险制度改革的主要目标。其措施包括：（1）开展失业保险基金支出范围扩大试点工作。[1] 2006 年，为了发挥失业保险制度促进就业功能，我国开始在北京、上海、江苏、浙江、福建、山东、广东 7 省市开展适当扩大失业保险基金支出范围的试点工作。（2）发放稳岗补贴和职工技能提升补贴。2008 年，国际金融危机爆发，为了帮助困难企业渡过难关，我国开始使用失业保险基金支付社会保险补贴和岗位补贴，与此相关的其他措施还包括缓缴失业保险费、降低失业保险费率等。[2] 2014 年，为了配合企业的兼并重组，优化产业结构，失业保险开始对于采取有效措施不裁员、少裁员、稳定就业岗位的企业发放稳岗补贴。[3] 2015 年，稳定和扩大就业成为宏观调

---

〔1〕　参见《劳动和社会保障部、财政部关于适当扩大失业保险基金支出范围试点有关问题的通知》（劳社部发〔2006〕5 号）、《人力资源和社会保障部、财政部关于东部 7 省（市）扩大失业保险基金支出范围试点有关问题的通知》.（人社部发〔2012〕32 号）。

〔2〕　参见《人力资源和社会保障部、财政部、国家税务总局关于采取积极措施减轻企业负担稳定就业局势有关问题的通知》（人社部发〔2008〕117 号）、《国务院关于做好当前经济形势下就业工作的通知》（国发〔2009〕4 号）、《人力资源和社会保障部、财政部、国家税务总局关于进一步做好减轻企业负担稳定就业局势有关工作的通知》（人社部发〔2009〕175 号）、《人力资源和社会保障部关于做好当前失业保险工作稳定就业岗位有关问题的通知》（人社厅函〔2010〕35 号）。

〔3〕　参见《国务院关于进一步优化企业兼并重组市场环境的意见》（国发〔2014〕14 号）、《人力资源社会保障部、财政部、国家发展和改革委员会、工业和信息化部关于失业保险支持企业稳定岗位有关问题的通知》（人社部发〔2014〕76 号）。

控的重点，国家着力于推进大众创业、万众创新。[1]失业保险为此扩展稳岗补贴至所有符合条件的企业，而不再局限于兼并重组企业、化解产能过剩企业和淘汰落后产能企业，并且为取得职业资格证书或职业技能等级证书的企业职工发放职工技能提升补贴。[2]（3）开展稳岗返还和支持脱贫攻坚。2017年，我国在十九大报告中提出要坚持就业优先战略和积极就业政策，以进一步促进就业。与此相因应，失业保险开展了稳岗返还措施，并放宽技术技能提升补贴申领条件、加大对深度贫困地区的倾斜支持力度和发放价格临时补贴。[3]同年，我国开始在深度贫困地区实施脱贫攻坚，失业保险因而规定提高深度贫困地区的失业保险金标准和企业稳岗补贴标准，并放宽深度贫困地区参保职工技能提升补贴的申请条件。[4]

综上，失业保险制度的建立是从计划经济向市场经济转轨的必然要求。市场经济中的自由竞争要求企业必须提高生产效率并对其各种生产要素进行合理配置，于是就会出现减员、增效、兼并、重组等。在这种情况下，企业及其成员的风险已不能单独由国家提供保障，而需将之社会化。但是，从我国失业保险制度的发展来看，其始终是作为劳动制度改革、建立现代化企业制度和所有制改革等的配套措施而建构，带有强烈的行政色彩和政策化驱动。可以说，我国失业保险制度的建立与社会主义市场经济体制、国有企业改革的内在路径高度一致。

二、社会性不足对失业保险制度适用范围的限缩

在市场经济秩序中，社会政策及社会保障法制与之紧密整合。一方面，

---

〔1〕　参见《国务院关于进一步做好新形势下就业创业工作的意见》（国发〔2015〕23号）、《国务院关于做好当前和今后一段时期就业创业工作的意见》（国发〔2017〕28号）。

〔2〕　参见《人力资源社会保障部失业保险司关于进一步做好失业保险支持企业稳定岗位工作有关问题的通知》（人社失业司便函〔2015〕10号）、《人力资源和社会保障部、财政部关于失业保险支持参保职工提升职业技能有关问题的通知》（人社部发〔2017〕40号）。

〔3〕　参见《国务院关于做好当前和今后一个时期促进就业工作的若干意见》（国发〔2018〕39号）、《人力资源社会保障部、财政部、国家发展改革委、工业和信息化部关于失业保险支持企业稳定就业岗位的通知》（人社部发〔2019〕23号）。

〔4〕　参见《中共中央办公厅、国务院办公厅关于支持深度贫困地区脱贫攻坚的实施意见》（厅字〔2017〕41号）、《人力资源社会保障部、财政部关于使用失业保险基金支持脱贫攻坚的通知》（人社部发〔2018〕35号）。

在一段特定期间内，一国国民经济体的所有社会福利支出，不论是以保费、税收抑或以基金来支应，都必须直接来自前一段时期的经济发展成果。因此只能以先前经济生产所得，分配给社会给付所需。一个国家的社会政策，也得仰赖于其经济状况而定。反之，社会政策本身并不只是财政负担，它还具有创造需求、刺激消费、促进经济活动等功能；另一方面，市场经济作为自由、效率、以需求为导向的经济秩序，其仅着重于交换正义，在开放市场给所有产品与创造者的同时亦使不具竞争力的商品提供者退出市场。故而，其并不能保证财货的最佳分配，不能保证分配正义。最为重要的是，不能保证每个人都能享有符合人性尊严的生存基础，保障每个人都受到公平对待，享有社会安全。在没有财产或其劳动力无法充分运用，以致无法参与市场交易时，许多人在满足需求的市场经济交易过程中就被排除在外。所以，除了劳动法、税法、竞争法等，还要有社会保障法，市场经济促进生产，社会保障关注分配，社会保障使市场经济具备了一定程度的"社会性"。[1]也就是说，社会保险具有社会性与保险性的双重性格。所谓社会性指的是"透过公共政策的推行，谋求社会多数人的保障，并产生所得重分配之效果"；而保险性乃是"结合多数可能遭遇相同风险的经济单位，以公平合理的方式聚集保险基金。当某一个体发生危险事故而有所损失时，即由该基金进行补偿。"[2]作为社会保障制度的重要组成，"社会性"亦是社会保险制度的重要理念，其要求社会保险的保障范围应具有广泛性，不应受到行业、阶层、地域或性别限制，以此才能实现风险单纯的自我承受向风险社会承受转化。当前带有行政色彩与政策化驱动的失业保险制度社会性不足，这就决定了其从待业保险制度实施至今，覆盖面一直较为狭窄，未能涵盖全部失业人员。

首先，新中国成立以来，我国出现了几次较为重大的就业问题：（1）旧社会遗留下来的就业问题。新中国成立初期，内忧外患使得社会中存在着大批失业人员，当时的城镇登记失业人数高达474万。为解决其就业，我国在实施失业救济的同时亦开展了"包下来"政策。即对新中国成立前的公教人员、官僚资本主义企业的工作人员等全部予以安排工作。随后，该"包下来"

---

〔1〕 参见［德］艾伯哈特·艾亨霍夫：《德国社会法》，李玉君等译，新学林出版股份有限公司2019年版，第41—42页。

〔2〕 钟秉正：《社会保险法论》，三民书局2019年版，第128页。

政策还扩展至大中专院校和技校的毕业生、城镇的刑满释放人员和军队转业干部和复员军人等。（2）20 世纪 50、60 年代，第二个五年计划期间和调整国民经济时期的就业问题。1957 年到 1960 年的"大跃进"期间，虽然已实行统包统配的劳动制度，[1]但为了满足激增的劳动力需求，我国又层层下放劳动力招工权，致使劳动力激增。"大跃进"期间，城镇职员就业人数增加了 2500 多万人。（3）20 世纪 70 年代后的劳动就业问题。1960 年代—1970 年代，我国就业几乎停摆，累积了大量无业、失业人员。1970 年后随着生产的恢复与扩大，城镇招工失控，职工人数进一步扩张。1966 年—1976 年的十年中，城镇全民所有制企业共招工 3700 万人，从农村招工总计 1700 多万。[2]以上共同形成了国企人员的冗余。[3]然而，基于国企改革配套措施的定位，此时的待业保险制度并未涵盖全部国企富余人员也不涉及集体单位、个体和外商投资单位等，其只限于国企中的特定人员。具体而言，1986 年的待业保险制度只覆盖至宣告破产的企业的职工、濒临破产的企业法定整顿期间被精简的职工、企业终止、解除劳动合同的工人和企业辞退的职工。1993 年，待业保险制度虽有所扩张，但也只在之前的基础上增加了被撤销、解散企业的职工、停产整顿企业被精简的职工、企业除名或者开除的职工和享受待业保险的其他职工等。此一时期，对于国企富余职工，仍是实行"企业消化为主，社会调剂为辅"的方针，[4]即依靠企业拓展生产渠道、发展第三产业、建立劳动服务公司或是实行厂内待业、放长假等过渡方法。可见，待业保险在国企改革中只起到辅助作用。其次，在现代企业制度建设阶段，我国的劳动力调配逐渐由统一调配向市场配置转变，国企富余人员进一步扩大。此时，政府面临着解决失业职工的再就业问题。但该阶段的待业保险制度也仅是通过资金筹集以保障国企下岗职工的基本生活并资助再就业服务中心的建立，其自身的覆盖范围并没有扩张，解决国企富余职工的主轴依然是政府政策扶持与企业自我消化。

---

　　〔1〕　参见《政务院关于劳动就业问题的决定》《国务院关于有效地控制企业、事业单位人员增加，制止盲目招收工人和职员现象的通知》。

　　〔2〕　参见齐艳华：《中国失业保险制度变迁研究（1950—2012 年）——基于主体认知的视角》，辽宁大学 2013 年博士学位论文。

　　〔3〕　参见翟年祥、夏淑梅：《我国当前的劳动就业问题与社会保障》，载《中国行政管理》2005 年第 6 期。

　　〔4〕　参见《劳动部、国务院生产办、国家体改委、人事部、全国总工会关于深化企业劳动人事、工资分配、社会保险制度改革的意见》（劳政字〔1992〕2 号）。

1994 年，我国开始实施"再就业工程"[1]。该工程通过企业安置、个人自谋职业和社会帮助安置相结合的方法，并综合运用职业介绍、就业训练、失业保险等就业服务手段以促进失业人员再就业。1997 年，在试点城市着手建立再就业服务中心，用以为下岗职工提供更为便捷、体系化的再就业服务。[2] 1998 年，中央下发了《中共中央、国务院关于切实做好国有企业下岗职工基本生活保障和再就业工作的通知》（中发〔1998〕10 号），要求凡是有下岗职工的国有企业都必须建立再就业服务中心或是类似机构，进入再就业服务中心的下岗职工仍与原企业保持劳动关系并由其提供相关社会保障福利。进入再就业服务中心的期限一般不超三年，三年不能就业的，可以享受失业救济或社会救济。另外，对于破产企业职工，要求采取转业培训、介绍就业、生产自救、劳务输出与自谋职业等多种措施进行就业安置。[3]这种采取下岗而非失业的模式实际上是将企业富余劳动力大规模推向社会的过渡办法，待业保险也并未发挥其应然功能。最后，在所有制改革阶段，随着市场经济发展和企业的深化改革，多种所有制企业快速崛起，其职工也面临着一定的失业风险。而且，国有企业破产倒闭加剧，从国企中剥离出来的富余职工亦被纳入市场运作。这就致使待业保险制度已不能适应新的要求。1997 年待业保险制度的参保人数仅为 7961 万人，占同期城镇企事业单位职工人数的 55.4%。[4]为了适应多种所有制发展的需求，我国颁布了《条例》，《条例》将覆盖范围扩展至除国有企业以外的城镇集体企业、外商投资企业、城镇私营企业以及其他城镇企业。可以说，此时的失业保险制度因应了社会主义市场经济发展，其社会化程度有所提高，但仍未覆盖所有具有失业风险的群体。2017 年，在《失业保险条例（修订草案征求意见稿）》中，失业保险制度的覆盖范围增至社会团体及其专职人员、民办非企业单位及其职工，但遗憾的是，基金会、律师事务所和会计师事务所等单位及其职工，但遗憾的是其也只是对劳动合

---

[1]　参见《劳动部关于印发〈再就业工程〉和〈农村劳动力跨地区流动有序化——"城乡协调就业计划"第一期工程〉的通知》（劳动发〔1993〕290 号）、《劳动部关于全面实施〈再就业工程〉的通知》（劳部发〔1995〕43 号）。

[2]　参见《国务院关于在若干城市试行国有企业兼并破产和职工再就业有关问题的补充通知》（国发〔1997〕10 号）、《劳动部、国家经贸委、财政部关于在企业"优化资本结构"试点城市建立再就业服务中心的通知》（劳部发〔1997〕252 号）。

[3]　详见《国务院关于在若干城市试行国有企业破产有关问题的通知》（国发〔1994〕59 号）。

[4]　参见周建文编著：《失有所助：失业保险》，中国民主法制出版社 2016 年版，第 23 页。

同法及其实施条例相关规定的依循，并未在覆盖范围上有实质性突破（见表4）。

表4　我国失业保险制度的法定覆盖范围情况表

年份	法律文件	覆盖范围
1986	《国营企业职工待业保险暂行规定》	"四类人"：宣告破产的企业的职工、濒临破产的企业法定整顿期间被精减的职工、企业终止、解除劳动合同的工人、企业辞退的职工。
1993	《国有企业职工待业保险规定》	从"四类人"扩大到被撤销、解散企业的职工、停产整顿企业被精减的职工、被企业除名或开除的职工。
1999	《条例》	城镇企业事业单位及其职工、城镇企业事业单位招用的农民合同制工人。
2017	《失业保险条例（修订草案征求意见稿）》	中华人民共和国境内的企业、事业单位、社会团体、民办非企业单位、基金会、律师事务所、会计师事务所等组织及其职工。

　　总体而言，作为经济体制改革配套措施的失业保险制度，低估了失业保险的满足需求与增进能力的效益。社会性不足就决定了其自身不能全面反映失业风险的变化，不能做到应保尽保。当前，我国的劳动力市场已经发生了重大变革，偏离于正规就业，非全日制就业、自雇就业等非正规就业占据着一定份额。要将其纳入失业保险制度，就必须对现有失业保险制度的社会性不足进行反思，以祛除其对失业保险制度适用范围的限制。

第二节　"一刀切"保护冲突：难以适应非正规就业者异质性

一、"一刀切"保护的诠释

　　"一刀切"又称"一切"，《汉书·平帝纪注》中写道："一切者，权时之事，非经常也。犹如以刀切物，苟取整齐，不顾长短纵横"，指的是用划一的办法处理情况或性质不同的事物。此时，由于缺乏对整体利益的考量，试图用统一规范限定所有可能情况，就自然会产生片面、极端、损害部分利益的缺陷。强制性的"一刀切"措施常常被批评为僵化、简单并缺乏科学的制度安排，而且对根据实际状况进行调整的相机决策权也有所限制。[1]

我国当前的失业保险制度就存在着"一刀切"现象。由于失业保险制度源于国企改革，其最初就被限定在部分国有企业及其职工之内，其他劳动者则被排除在外，这就为"一刀切"的制度安排提供了生长空间。经过三十多年的变迁，当前的失业保险制度亦是以"身份化"特征来划分保障圈。在《条例》中，被纳入覆盖范围的城镇企业事业单位及其"职工"均需强制参保失业保险，从而达到保障劳动者在失业后所得安全的法律目标。而被排除于覆盖范围的"非职工"，如非正规就业者将无法得到任何保护。这种刚性有余、弹性不足的制度设计也就导致了失业保险"一刀切"的产生。

失业保险制度的"一刀切"实际上是将劳动者作为一个整体抽象地看待，认为其具有相同的经济地位和职业层次，而忽视了其内部是具有差别的、具体的人，未根据此差异化进行不同的技术处理。失业保险法律规范也就成为一般化、普遍化和规范化的指引，而缺乏区别化、例外化的探索。

二、"一刀切"保护的成因：受单位福利体制影响

（一） 单位福利体制的形成

在新中国成立初期实行的计划经济体制中，公有制企业几乎占据了整个劳动市场。政府通过对国营企业和集体企业的统一指令，使企业承担了除经济职能以外的诸多社会职能包括职工就业、医疗、养老、育婴、住房等方面，并进而管理和控制社会。此时，企业本身并不是独立、自负盈亏的经济实体，而更多的是作为基层社会单位而存在，其既没有独立的财产，各项经济活动也均需通过上级行政命令和行政调拨的方式予以资源配置。企业成为政府的附属物，由此就产生了长期的"企业办社会"现象，原本应由政府和社会团体等承担的社会责任也转而由企业承担。这一现象的产生是有一定历史条件的：我国在初创时期社会功能还较为欠缺、社会保障体系也不完善，而企业作为国家的延伸，由其对职工进行福利供给具有一定的合理性；再者，企业的盈亏全部由国家予以兜底，其与职工之间没有直接的利益联系，这时要提

---

〔1〕 参见张璋：《政策执行中的"一刀切现象"：一个制度主义的分析》，载《北京行政学院学报》2017 年第 3 期。

高劳动效率就必须给予经济手段以外的激励。而且，对市场机制的压抑也使得社会分工不足，服务业萎缩，企业不得不提供如食堂、浴室、幼儿园等服务机构以满足职工需要；最后，"企业办社会"也在传统上被视为社会主义优越性的一种表现。劳动者在社会主义体制中是社会财富的主人而不是雇员，在进入企业后自然要享有对社会财富的支配权以维持其生活。[1]

在"企业办社会"中，企业所提供的服务"大而全、小而全"，包罗万象。一切职工乃至其家属所需均可在企业内部实现，可谓是"从摇篮到坟墓"的全方位服务，最终也就形成了企业内的"小社会"。在这种情况下，以公有制企业为依托的"典型单位制"就几乎将全部社会成员吸纳入单位及其附属体系，即单位在"办社会"的同时也充当了行政区。从工具意义上而言，单位正是集命令权力和财产权利为一体的组织化手段。而随着对职工家属保障的推进，单位也呈现出"家族化"的色彩，这不仅使单位不断扩张，也使社会坍塌为"单位社会"，不同的封闭单位则组成了"单位国家"。作为有机构成体的单位既要执行国家指令，又要承担社区职能。[2]总的来说，"单位"是在社会主义政治制度与计划经济体制下所形成的独特的组织形式。国家通过单位对社会进行控制、整合与资源分配，而单位负担着政治控制、专业分工和生活保障等多种功能，其典型形态包括城市中党和政府机构（行政单位）、国有管理及服务机构（事业单位）和国有企业单位。[3]这一时期，低工资政策、平均主义分配原则和对日用消费品以外的个人财产权利的否定，使得个人在生活中严重仰赖于单位所提供的国家福利。[4]个人通过单位满足其生存及更高层次的需求，而在满足程度上则体现出了"身份"上的区别。意即，国家对单位的资源分配并不是均等的，而是有差别的，所依据的也正是单位在资源分配体制中的地位高低。与此相对应，职工也不能随意流动，其生老病死均与单位相关，具有较强的人身依附性。由上，我国的社会福利制度就形成了"单位福利"的制度模式。在这种模式下，福利制度的提供、

---

〔1〕　参见路风：《单位：一种特殊的社会组织形式》，载《中国社会科学》1989年第1期。

〔2〕　参见田毅鹏、胡水：《单位共同体变迁与基层社会治理体系的重建》，载《社会建设》2015年第2期。

〔3〕　参见李路路等：《市场转型与"单位"变迁　再论"单位"研究》，载《社会》2009年第4期。

〔4〕　参见路风：《单位：一种特殊的社会组织形式》，载《中国社会科学》1989年第1期。

运作等均以工作单位为基础。也就是说,国家有关社会福利主要由单位提供,而其接受者也内化于单位。凡是在单位内部的职工均可享有涵盖物质与非物质形式的多维度的福利,反之,则不能。

"单位福利"制度的形成有着一定的价值基础。首先是"父权主义"保护思想。国家为增进所属成员的福祉而积极干预其自由,国家对公民承担着无限保护责任,公民本身则缺乏独立与自主性;其次是"国家福利主义"的价值取向。这意味着社会福利与政治权利关系模糊不清,国家是提供福利的主体,而其他市场主体、家庭、社区等组织的福利则微不足道;再次是集体主义文化和功利性家庭主义。个人在此时并不具有独立的存在意义,只有融于社会时,才能显示出其身份与地位。个人的需要与福利也都要仰赖社会需要和集体福利状况;另外,公民的权利与义务不一致。过于强调个人对社会的责任和义务,使得个人难以依据个人权利请求政府提供服务;最后是社会互助与社区互助。这一制度的特征表现为:(1)单位福利与国家福利是一体的,单位本身几乎没有提供除国家规定以外的福利。故而,每个单位所能提供的福利内容几乎没有差别,具有同质性。(2)与计划经济时代所形成的集权政治体制相适应,国家是该福利制度的主要提供者。国家财政是单位福利的经费来源,单位则是提供该福利的媒介,职工个人不缴纳任何费用。(3)单位福利具有封闭性,每个单位所提供的福利只能由本单位内部的职工享有,所依据的是职工对单位的依附性。(4)单位福利的提供具有平等性,处于单位内部的职工均可以平等地享有单位所提供的福利。

(二) 单位福利体制对失业保险制度的影响

在单位福利体制下,政府对包括劳动力在内的所有资源进行统一配置,劳动者就业成了国家责任,国家相信通过这种方式可以消灭失业,使有劳动能力的人找到工作,从而符合社会主义的本质要求。这一行政指令使劳动者的自由流动受到了限制,其自进入单位后就获得了终身雇佣。另外,为了加速国家积累实现工业化,政府对劳动者工资总额进行了控制。由此,政府与劳动者之间就形成了承诺终身制就业与福利保障的信用关系与"低工资、高福利"的收入方式。在这种情况下,就业—福利保障一体化的措施就使失业保险失去了产生的土壤,1951 年所推行的劳动保险制度也就并未涉及失业保障。

然而，单位福利体制在发展的过程中对社会资源有着极大的浪费。由于肩负社会职能，也使得企业丧失竞争动力，造成效率低下。因此，在进行以市场为导向的改革后，政府逐渐从经济领域和社会领域退出。但是，这在放权给企业与市场的同时，也在社会服务和社会保障上产生了缺位。而且，政企分开也使得企业日渐成为独立的利益主体，其自主经营、自负盈亏。为了追求更多利润，自然要减少对"非生产性事务"的负担，原先由其所承担的社会服务和社会保障职能就被舍弃。另外，事业单位也逐步地"专业化"。以上就共同导致了"企业办社会"的全面瓦解。其结果是，单位不再是满足职工一切需要的组织，而只成为单纯的工作场所。此时，市场化改革所带来的诸如失业、贫困、环境等社会问题的解决就缺少了供给主体。政府通过"甩包袱"退出了部分公共服务领域，"单位"通过"专业化"抛弃了所承担的社会职能，两者共同摧毁了原有的社会服务供给机制，这在公共服务需求激增的情况下就产生了对于新的社会服务供给体制的需求。由此，原有的"单位福利"体制就逐渐开始消解。

失业保险制度的前身——待业保险制度就是在国有企业劳动制度改革的背景之下产生的。劳动制度改革松动了原有的"固定工"制度，破产企业的职工、被辞退的职工和企业终止、解除劳动合同的职工等由于处于单位的福利保障之外，就需要一定的制度安排以保障其待业期间的基本生活。这从《国营企业职工待业保险暂行规定》第1条和《国有企业职工待业保险规定》第1条中就可以直观看出。此一时期，单位仍然是职工福利的主要提供者。因而，待业保险制度的资金来源依然是单位缴费与财政补贴，职工本身不需缴费，其覆盖主体亦是仅限于国营企业内。而1999年起实行的失业保险制度则是在所有制改革、现代企业制度改革进一步深化的背景下，为完善待业保险制度而建立。此时，单位福利体制虽已瓦解，但囿于路径依赖，基本福利权利仍是以工作为单位进行分配而并非透过市场配置，福利责任也被下放到生产单位。另外，单位福利体制下，福利仅限于单位内部职工享有，其他职工皆被排除在外。为此，失业保险制度也始终立基于工作单位及其职工而完善，且仍是采取"一刀切"的覆盖方法。

三、"一刀切"保护与非正规就业者异质性的难以调和

在计划经济时期，正规就业者的同质性较高，相互差别不大，失业保险

的"一刀切"制度安排尚可发挥其功能。但是，在市场经济的不断发展中，劳动分工愈加细化，劳动者就业差别愈加拉大。如果失业保险制度仍是不加区别地统一调整，那么很有可能无法满足不同劳动者的需求。非正规就业者群体中，就存在着明显的异质性。这种异质性既包括外部的异质性也包括内部的异质性。在外部，基于劳动市场分割，相比于正规就业者，非正规就业者常常面临着不稳定性、不可预测性与风险性的难题，其流动性较高，缺乏社会保障。而在内部，则具体可以包括以下三点：

（一）非正规就业者就业形态多样

非正规就业中就业形态较为多元化。从就业性质来说，既有劳动关系，如非全日制工；也有劳务关系，如承包工、外包工等；还有雇佣关系，如家政工等。从从属性来说，非正规就业中既有非自主性劳动，如受雇于正规企业的非全日制工、受雇于个人及家庭的家政工等。他们通常与正规就业者一样，有固定的工作时间和工作地点，需要在雇主的指令下进行劳动；也有自主性劳动，如自由职业者、自营就业等，他们的工作时间、地点和工作方式较为灵活，可以自己自由安排。从工作时间来说，既有时间较长的劳动；也有只从事部分时间的劳动，如家庭小时工等。从有无雇主来说，既有有一个雇主的劳动者，也有无雇主的劳动者，还有有多个雇主的劳动者。可见，非正规就业者的就业形式具有复杂性。

（二）非正规就业者收入差距大且具有波动性

在非正规就业中，除了有被动选择的生存型就业外，还有一些自愿型非正规就业（Voluntary Informal Employment）。自愿型非正规就业是劳动者在自身人力资本水平、正规部门劳动生产率约束及个人偏好等条件博弈后的最优选择。[1]其通常被视为是上层（Upper-Tier）非正规就业，与随意进入（Free Entry）的非正规就业相对。上层非正规就业往往是来自正规部门并自愿离开正规部门，其在准入上有着一定壁垒。[2]实践中如部分自营职业所提供的工资、

---

〔1〕 参见胡凤霞、姚先国：《城镇居民非正规就业选择与劳动力市场分割——一个面板数据的实证分析》，载《浙江大学学报（人文社会科学版）》2011年第2期。

〔2〕 See Fields, Gary S., "Labour Market Modeling and the Urban Informal Sector: Theory and Evidence", *informal sector revisited oecd development*, 1990, p. 67.

非工资福利和工作条件等对某些人来说比成为正规雇员更具吸引力。[1]由此，在非正规就业者内部，就自然形成了收入上的差距，有的甚至较为悬殊。总的来看，非正规自雇的工资要高于非正规受雇。[2]

另外，部分非正规就业者收入具有波动性。如有的为保底工资加提成（如保险销售员等）；有的为计件工资（如零活承包等）或计时工资（钟点工、小时工等）；还有的没有固定收入，靠出售成果获利（如作家、画家等）；也有的分季节获取收入（采茶工、摘棉工等）。他们有时收入很高，有时收入很低。有时有收入，有时没有收入，具有极大的波动性。

（三）非正规就业者从业稳定性不同

除就业形式、收入不同以外，非正规就业者内部的脆弱度和不稳定程度也不尽相同。部分非正规就业者如季节工、非全日制工、打零工者等由于缺乏长期的固定合同，其就业状态较为不稳定，有时甚至短短数周或数天就更换工作；自雇者如小摊小贩等由于缺乏所需的职业技能、教育水平，其自雇从业也可能很快结束。而与此同时，一部分非正规就业者可能因教育水平较高、拥有独特技术等能够从事较为长期的就业活动。

另外，从非正规就业群体的构成来看，当前个体工商户、农民工占非正规就业人员的比重较大。[3]根据农民工监测调查报告，2019 年，农民工总量为 2.9 亿，其中外出农民工为 1.7 亿人，跨省流动 7508 万人。[4]可见，非正规就业者有相当大一部分为流动人口，其流动性较高。

综上，由于非正规就业者在就业形态、收入、从业稳定性与流动性上的不同，再加之年龄、认知程度上的影响，使其在面对失业保险时就产生了不同的需求。具体表现为高收入者往往对失业保险需求较低，而低收入者又无能力参保。此时，如若不加以区别，而采取统一的法律调整，将极有可能对

---

〔1〕　See William F. Maloney, "Informal self‐employment：Poverty Trap or Decent Alternative", in G. S. Fields, et al., *Pathways out of Poverty*, Kluwer, 2003.

〔2〕　参见张抗私等：《正规就业与非正规就业工资差异研究》，载《中国人口科学》2018 年第 1 期。

〔3〕　参见李丽萍：《改革开放以来我国城镇非正规就业分析》，载《经济体制改革》2014 年第 6 期。

〔4〕　参见国家统计局：《2019 年农民工监测调查报告》，载 https：//www.stats.gov.cn/xxgk/sjfb/202302/t202330203_1900710.html，最后访问日期：2023 年 9 月 15 日。

非正规就业者造成不利益的情况并损害其参保积极性。为此，在将非正规就业者纳入失业保险时，就应对非正规就业者进行细化以实施不同的法律调整方式。

第三节　具体制度冲突：非正规就业者就业特点与现行制度的错位

从当前来看，我国的失业保险制度始终是围绕正规就业而建立，其制度运行也是根据正规就业者特点而设计。但是，非全日制工、自雇者、家政工等非正规就业者具有与正规就业者不同的就业特点。因此，在将非正规就业者纳入失业保险时就必然与现行失业保险制度产生错位。这种错位既包括独属于非正规就业者，需要进行独立改革的错位，如失业保险的保费负担与待遇给付制度；也包括与正规就业者相同，只是非正规就业者在纳入时显得更为突出的错位，其在改革时可以与正规就业者同步进行，如失业保险转移接续、多重失业保险关系和失业保险制度与就业救助制度的衔接。

一、失业保险保费负担与待遇给付制度面向

社会保险作为社会保障制度之一，也是承载社会政策理念的主要制度场域。但无论有多少社会政策上的叠加和连生，社会保险始终是一种"保险"，即通过面临共同风险威胁的人群的合理缴费，为将来可能发生并可估测的需要提供一种集体保障。[1]社会保险向被保险人收取保费以支付其风险发生时的经济损失。失业保险保费负担主要包括缴费主体、缴费基数和缴费费率。我国当前失业保险的保费负担采取的是"国家、单位和个人"的三方缴费方式，用人单位和个人均需按照工资的一定比例缴纳失业保险费。[2]这种方式对就业形式多样的非正规就业者来说操作性较低：在缴费主体上，部分非正规就业者并无法律意义上的"用人单位"，如自雇者、家政工、平台从业者等；在缴费基数上，多数非正规就业者的收入并非"工资"。而且由于其更换工作相对频繁且收入不稳定，也较难确定其收入；在缴费费率上，失业保险

---

〔1〕　参见［德］汉斯·察赫：《福利社会的欧洲设计：察赫社会法文集》，刘冬梅、杨一帆译，北京大学出版社 2014 年版，第 258 页。

〔2〕　参见《条例》第 6 条。

采取的是固定费率，用人单位承担较大份额。但对于无用人单位的非正规就业者而言，如何确定其费率就成为一个难题。如果费率较高，势必对收入较低的非正规就业者造成一定负担。由上，如何合理确定非正规就业者失业保险费的缴纳，既可以保证失业保险基金收支平衡，夯实"大数法则"，又可以避免非正规就业者负担过重，以至于造成断保、退保现象的发生，是我们需要考虑的一个现实问题。

失业保险待遇给付分为待遇给付资格和待遇给付内容两部分：

（1）在待遇给付资格上，《条例》第14条规定了所在单位和本人按照规定缴费义务满一年、非因本人意愿中断就业和已办理失业登记并有求职要求的条件下，可以领取失业保险金。这一失业保险待遇给付资格对于非正规就业者而言并非十分契合。其一，缴费义务时间较长，不能适应非正规就业者间断性、不稳定性的就业特征。非正规就业者由于缺乏一定的就业保障和对工作时间的控制，其工作时间时常是不连续的，很多人不满一年即陷入失业状态，有的甚至只有短短数天或数周，要达到累计工作一年需要比较长的过程，而在此过程中很可能会陷入贫困。其二，对于"非因本人意愿中断就业"的情形，我国《失业保险金申领发放办法》中规定了五种情形，[1]基本上要求的是用人单位主动中断雇佣或是用人单位有过错导致雇员中断就业，如终止劳动合同、被用人单位解除劳动合同和被用人单位开除、除名和辞退等。随后，在《实施〈中华人民共和国社会保险法〉若干规定》中又对劳动合同终止、用人单位解除劳动合同、劳动者解除劳动合同的具体情形进行了阐释并增加了协商一致解除劳动合同的情形。[2]这种对"非本人意愿中断就业"的狭隘解读，并不符合非正规就业者的现实需求。一方面，法律规范中所规定的雇主过错原因比较狭窄，无法涵盖现实情况，如实践中有很多"被辞职"的现象存在，企业常常以减薪、调岗等方式逼迫劳动者主动离职。且由于自雇者、家政工等非正规就业者并没有"用人单位"与"劳动合同"，这一规定对其也不具有适用性；另一方面，对于非正规就业者而言，由于其工资微薄、缺乏社会保障，再加上雇主也没有提供包括医疗、养老等方面的保护。在新型社会风险涌现的后工业化时代，其就很难抵抗一些生活风险，例如遇

---

〔1〕　参见《失业保险金申领发放办法》第4条。
〔2〕　参见《实施〈中华人民共和国社会保险法〉若干规定》第13条。

到疾病、儿童保育等事项时，他们往往只能选择中断就业，但法律中又没有把照护或育婴作为"非本人意愿中断就业"的合法情形。此时如若将其纳入时不做一定程度的修改，那么势必将对非正规就业者申领失业保险金造成困难。另外，在非正规就业中，对于从属性非正规就业者的失业状态较为容易判断，对于非从属性非正规就业者则较为困难。原因在于非从属性非正规就业者没有雇主或没有稳定的雇佣状态、缺乏持续的就业记录且可以自主决定工作时间及工作多久，其工作具有碎片化特征。其有可能故意停止就业而申请失业保险，随后在领取完失业保险待遇后再度工作。故而，我们也需重新对"非因本人意愿中断就业"进行界定。其三，寻职义务是失业保险实现失业人员再就业功能的重要方式。我国有关失业保险的法律规范中对寻职义务的规定散见于《条例》第 14 条和第 15 条、《失业保险金申领发放办法》第 8 条和第 11 条、《就业服务与就业管理规定》第 64 条、《社会保险法》第 51 条和《实施〈中华人民共和国社会保险法〉若干规定》第 15 条。其要求失业者应积极求职并接受社会保险经办机构的监管，对于拒绝当地人民政府指定部门或者机构所介绍的适当工作或者提供的培训的，还规定有制裁措施即停止发放失业保险待遇。这种"形式化"的寻职义务规定并不能实质促进非正规就业者就业。首先，社会保险经办机构并不对失业人员的真实求职情况进行核查，个人只需自我说明情况即可，这就留下了一定的法律"空隙"。其次，2019 年，人社部推动失业保险金网上申领后，[1]失业人员的求职情况也只需在网上填写而不用每月到经办机构当面说明。此时，经办机构就难以对失业者进行有效监管；最后，我国虽然规定对拒绝接受"适当"工作的失业者予以停发失业保险待遇，但对何为"适当"工作却没有进行阐释，由此也就造成了法律的模糊性与较低的可操作性，形成了指引失业者行为的现实障碍。

（2）在待遇给付内容上，我国的失业保险目前还带有社会救助的性质和属性，失业保险给付期限长而给付标准低。[2]与西方国家失业待遇过于慷慨，

---

〔1〕 参见《人力资源社会保障部关于推进失业保险金"畅通领、安全办"的通知》（人社部发〔2019〕18 号）、《人力资源社会保障部办公厅关于进一步推进失业保险金"畅通领、安全办"的通知》（人社厅发〔2020〕24 号）。

〔2〕 参见王显勇：《回归与变革：我国失业保险法律制度的完善之路》，载《四川大学学报（哲学社会科学版）》2017 年第 5 期。

从而产生"失业陷阱"与"福利陷阱"不同，我国失业保险金的给付标准是按照低于当地最低工资标准、高于城市居民最低生活保障标准的水平所规定的。[1]这种固定额度的给付方式将保费与待遇的对价关系割裂开来，致使失业保险金替代率偏低。从 1999 年—2013 年 15 年的数据来看，我国平均失业保险金替代率（失业保险金/就业人员平均工资）只有 11.57%。[2]2017 年，人社部、财政部在《人力资源社会保障部、财政部关于调整失业保险金标准的指导意见》（人社部发〔2017〕71 号）中纵然规定，应将失业保险金水平逐步提升至最低工资标准的 90%。但根据测算，2018 年我国失业保险金人均也只有 1266 元/月，失业保险金替代率仅为 18.4%。[3]2021 年，我国月平均失业保险金水平为 1585 元，[4]而城镇单位（包括私营与非私营）就业人员月平均工资为 8903 元，失业保险替代率仅为 17.8%，分别占城镇居民人均消费支出（2525 元/月）、城镇居民人均可支配水平（3951 元/月）的 62.8% 和 40.1%。[5]这种待遇水平无疑将损害非正规就业者的参保积极性，也不利于保护其失业后的生活维持。从域外看，发达国家的失业保险金替代率可以达到 50%—60%，发展中国家也一般为 40%—50%。[6]具体以 OECD 国家为例，OECD 各国的平均失业保险替代率为 58%，卢森堡的失业保险金替代率更是高

〔1〕　实践中，大部分地区都按照此规定执行。现在我国各地的失业保险金标准确定依据有四类：一是有 20 个省份参照最低工资标准的一定比例确定，比例系数一般在 55%—80% 之间；二是 2 个省份参照城市最低生活保障标准确定，吉林和西藏自治区分别以城市最低生活保障标准的 120% 和 155%—165% 确定失业保险金标准；三是 2 个省份参照失业前的平均缴费基数确定，江苏和海南分别以失业人员失业前 12 个月平均缴费基数（工资）的 45%—55% 和 60% 确定失业保险金标准；四是 8 个省份按照其他方式确定，主要是根据当地经济发展情况、工资变动情况、最低工资标准、城市最低生活保障标准、物价上涨等因素综合确定失业保险金标准，或确定固定给付标准，并进行不定期调整。参见田大洲、梁敏：《积极的失业保险政策研究：坚持保障适度的保生活政策》，载《中国劳动》2019 年第 1 期。

〔2〕　参见宋雪程：《我国失业保险制度运行效应的整体分析——基于 1999-2013 年统计数据的实证分析》，载《公共治理评论》2015 年第 2 期。

〔3〕　参见张盈华等：《新中国失业保险 70 年：历史变迁、问题分析与完善建议》，载《社会保障研究》2019 年第 6 期。

〔4〕　参见中华人民共和国人力资源和社会保障部：《2021 年度人力资源和社会保障事业发展统计公报》，载 https://www.gov.cn/xinwen/2022-06/07/5694419/files/92476f85ea1748f3816775658bbd554f.pdf，最后访问日期：2023 年 7 月 28 日。

〔5〕　参见国家统计局：就业人员和工资、人民生活，载 http://data.stats.gov.cn/easyquery.htm?cn=C01，最后访问日期：2023 年 7 月 28 日。

〔6〕　参见吕学静主编：《社会保障国际比较》，首都经济贸易大学出版社 2007 年版，第 193 页。

达 86%，而就算是最低的澳大利亚也比我国的失业保险金替代率高。[1]另外，国际劳工组织在《社会保障（最低标准）公约》［Social Security（Minimum Standards）Convention］中提议，失业保险金标准应不低于失业前收入的 45%。在德国、意大利，其自雇者和非典型就业者的失业津贴也都分别达到缴费基数的 60% 和 75%。[2]在失业保险待遇领取期限上，目前为"累计缴费时间满 1 年不足 5 年的，领取失业保险金的期限最长为 12 个月；累计缴费时间满 5 年不足 10 年的，领取失业保险金的期限最长为 18 个月；累计缴费时间 10 年以上的，领取失业保险金的期限最长为 24 个月。"[3]如此规定，与待业保险制度建立以来的路径依赖有关。待业保险制度建立后，保障下岗职工的最基本生活始终是其基本目的，因而设定的待业救济金始终较低——从最开始本人月平均标准工资的 60%—65% 到社会救济金额的 120%—150%。与此相对的，就是设定了长达 24 个月的领取期限。但是，相对于正规就业者，非正规就业者的收入普遍偏低，处于贫困中的从业者较多。故而，较低的失业保险金将难以调动非正规就业者的参保积极性，同时也难以保障其失业后的基本生活。另外，非正规就业者失业就业较为频繁，再加之难以监管其就业与否，这一较长的领取期限也极易产生一定的道德风险。从域外看，给付期限的设置因国家而异。新兴经济体和发达经济体的失业保险给付期限的中位数分别为 5.4 个月和 6.8 个月。[4]最后，失业保险应侧重于增加积极劳动力市场政策的支出以激励人们重返就业。虽然这一支出往往意味着政府财政投入的扩大，但整体就业率的提升也将增加税收和社会保险基金池，从而收回成本并形成良性循环。积极劳动力市场政策指的是所有有助于劳动力市场过渡的措施，如培训、弥合劳动者和求职者就业能力差距的融合路径、建立有效的求职支持和工作激励机制等。[5]其主要包括公共就业服务（Public Employment

---

〔1〕　See OECD Stat. , *Net Replacement Rates in Unemployment*, https：//stats. oecd. org/viewhtml. aspx? datasetcode＝NRR&lang＝en#, last visited on Aug. 22, 2023.

〔2〕　See Social Security Administration, International Social Security Association, *Social Security Programs throughout the World：Europe*, 2018.

〔3〕　参见《条例》第 17 条。

〔4〕　See Antonia Asenjo, Clemente Pignatti, "Unemployment Insurance Schemes around the World：Evidence and Policy Options", *Research Department Working Paper* No. 49. , ILO, 2019, p. 23.

〔5〕　See Nicola Gundt. ,"The Right to Work, EU Activation Policies and National Unemployment Benefit Schemes", *European Labour Law Journal*, Vol. 5, No. 3–4. , 2014, p. 358.

Service)、职业培训（Training）、青年方案（Youth Measures）、补贴就业（Subsidized Employment）与残障者就业方案（Measures for the Disabled）[1]。根据义务强度不同，参与积极劳动力市场政策的要求可以归纳为以下五类：（1）在公共就业服务机构登记，即只需登记就可以获得相关服务。（2）在公共就业服务机构登记并接受培训。这是指在登记的同时还促使登记者参与职业培训和技能发展。（3）在公共就业服务机构登记，并参加其他类型的积极劳动力市场政策（如公共工程和补贴就业）。（4）能够并愿意工作。在这里并没有具体的积极干预措施。（5）不涉及任何积极劳动力市场政策。[2]从《条例》《社会保险法》《实施〈中华人民共和国社会保险法〉若干规定》来看，我国的失业保险参保者在发生保险事故后，可以选择在公共就业服务机构或是社会保险经办机构进行失业登记，并有义务接受职业介绍和职业培训。这表明，我国的失业保险制度与积极劳动力市场政策已有一定程度的整合。然而，有关规定还较为原则化，尚未涉及具体实施方法以及其他的积极劳动力市场政策。从 2017 年起，人社部发布多项通知与意见，要求进一步提升公共就业服务质量，强调一站式、专业化、全方位。[3]而在失业保险上，却只明确了落实失业保险待遇，而未指出二者的整合措施。实践中，失业保险基金在积极劳动力市场政策上支出不足。2019 年，近一半的失业保险基金被用于发放稳岗返还和失业保险金。[4]另外，也有数据显示我国失业保险金在促进失业者的再就业学习与培训上是失力的。[5]

---

[1]　See John P. Martin，"What Works among Active Labour Market Policies：Evidence from OECD Countries' Experiences"，*OECD Economic Studies* No. 30.，2000，p. 82.

[2]　See Antonia Asenjo, Clemente Pignatti，"Unemployment Insurance Schemes around the World：Evidence and Policy Options"，*Research Department Working Paper* No. 49.，ILO，2019，p. 25.

[3]　参见《人力资源社会保障部办公厅关于推进公共就业服务专业化的意见》（人社厅发〔2017〕86 号）、《人力资源社会保障部、国家发展改革委、财政部关于推进全方位公共就业服务的指导意见》（人社部发〔2018〕77 号）、《人力资源社会保障部办公厅关于进一步做好失业登记工作强化失业人员就业服务的通知》（人社厅发〔2020〕3 号）、《人力资源社会保障部、国家发展改革委、民政部、财政部关于实施提升就业服务质量工程的通知》（人社部发〔2021〕80 号）。

[4]　参见《第十三届全国人民代表大会第三次会议关于 2019 年国民经济和社会发展计划执行情况与 2020 年国民经济和社会发展计划的决议》。

[5]　参见梁斌、冀慧：《失业保险如何影响求职努力？——来自"中国时间利用调查"的证据》，载《经济研究》2020 年第 3 期。

二、失业保险转移接续与多重失业保险关系及衔接制度面向

在我国城乡二元分割体制中，以农民工为构成主体的非正规就业者呈现出了较强的流动性。这一方面源于城市户籍限制使得农民工难以融入城市生活；另一方面则是源于非正规就业形式的不稳定性与临时性使得其从业者难以固定于某一工作，在寻找到更好的工作机会时，就发生了在统筹区域内或跨统筹区域的流动。实践中包括参保人员失业并享受失业保险待遇后，又跨统筹地区就业、参保人员失业后因某些原因未申请失业保险待遇，又跨统筹地区就业和参保人员离开原工作后马上到其他统筹地区就业，不需要领取失业保险待遇等情形。[1]在以上情形下，就自然伴生了失业保险的转移接续问题。2016 年—2018 年我国办理失业保险转移接续的人数就高达 2311 万人、2610 万人和 2882 万人，[2]分别占同期失业保险参保人数的 12.7%、13.8%和 14.6%。非正规就业者特别是农民工具有较高流动性，工作转换较为频繁。此时，将非正规就业者纳入失业保险制度就自然要求其在统筹地区间能够实现有限衔接，即失业保险的转移接续应便捷、高效且不产生不利益情况。然而目前我国失业保险制度的统筹层次还较低、有关转移接续的相关内容还具有模糊性、各地有关转移接续的法规之间也存在相互冲突的情况，需要对此予以解决。

与此同时，不同于正规就业以"一重劳动关系"为特征，[3]在非正规就业中，劳动者的从属状况有所弱化，用人单位对劳动者的控制性减弱，这就使得劳动者有可能不再长期从属于一个用人单位进行劳动，多重劳动用工关系就有了存在的空间与可能。多重劳动用工关系的法律关系结构可以分为四个类型：标准劳动用工关系与非标准劳动用工关系并存的"主从结构"、非标准劳动用工关系并存而形成的"平行结构"、标准劳动用工关系并存而形成的

---

〔1〕 参见杨祯容、高向东：《农民工失业保险的风险分析与对策研究》，载《社会保障研究》2017 年第 6 期。

〔2〕 参见费平：《失业保险关系转移接续的堵点分析》，载《劳动保障世界》2019 年第 4 期。

〔3〕 产生这一情况的原因在于：在计划经济时期，我国实行的是统分统配的就业制度，劳动者就业与企业用工均由国家分配，由此形成的劳动关系基本就是一重劳动关系。而且劳动法律规范也普遍认为劳动关系中的从属性决定了在同一时间内，单个劳动者只能依附于一个用人单位进行劳动。故而，一重劳动关系的观念就变得根深蒂固。

"虚实结构"、劳动关系与雇佣（劳务）关系并存形成的劳动用工关系"综合结构"。[1]对于非正规就业而言，"平行结构"最为典型的形式即为多个非全日制就业，"综合结构"的表现形式如在从事非全日制就业的同时，又从事其他雇佣劳动等。近年来，随着"互联网+"的持续发展，以共享经济为代表的新型就业形态不断地模糊着雇佣与自雇的边界，劳动用工关系的多重性也就变得日趋普遍化。据调查，在多个共享经济平台工种中，仅网约家政服务员这一职业以专职为主，占比为73.01%，其他职业全部以兼职为主。网约律师、教师、医护人员在平台的兼职比例最高。网约美甲师、网约搬家人员兼职占比分别为63.64%、62.07%。网约车驾驶员、网约快递员兼职占比分别为59.87%、56.25%。[2]多重劳动用工关系在我国立法中也已逐步获得合法性，[3]如有关法律规范对非全日制用工中多重劳动用工关系的肯定。[4]多重劳动用工关系对失业保险制度提出了挑战，其原因在于当前的失业保险基本是围绕标准的一重劳动关系而建立，多重劳动用工关系也就自然成了法律盲区。多重劳动用工关系所造成的问题主要包括：多重劳动用工关系中劳动者的失业保险法律关系如何建立？能否重复参保？如果能，各个失业保险法律关系之间该如何平衡？各用人单位或是各工作之间的社会保险费如何缴纳？如果不能重复参保，那么社会保险费又该如何缴纳？其他用人单位或雇主的社会保险义务应否免除？

另外，贫困问题是现代社会的一大顽疾，若贫困人口持续得不到及时救助，不仅对其个人心理造成一定负面影响，也会威胁社会秩序和政治公平。

---

〔1〕　参见薛长礼：《多重劳动用工关系的法理与法律规制》，载《中国劳动关系学院学报》2020年第4期。

〔2〕　参见张成刚：《共享经济平台劳动者就业及劳动关系现状——基于北京市多平台的调查研究》，载《中国劳动关系学院学报》2018年第3期。

〔3〕　早期的观点认为多重劳动关系损害了劳动者与国家的利益，破坏了市场秩序，违背了劳动权利义务的统一性和对应性。从长远看，应逐渐消除与清理多重劳动关系。但随着社会经济的持续发展，多重劳动关系的存在已变得无法回避，理论界与实务界开始认为多重劳动关系顺应了经济发展的实际需要，其将有利于规范劳动者与用人单位的行为并保护其合法权益。

〔4〕　2003年原劳动和社会保障部颁布的《劳动和社会保障部关于非全日制用工若干问题的意见》（劳社部发〔2003〕12号）中规定："从事非全日制工作的劳动者，可以与一个或一个以上用人单位建立劳动关系"。随后2007年的《劳动合同法》第69条中也规定："从事非全日制用工的劳动者可以与一个或者一个以上用人单位订立劳动合同；但是，后订立的劳动合同不得影响先订立的劳动合同的履行"。

如上文所述，非正规就业者中贫困人口较多，且其收入普遍偏低，一旦失去维持生计的工作，就极有可能进入贫困状态。《条例》第 23 条中规定："失业人员符合城市居民最低生活保障条件的，按照规定享受城市居民最低生活保障待遇。"此条款将失业保险制度与就业救助制度衔接在了一起，但对于二者的衔接方式却并未作出说明。此后的《社会保险法》《中华人民共和国社会保险法释义》中，这方面规定均呈现缺位状态。故而，在同时符合失业保险领取条件和就业救助资格的情况下，就产生了失业给付的竞合问题。失业保险待遇和就业救助待遇能否同时领取？如果不能，二者的领取顺序为何？是否只能择其一领取等问题成为我们的关注点。

适应非正规就业者的失业保险社会性的
形塑及原则之调整

第一节　失业保险社会性的形塑及其适用范围扩张

　　"从社会保险起源于共济组合〔1〕等互相扶助的组织来看，一般抽象而言，社会保障制度是基于社会连带的理念而建立的"〔2〕，"当代的社会保障政策正是全社会整体连带的反映"〔3〕。具体而言，社会保险通过强制性纳保与缴费，将具有如年老、疾病、失业、工作伤害等特定风险的群体团结起来，使个人在保险事故发生时，得以通过国家—用人单位—个人的三方制度安排获得来自社会整体的保护。在社会保险中，公民必须先履行缴费义务，以享受潜在或显在的权利。而由于风险发生的偶然性或时间性，大多数公民都将自己的权利让渡给了需要帮助的公民。〔4〕这种"我为人人"、"人人为我"和"同舟共济"的制度理念显著体现了社会连带思想。〔5〕日本有关社会保险的实定法中即明确指明社会连带理念的前提性，如《国民年金法》第1条、《关于确保老年人医疗之法律》第1条、《介护保险法》第1条等，以上条款均写道："基于共同连带……设立/实行……制度。"〔6〕由上可见，社会连带理论是社会

---

　　〔1〕　如法国的互助会、英国的友谊社和德国的共济基金会等。

　　〔2〕　[日] 菊池馨实：《社会保障法制的将来构想》，韩君玲译，商务印书馆2018年版，第43页。

　　〔3〕　[法] 让-雅克·迪贝卢、爱克扎维尔·普列多：《社会保障法》，蒋将元译，法律出版社2002年版，第17页。

　　〔4〕　参见方乐华：《论社会保险立法的本位》，载《法治论坛》2009年第4期。

　　〔5〕　参见董溯战：《论作为社会保障法基础的社会连带》，载《现代法学》2007年第1期。

　　〔6〕　参见 [日] 菊池馨实：《社会保障法制的将来构想》，韩君玲译，商务印书馆2018年版，第43页。

保险的重要背景思想，社会保险也正是基于这一理念而生。故而，失业保险也应从此理论出发以探讨其社会性的形塑。

一、失业保险社会性的形塑：立基于社会连带理论

（一）社会连带理论的溯源

20 世纪以后，社会经济环境发生了重大变化，从农业手工业社会向工业社会的转变使得原本自给自足的社会逐渐转变成为劳动分工的社会，人与人之间的关系日趋复杂，个人与个人、个人与社会之间利害相关、休戚与共，这就使得原有的个人主义（Individualism）思想逐步向团体主义思想（Collectivism）过渡。团体主义思想认为个人与社会之间是有机体，社会因个体之间的团结互助而能够维系与发展，个人与社会难以分割，个人利益建构在社会利益之上。这样，维护大多数人的利益，增进全社会的福祉，也就成了社会团体共同的责任。在这种情况下，社会连带理论（Social Solidarity）也就开始兴起。连带是人类共同生活的基本原则，通过互相扶持与帮助以体现团体与个人之间的紧密联系。所谓社会连带，首先是由奥古斯特·孔德提出，并为爱弥儿·杜尔克姆和莱翁·布尔茹阿所发扬。杜尔克姆认为劳动分工使社会关系因彼此的共同需要而加强，而社会也由整齐划一的"机械团结"向参差不齐的"有机团结"转变。机械团结存在于简单劳动分工的社会，其强调人们基于共同的价值判断与社会约束而相互合作，并将个体并入单位之中；有机团结则建立在劳动分工高度发达的社会，各个社会成员凭借个人禀赋不同而相互依赖，个体和群体之间是有机整体的一部分。莱翁·布尔茹阿则将连带关系分为理想连带关系和实际连带关系。理想连带关系将个人利益与贡献完全挂钩，并认为社会公正要广泛干预公共权力。[1]随后，狄骥结合孔德的实证主义和社会学[2]发展了这一思想。在他的观点中，"人是一种自觉和社会的存在"，即人对自己的行为具有自觉且必须和同类始终在社会中一起生活，人在社

---

〔1〕 参见吕世伦主编：《现代西方法学流派（上卷）》，中国大百科全书出版社 2000 年版，第 377 页。

〔2〕 孔德认为哲学不应当回答世界本质的问题，而只应当从我们经验所给予的材料出发，同"科学"相结合，否则便是"形而上学"和"经院哲学"。另外，在社会学理论中，其认为应当"缓和"阶级对抗，保持社会集体的"均衡"，从"社会利益"出发。参见吕世伦主编：《现代西方法学流派（上卷）》，中国大百科全书出版社 2000 年版，第 376 页。

会中的始终联合可以说源于他们的共同需要以及不同能力下的不同需要。[1]具体而言，"人们有共同的需要，这种需要只能通过共同的生活来获得满足。人们为实现他们的共同需要而做出了一种相互的援助，而这种共同需要的实现是通过其共同事业而贡献自己同样的能力来完成的"，这就是"同求的连带关系"或"机械的连带关系"；另外，"人们有不同的能力和不同的需要。他们通过一种交换的服务来保证这些需要的满足，每个人贡献出自己固有的能力来满足他人的需要，并由此从他人手中带来一种服务的报酬"，这就是"经常分工的连带关系"或"有机连带关系"。[2]这两种连带关系共同构成了社会生活中的基本要素，每个人都在满足他人的需要上贡献自己的能力，同时也从他人处满足自身需要。故而，人类的生存须依托于遵循社会连带，社会连带不是行为规则，而是事实，一切人类社会的基本事实。每个人都不能孤立地存在，而须同社会中的其他个体共同生活、相互依存。与此同时，社会连带关系中的社会性与个人性还分别产生了两种感觉：合作的感觉与分工的感觉、社交的感觉与公平的感觉。这两种不同的感觉在表现和形态上虽然是多样化的，但其本质上是"永恒而同一"的。[3]

根据这一基本的连带关系，狄骥以客观法与实在法[4]阐释了其国家学说。狄骥认为国民内部的强弱之分产生了国家，国家并不享有发布命令的主观权利，个人也不享有主观的自由权与财产权，一切人都需服从于社会相互依赖的法治原则。该原则使所有人的意志包括统治者和被统治者都处在确定的状态之中。这一状态为客观的或者法律的状态，处于其中的每个人都需根据自己的位置协作维持同求的连带和分工的连带，并不得做有损社会连带的事情。[5]社会中也存在着维系并促进社会连带的法则，即社会规范。该规范

---

〔1〕　参见［法］莱翁·狄骥：《宪法论 第一卷 法律规则和国家问题》，钱克新译，商务印书馆1959年版，第49页。

〔2〕　［法］莱翁·狄骥：《宪法论 第一卷 法律规则和国家问题》，钱克新译，商务印书馆1959年版，第63-64页。

〔3〕　参见［法］莱翁·狄骥：《宪法论 第一卷 法律规则和国家问题》，钱克新译，商务印书馆1959年版，第85-91页。

〔4〕　客观法在国家出现之前就已存在，其是人类社会所固有的；实在法则是国家制定的，是对客观法的"陈述"，是用来保证尊重客观法的"手段的组织"。

〔5〕　参见胡兴建：《"社会契约"到"社会连带"——思想史中的卢梭和狄骥》，载《西南政法大学学报》2004年第2期。

是客观存在的人类行动的准则，可分为经济规范、道德规范和法规范三种。法规范在社会规范中占据重要地位，当经济规范、道德规范获得人们的认识并得到国家的强制力保障时即成为法规范。根据该法规范有无被违反，狄骥将其分为本来的法规范与构成的或技术的法规范。社会连带理论在资本主义和社会主义国家都得到了普遍认识，甚至还作为社会连带主义（Solidarism）成为法国第三共和国的官方社会哲学。社会连带主义否认"只要在保障自由和产权的法律制度内根据个人的财产利益采取行动，就能使个人经济活动的交往符合社会合作的目的"。更进一步说，人的生存必须依托于社会合作，这就使得社会群体的利益具有"连带性"，为此他们也应当"连带地"行动。社会连带主义还认为国家应促使有产者承担有利于穷人和公众福利的义务。[1]1979年，卡尔·维塞克将社会连带与人权连接，提出继《公民权利和政治权利国际公约》的第一代人权、《经济、社会及文化权利国际公约》的第二代人权后的第三代人权，这一新人权与法国革命的三个思想：自由、平等和博爱相对应，并被称为社会连带的权利。不同于第一、二代人权那样过度强调每个自然人的权利并将个人与社会严格对立，社会连带的权利立基于个体在自由和平等之外对博爱的需要，此时为了摆脱竞争所导致的孤立个体自治并获得社会团结，个体应透过社会合作和参与以使其潜质得到充分发展。这一权利需要全社会范围内所有成员的相互协调努力才能实现。[2]

总之，社会连带根植于人的群居性之上，尽管个体具有独立性的特质，但生存与安全需求都是人类共同的本性，而这一需求又无法凭借一己之力完成，故而个体组成社会并以他人能力弥补自身能力的不足，从而促使社会整体进步。

（二）风险连带及社会保险制度的创设

在现代社会中，风险无处不在。有些风险会给个人造成身体伤害或者财产损失，具有不确定性与不安全性，且其难以通过个人独自承担与防范，需要社会整体力量予以应对。这样，基于彼此相似性或者情感认同，个人与受同类危险迫害之他人之间就形成了危险共同体。在社会连带下，现代国家的

---

〔1〕 参见［奥］路德维希·冯·米塞斯：《社会主义：经济学与社会学的分析》，王建民等译，商务印书馆2018年版，第294—295页。

〔2〕 参见齐延平主编：《人权研究（第16卷）》，山东人民出版社2016年版，第272—275页。

社会法制修正了过去以个人主义为中心的精神，进而认为个人的所得绝大部分来自他人贡献，因此强调互助与所得重分配的精神，以体现人类的共同需求与分工的真正意涵，并凭借重分配机制使个人得以帮助他人，以彰显个体的社会关怀以及对社会的重要性并肯定自我生命丰富的价值。在这种情况下，社会成员应为社会的存在与发展而让渡部分个人权利和自由，社会也应以整体力量保障社会成员的生存和发展，对社会成员合法权益的损失或损害给予救济。每个人都须互助才能满足自身需求，这既有利他动机，也有在遇到风险时使自身获得救济的利己动机。此时，当社会发生风险事故时，个人就有义务分担危险并给予救助。而当个人遭遇生活困难时，社会团体也有责任解决问题，保障共同安全，增进共同福利。在个体与其他具有给付能力的人之间建立连接，且该连接可以正当化给付义务的负担，需要特殊的法制安排。该法律不能以私法予以解决，原因在于当需求者与给付能力者之间不存在个人连接时，私法无法提供给付义务之依据以加利于个别需求者，其只能规制所有权人与占有人、损害人与被损害人等"最小的社会"。而为了将问题的解决脱离出"最小的社会"，国家即以外化的方式创设了社会保险法制。该社会保险法制只能由国家创设的原因在于：（1）社会保险中的社会风险是被抽象出来的特定困境，风险共同体通过投保以减轻其在发生具体困境时的负担。故而此一预护具有公益性，必须由国家予以提供。（2）只有国家有力量保障个人在遭遇风险事故时，无论何时均能获得充足的社会给付。[1]

在社会保险机制中，参保人通过缴费结成利益共同体并经由社会保险机构在保障圈内形成地域间、群体间的风险共担与所得再分配，此即同求的连带关系；而雇主、被保险人、国家之间则因利益、互为借重而形成分工的连带关系。[2]此连带关系可以分为以下三个方面：（1）被保险人与保险事故发生者之间的互助。保险事故发生者所得之给付来自其他被保险人、雇主以及其自身的保险费。通过所得重分配就使得健康者与疾病者、在职者与失业者之间产生了所得转移关系。（2）高所得被保险人与低所得被保险人之间的互助。社会保险遵循量能负担原则，参保人所负担的保费是其每月薪资的一定

---

〔1〕　参见［德］艾伯哈特·艾亨霍夫：《德国社会法》，李玉君等译，新学林出版股份有限公司2019年版，第112-113页。

〔2〕　参见李志明：《社会保险权：理念、思辨与实践》，知识产权出版社2012年版，第65-66页。

比例，而并非依据风险系数的高低。另外，社会保险给付也并非与单一被保险人的保费呈现完全的对价关系，而只在社会连带共同体之间保持总体对价。此时，高所得被保险人虽然缴纳了较高保费，但未必能够获得较高的社会给付，而低所得者虽然缴纳保费较低，但所得给付应可以保障其基本生活。因此，高所得被保险人就在一定程度上为低所得者分摊了部分风险。（3）工作人口世代与包括儿童、青少年与老年等仰赖人口之间的互助。世代互助主要体现在养老保险上，养老保险为工作人口与老年人口间的团结保险，通过在职者的保费来分担年老者的社会给付。而未成年人与工作人口之间的互助则一般通过遗属津贴、家庭津贴等社会保险给付制度予以实现。

（三）失业保险应为社会风险承担之机制

社会保险既因风险连带而生，那么其也自应成为社会风险的承担机制。这从社会保险的早期定义——"以组织性群体之分担机制，共同满足可能发生且整体可估计的需求"[1]中即可看出。社会保险将保险原理应用于劳动者、公民生活危险事故的保障，使其具有了分散风险的特质。风险分摊就是将具有相同风险的人，以自愿或强制方式结合为一个风险团体。在风险发生时风险团体成员彼此互助、相互扶持。"保险"是现代社会弥补损失暨分散风险的最佳制度。指的是"要保人依其自由意志，与保险人订立保险契约，约定要保人交付保费作为保险人承担风险之对价，并以一定事故发生作为条件。当条件成立时，保险人依约给付被保险人保险金。"[2]其发展历史可以追溯到资本主义的航海时代，那时的商人为了防范航海贸易中不可预测的风险以弥补财货损失，从而使用了"保险"。此后，随着私人财产权的发展，"保险"逐步面向更多群体、更多种类的风险开放。[3]无危险，无保险。保险以互助为其本质，以被保险人所缴保费为对价，以换取保险人承担危险。进而，保险人再将其所承担的危险，转由全体被保险人共同承担借以达到分散风险的目的。保险人负有对保险事故发生时所造成的损害进行填补的义务。因此可以

---

〔1〕 邵惠玲：《社会基本权之法制实践与司法审查》，元照出版公司 2016 年版，第 17 页。

〔2〕 江朝国：《社会保险、商业保险在福利社会中的角色——以健康安全及老年经济安全为中心》，载《月旦法学杂志》总第 179 期。

〔3〕 参见钟秉正：《社会保险总论》，载台湾"社会法与社会政策学会"主编：《社会法》，元照出版公司 2015 年版，第 111 页。

说，"保险"的目的就在于经济风险的管理，以满足个人的基本需要与心灵安宁。[1]

社会保险是国家强制人民对共同面临的风险投保保险，并由国家担任保险人，依人民所得高低定其保险费率，以承担风险的制度。其透过保险机制的运作、保险费的收取与社会保险给付的受领，分摊并弥补因社会风险所造成的危险与损失。从而为社会多数人提供生存保障，以达至社会连带原则所强调的互助目标与社会正义。虽然较于商业保险，社会保险中的"保险"要素更为注重社会扶助的功能，但通过缴费所形成的风险分摊仍是其显著特征，即要求参保主体有一定的预护能力与预护需求，否则这一制度将无法存续。另外，这种互助的分摊方式也是社会保险区别于社会救助等社会给付的显著区别。社会保险以制度连接提供了如何将财物经由制度性的社会保障系统，以税收或保费的方式将个人财物转移至他人的基础，隐含了对弱势的认同及公平的重分配。若将个人照顾与社会制度连接在一起，该照顾制度就使得个体之间相互扶持、彼此尽责，达至风险的连接，并进而由团体内扩展到团体间以达到各社会保险体系之间的相互连接。[2]透过社会保险所提供的社会给付虽然将影响个体对于财产的处分自由甚至干预其经济生活。但实际上，个人所得财产或权利也正是植基于该社会共同环境，并非通过个人努力即可单独获得。人只有依附于社会才得以生存与发展，个人与社会之间具有连带关系。基于社会连带，国家对个人自由的干预限制以及使社会中强者帮助弱者具有了正当性。

基于上文所述，作为社会保险中应对失业风险之保障机制，失业保险也应以风险承担作为其基本出发点。只有如此，才能确立真正的失业保险观念和体系，以符合社会连带的基本要求，保障失业者的真实诉求。

二、社会性形塑下失业保险适用范围扩张的路径建构

社会保险中的风险连带（Risk Solidarity）有两层意涵：其一是保费与个人风险无关，无论健康疾病、年轻老年，保费都要保持一致；其二是每个人

---

〔1〕　参见邵惠玲：《社会基本权之法制实践与司法审查》，元照出版公司 2016 年版，第 17 页。
〔2〕　参见林志远等：《以连带思想检视台湾长照政策发展之挑战与启发》，载《台湾公共卫生杂志》2016 年第 4 期。

加入保险的机会均等，不应设有任何风险选择。[1]机会均等就要求社会保险包括失业保险，应将具有风险保障需求与保障能力的劳动者纳入保障圈，以尽可能地扩张其适用范围，这就为非正规就业者纳入失业保险奠定了基础。而为实现此扩张，还要消除以下两个方面的限制：

（一）理念革新：社会保险与劳动关系脱钩

1. 社会保险与劳动关系捆绑的由来

从福利制度的起源来看，在艾斯平－安德森根据福利分配的"非商品化"（De-Commoditization）[2]所划分的三个资本主义福利制度模式中，自由主义（Liberal）模式、社团主义（Corporatism）模式和社会民主主义（Social Demo-cratic）模式下的社会保护都建立于雇佣就业（Paid Employment）中雇员与雇主（资本所有者）的财源之上。"没有劳动就没有福利"（Without Work There Is No Welfare）[3]的理念也正是根植于这一基本前提。虽然正规就业者有权获得社会保险、社会救助和社会服务，但他们也有通过雇佣劳动对以上机制进行缴费的义务。故而，获得社会保护的前提——在社团中的地位以及某种形式的贡献就被狭义地理解为参与正规的薪资就业（Formal Waged Employment）。[4]产生这一情况的原因可以追溯到薪资就业的产生。薪资就业者也就是雇员（Employee），其是工业革命后，随着集体谈判和社会立法的不断完善、大型企业和官僚组织形式的发展才最终形成的一种就业地位。雇主与雇员之间雇佣关系的出现与有限责任的引进释放了大量资本，从而推动了垂直管理的"现代商业企业"的诞生，这就为社会保障在雇佣关系中的延伸提供了契机。

---

〔1〕 参见林志远等：《以连带思想检视台湾长照政策发展之挑战与启发》，载《台湾公共卫生杂志》2016年第4期。

〔2〕 "非商品化"指的是个人福利相对地既独立于其收入之外又不受其购买力影响的保障程度。

〔3〕 在不同的福利制度模式中，劳动义务的概念和实现方式有所不同。在以减少贫困为重点的自由主义模式下，有关于就业以外的社会福利较少；在更为注重保持现状而非再分配的保守主义模式下，与就业相关的社会保险体系以及有限的社会救助制度较为发达；在社会民主主义模式下，获得社会福利基本是普遍性的。但社会民主主义模式的国家都竭尽全力地通过积极的劳动力市场政策促进充分或接近充分就业，而在自由主义模式下，相较于个人责任而言，国家对就业的支持较少。Laura Alfers, et al., "Approaches to Social Protection for Informal Workers: Aligning Productivist and Human Rights-Based Approaches", *International Social Security Review*, Vol. 70, No. 4., 2017, p. 68.

〔4〕 See Laura Alfers, et al., "Approaches to Social Protection for Informal Workers: Aligning Productivist and Human Rights-Based Approaches", *International Social Security Review*, Vol. 70, No. 4., 2017, pp. 68–69.

另外，工商业发展使薪资就业者失去了原有赖以生存的土地，从而削弱了家庭式的内在保障功能，这时就需要新的保障方式来维护其生存，而薪资就业者之间相似的社会地位、从事的劳动，为他们的互助合作奠定了连带基础。且区别于其他社会成员，薪资就业者的特殊身份使他们具有较为稳定的收入。[1]基于此，国家通过成为契约的隐性第三方，并经由社会保险的形式将经济不安全的风险转移至劳动力整体，以社会保障缴费和税收支撑起了整个公共社会福利的提供。在这种情况下，工作就被视为可以为劳动者提供稳定充分的收入以照顾其家庭、抵御不可预见风险并提供退休保障的重要方式。鉴于此，社会保险设计的原理就是建立在全职、终身的从属性的雇佣劳动之上。[2]实践中，具有从属性的劳动者常常被纳入劳动关系的范畴并由劳动法律规范进行调整，而社会保险法上的保险义务也一般与依附性劳动相联系，这是社会保险关系产生的起点，也是社会保险关系与劳动关系"捆绑"的成因。[3]这里的劳动关系是狭义上的劳动关系，即劳动法上的劳动关系，指的是"劳动力所有者（劳动者）与劳动力使用者（用人单位）之间，为实现劳动过程而发生的一方有偿提供劳动力由另一方用于同其生产资料相结合的社会关系。"[4]由此，在传统时期，社会保险立法经常被看作是劳动合同义务性的补充部分，是劳动法的一个特殊成分。[5]

我国的社会保险制度源于新中国成立初期的劳动保险和计划经济时代的国有企业劳动保险。在这一时期，单位与职工之间的关系既是控制与被控制、管理与被管理、服务与被服务的关系，也是保障与被保障的关系，职工所有的社会风险皆由单位进行保障，此时并没有社会保险的存在空间。我国所颁布的《中华人民共和国劳动保险条例》自然也就成为劳动法的组成部分。[6]

---

〔1〕 参见董溯战：《论作为社会保障法基础的社会连带》，载《现代法学》2007 年第 1 期。

〔2〕 See ILO, *Non-Standard Employment around the World: Understanding Challenges, Shaping Prospects*, International Labour Organization, Geneva, 2016, p. 11.

〔3〕 参见娄宇：《平台经济从业者社会保险法律制度的构建》，载《法学研究》2020 年第 2 期。

〔4〕 王全兴：《劳动法》，法律出版社 2004 年版，第 32 页。

〔5〕 参见［法］让-雅克·迪贝卢、爱克扎维尔·普列多：《社会保障法》，蒋将元译，法律出版社 2002 年版，第 32 页。

〔6〕 参见董保华：《"社会法"与"法社会"》，上海人民出版社 2015 年版，第 112 页。

受制于路径依赖，社会保险此后也一直被视为劳动法体系的一部分。[1]《劳动法》第 3 条和第 70 条、《劳动合同法》第 17 条都明确了劳动者应享有社会保险权益，其适用对象也仅限于形成劳动关系的劳动者，其他具有非典型劳动关系的劳动者由于不属于劳动法律规范的调整范围，自然被排除其外。产生这一立法的理论背景是当时的劳动关系定义较为泛化，不仅包括直接生产过程中的劳动关系，也包括监督、协调、管理等方面的劳动关系；在法律形式上既包括工作时间、休息休假制度、工资制度、职工培训、劳动保护和劳动纪律制度，还包括劳动者在实现劳动过程中，由于不可抗力或其他主客观原因，暂时或永久丧失劳动能力时给予的物质帮助，即劳动保险制度。2010 年所颁布的《社会保险法》虽有所突破，在职工基本养老保险和职工基本医疗保险中允许无雇工的个体工商户和非全日制就业等灵活就业人员参保，另外还实行有城镇居民社会养老保险、城镇居民社会医疗保险以及新型农村社会养老保险、新型农村合作医疗。但以上这些制度在覆盖范围、制度设计上还存在着诸多问题，仍保留着劳动法体系下的制度构造和思维方式。[2]以上足见我国现行社会保险制度的最大特色就是社会保险与劳动关系的完全"捆绑"。[3]

由上，既有的理论认为社会保险为劳动关系领域的延伸，享受社会保险的对象为"劳动关系"中的"劳动者"，社会保险关系也是建立在劳动关系基础之上的法律关系。[4]因而，在劳动关系下的劳动者通常能够获得最大程度的社会保险保障，而其他非标准形式的劳动者则受到不同的、较低程度的社会保险安排。这种嵌入劳动关系的社会保险理念，也就将处于劳动关系之外的劳动者置于社会保险的覆盖范围之外，从而导致了社会保险权益的二元化，这不仅给自雇者、自由职业者等非正规就业者参与社会保险造成了障碍，也妨碍了社会保险"社会化"目标的实现。

---

〔1〕 参见王全兴、赵庆功：《我国社会保险制度深化改革的基本思路选择》，载《江淮论坛》2018 年第 3 期。

〔2〕 参见王全兴、赵庆功：《我国社会保险制度深化改革的基本思路选择》，载《江淮论坛》2018 年第 3 期。

〔3〕 参见问清泓：《共享经济下社会保险制度创新研究》，载《社会科学研究》2019 年第 1 期。

〔4〕 参见陈敏：《"非职工"群体纳入工伤保险制度保障探析》，载《政治与法律》2017 年第 2 期。

2. 社会保险的内在逻辑决定了其应与劳动关系脱钩

社会保险既是社会成员利益连带的表现，也是参保人分摊风险的方式。[1]社会保险通过商业保险模式中互助与自助的机制，以解决事故发生时所导致的个人经济不安全的问题。其作用不在于降低危险发生的概率，而在于弥补危险发生后所造成的损失。[2]在社会保险的社会性与保险性两种性格中，社会性是社会保险区别于商业保险最主要的特征。社会性的意涵多样。首先，社会保险作为社会政策，具有社会安定的功能。政府通过社会保险的创办与扶持以负担劳动者在风险事故发生时的预护责任，从而履行其社会经济补偿职能，以助于政府管理秩序的实现。其次，社会保险制度具有综合社会效益，其不仅仅是单纯的社会福利，同时也能够为其他改革措施提供基本物质保障。最后，最为重要的是，社会保险以社会利益为本位，以社会公平为主旨从而达到参保人的基本生活保障。囿于此，社会保险的保障范围应具有广泛性，而且社会保险本身也以社会受益性为目标，受益范围覆盖全体国民是社会保险的高级形态。这一点与劳动法的保护对象具有区别，劳动法是以处于从属关系中的"劳动者"为核心的法律，其目标是促成经济交换关系中的实质平等；而社会保障法是以"人"的生存保障为宗旨，以社会中人与人之间的实质平等为目标。社会保险作为社会保障的核心制度，自然也应遵循对"人"的生存保障这一宗旨，而不能仅限于从属关系中的"劳动者"。我国就有学者指出单就城镇社会保险法而言，其适用对象不仅包括工资劳动者，还应包括个体劳动者、自由职业者甚至私营企业主等，而劳动法仅适用于企业和个体经济组织中建立起劳动关系的劳动者，可见，社会保险法的实施范围应远超过劳动法。[3]在域外，也早有法律实践将社会保险与劳动法的覆盖对象相区别。如在德国，社会保险管理局认定雇员的标准是满足至少三个条件：没有雇用他人；只有一个雇主；重复进行同一类型工作，人格或经济上不具有独立性或是在同一家公司从事与以前类似的工作。这个关于雇员的定义就比劳

---

〔1〕　参见张荣芳、熊伟：《全口径预算管理之惑：论社会保险基金的异质性》，载《法律科学（西北政法大学学报）》2015 年第 3 期。

〔2〕　参见钟秉正：《社会法与基本权保障》，元照出版公司 2010 年版，第 71~72 页。

〔3〕　参见史探径主编：《社会保障法研究》，法律出版社 2000 年版，第 36~37 页。

动法或集体协议中的定义更为宽泛。[1]

实践中,社会保险的覆盖范围正在扩张。从开始只保障产业工人到包括依赖其生活的人以及家庭成员,进而扩张到所有雇佣劳动者、"边缘人群"(如家庭手工业者)与其他类似需要保障的人群(如小作坊从业者)。另外,自由农民、自由从业者也应被纳入到社会保障组织中,以最终孕育出"全民保障"的理念。[2]这种社会保险的全民化倾向不仅是已经发生的历史或正在发生的现实,也必将是可以预见的未来。其不仅是维护个人在自由的经济与社会制度中自力生存的前提条件,也是基于社会理性对个人非理性行为所带来问题的纠偏,同时也是处于不同地位的社会成员之间连带的必然要求。[3]以我国的养老保险、医疗保险为例,目前所实行的职工养老保险与城乡居民养老保险、职工医疗保险与城乡居民医疗保险基本已覆盖所有公民。这一覆盖面上的扩张使所有劳动者得以在其年老、疾病时获得国家保障,体现了社会保险的"全民化"。失业保险以分散劳动者的失业风险为宗旨,也应顺应这种"全民化"趋势。扩大覆盖范围,使更多的劳动者在遭遇失业时得以获得一定的生活保障。可以说,只有扩大失业保险的覆盖面,尽可能地将所有劳动者纳入其中,才能真正发挥失业保险的风险分担功能,保障保险机制的正常运行。

总之,社会保险的主要原理即是透过保险的特殊机制,将个人风险在最大范围内进行分散。此时,劳动的社会风险并不转化为雇主的责任风险与经营风险,而是由劳工和雇主通过保费的缴纳共同承担。又因保费实质上具有特定薪资的性质,故而可以说,社会保险是劳工彼此之间的社会团结与共同承担,以达到保障经济安全的现实需要。[4]社会保险虽然属于保险范畴,仍需遵守大数法则下的风险分担原理,但其制度着力点并不在于个体的公平性,

---

〔1〕 See Paul Schoukens, et al. , "The EU Social Pillar: An Answer to the Challenge of the Social Protection of Platform Workers?", *European Journal of Social Security*, Vol. 20, No. 3. , 2018, p. 226.

〔2〕 参见〔德〕汉斯·察赫:《福利社会的欧洲设计:察赫社会法文集》,刘冬梅、杨一帆译,北京大学出版社 2014 年版,第 257 页。

〔3〕 参见李志明:《社会保险权的历史发展:从工业公民资格到社会公民资格》,载《社会学研究》2012 年第 4 期。

〔4〕 参见郭明政、林宏阳:《社会法与经济社会变迁》,载台湾"社会法与社会政策学会"主编:《社会法》,元照出版公司 2015 年版,第 6 页。

而在于社会适当性,〔1〕即社会保险既是一种特殊的保险机制,又是重要的社会公共政策。在这种情况下,社会保险中的风险同质性有所弱化,其覆盖范围不再局限于职业团体或区域团体。只要个人处在特定的社会风险之中,具有分散风险的需要和能力,就可以通过参保社会保险的方式转移自身风险。故而,社会保险不应受限于劳动关系。

3. 人权理论为社会保险与劳动关系脱钩提供了支撑

(1) 社会保险权的基本人权属性

从劳动力自身而言,劳动力是生产力的重要生产要素,但劳动力本身并不是凭空出现的。其需要是健康的、受过良好教育和拥有技能的,而这些需要由社会提供服务,这就在"社会"与"经济"之间架起了桥梁。这一观点为给劳动者提供社会保护建立了有力论据,同时也孕育了此后所提出的普遍社会权的基础。〔2〕

二战后,在人权意识、人权文化的观念基础之上,针对社会保障在人权体系中的底线伦理地位和作为保障生存权乃至实现更高人权目标的工具性权利的价值,社会保障被重新定义为不但是为了保障人的基本生存,而且是为了人类的体面尊严与共同安全所必须实行的制度安排。社会保障权便由此跃升为基本人权。〔3〕1948 年联合国大会在《世界人权宣言》中即认为社会保障权利具有普遍性;〔4〕1966 年《经济、社会及文化权利国际公约》更进一步阐述为:"本公约缔约国承认人人有权享受社会保障,包括社会保险。"除此之外,《消除一切形式种族歧视国际公约》《消除对妇女一切形式歧视公约》等国际公约,《欧洲社会宪章》《美洲人权宣言》等区域性人权文件以及国际劳工组织所发布的第 102 号、第 121 号、第 128 号等公约均将社会保障权涵盖其中。社会保障权可以被看作是"公民要求国家通过立法来承担和增进全体国

---

〔1〕 参见郑尚元:《社会保险之认知——与商业保险之比较》,载《法学杂志》2015 年第 11 期。

〔2〕 See Laura Alfers, et al., "Approaches to Social Protection for Informal Workers: Aligning Productivist and Human Rights-Based Approaches", *International Social Security Review*, Vol. 70, No. 4, 2017, p. 77.

〔3〕 参见李运华:《社会保障权原论》,载《江西社会科学》2006 年第 5 期。

〔4〕 《世界人权宣言》第 22 条规定:"每个人,作为社会的一员,有权享受社会保障,并有权享受他的个人尊严和人格的自由发展所必需的经济、社会和文化方面各种权利的实现……";第 25 条第 1 款规定:"人人有权享受为维持他本人和家属的健康和福利所需的生活水准,包括食物、衣着、住房、医疗和必要的社会服务;在遭到失业、疾病、残废、守寡、衰老或在其他不能控制的情况下丧失谋生能力时,有权享受保障"。

民的基本生活水准的权利"。[1]它的出现表明了公民除了有免于被国家干涉的消极自由，还有要求国家保障其获得尊严生活之积极自由。在此过程中，国家负有保护公民基本权利的义务。这不仅是其正当性来源和终极价值，也是困于自然状态下的个人出于个人理性而自愿放弃部分权利，才得以组成国家。[2]

"权利是主观的法律，法律是客观的权利。"[3]社会保障权作为一种法权，经历了从应然权利到法定权利，再到现实权利的转变过程。在法定权利中，其显著表现为公民权，这可以从各国宪法中窥得一二。1917 年，墨西哥合众国宪法首次有效确认了社会保障权的宪法权利地位，对社会保障的内容和社会保险的原则都有所规定。1919 年德国的《魏玛宪法》更是产生了深远的影响，[4]其第 161 条规定："为保持健康和工作能力，保护产妇及预防因老病衰弱而经济生活不受影响起见，联邦应制定保障制度。"此后，其他各国也都纷纷效仿将社会保障权确认为基本的宪法权利，如日本宪法第 25 条、意大利宪法第 38 条等。[5]我国《宪法》第 45 条反映出社会保障权已经成为我国公民的一项基本权利。

社会保险权既为社会保障权的核心，自然也具有基本人权的属性。[6]可以说，"现代社会唯赖社会保险以维系人权与人有尊严的底线条件。"[7]社会保险权指的是"劳动者由于年老、疾病、失业、伤残、生育等原因失去劳动能力或劳动机会因而没有正常的劳动收入来源时，通过国家社会保险制度获得物质帮助的权利"，[8]我国宪法、专门法律和司法解释、行政法规、部门规

---

[1] 肖君拥：《国际人权法讲义》，知识产权出版社 2013 年版，第 225 页。

[2] 参见刘茂林、秦小建：《人权的共同体观念与宪法内在义务的证成——宪法如何回应社会道德困境》，载《法学》2012 年第 11 期。

[3] 张文显：《法理学》，中共中央党校出版社 2002 年版，第 21 页。

[4] 参见郭曰君、吕铁贞：《社会保障权宪法确认之比较研究》，载《比较法研究》2007 年第 1 期。

[5] 日本宪法第 25 条规定："凡国民均有营养健康及文化的最低限度生活的权利。国家一切生活部门，应努力提高和增进社会福利、社会安全与公众卫生"；意大利宪法第 38 条规定："每个丧失劳动能力和失去必需的生活资料的公民，均有权获得社会的扶助和救济。一切劳动者，凡遇不幸、疾病、残废、年老和不由其做主的失业等情况时，均有权及时获得与其生活需要相应的资财。"

[6] 参见杨思斌：《社会保险权的法律属性与社会保险立法》，载《中州学刊》2010 年第 3 期。

[7] 李运华：《论社会保险法治与社会保险权的实现》，载邓大松、李珍主编：《社会保障问题研究（2005）——养老基金管理与生活质量国际论坛》，中国劳动社会保障出版社 2006 年版，第 265 页。

[8] 种明钊主编：《社会保障法律制度研究》，法律出版社 2000 年版，第 95 页。

章、地方性法规与文件中均可以找到社会保险权的身影。[1]

（2）社会保险权要求社会保险具有普遍性

人权就是"一切人基本上都平等拥有的根本的重要的道德权利，它们都是无条件的，无可更改的"[2]，其产生既来自人的自然性、"天性"，又来自人的社会性。前者是人权产生的必要条件，后者则是人权形成和发展的基础。自然性与社会性是每个人所共同拥有的，故而人权被认为是普遍的。这种普遍性重点体现在主体的普遍上，也就是说无论种族、肤色、性别、阶级等，人权是人人皆有的权利。[3]社会保险的基本人权属性为各国的社会条款提供了合理性，而由于与人性息息相关，这些社会条款通常是普遍适用的。另外，社会保险权作为社会权的一种，归属于生存权范畴。[4]而为实现人的生存与发展，普遍性也是社会保险权的应然要求。[5]

作为社会保险权法定权利的实现载体，保障公民的社会保险权也就成了社会保险立法的逻辑起点和理论基石，并成为贯穿社会保险法的一条"红线"。此时，将公民权引入社会保险体系，由国家承担为全体公民提供基本的养老保障、医疗保障和失业保障的义务，通过社会保险体系实现公民的社会安全权利，就成为现代社会保险体系发展的基本特点。也就是说，"任何公民都具有社会保障权主体资格，即每一个公民在其基本生活陷入困境时都有权得到国家和社会的帮助，每一公民都有权享受国家和社会的公共福利"[6]，"国家不应根据人们的出身、职业、居住地等在政策和制度上区别对待公民，而应当一视同仁"[7]。与此同时，"对公民实行普遍的社会保障，也是各国社会保障立法共同奉行的一项基本原则"[8]。《贝弗里奇报告》中就提议社会保险应满足全体居民不同的社会保险需求。有日本学者也认为"社会保障

---

〔1〕　参见史博学：《"社会保险权"在我国立法中的确立与完善》，载《法学论坛》2019年第4期。

〔2〕　[美] J. 范伯格：《自由、权利和社会正义——现代社会哲学》，王守昌、戴栩译，贵州人民出版社1998年版，第124页。

〔3〕　参见郭道晖：《人权的本性与价值位阶》，载《政法论坛》2004年第2期。

〔4〕　参见谢德成：《劳动者社会保险权法律救济程序之探讨》，载《河南省政法管理干部学院学报》2010年第3期。

〔5〕　参见杨狄：《有关社会保险法中社会保险权的基础理念研究》，载《内蒙古师范大学学报（哲学社会科学版）》2013年第2期。

〔6〕　李乐平：《论社会保障权》，载《实事求是》2004年第3期。

〔7〕　刘翠霄：《社会保障制度是经济社会协调发展的法治基础》，载《法学研究》2011年第3期。

〔8〕　史探径：《我国社会保障法的几个理论问题》，载《法学研究》1998年第4期。

法的法主体，并非是根据具体的生活手段，而是作为生活主体被对待的国民。在此，劳动者也并非是在立足于劳动关系所表现出的性质上，而是根本上与农民、渔民及小企业经营者处于同一水平上，即在作为生活主体的性质上予以把握"。[1]因此，社会保险应尽可能地将处于特定风险中的劳动者纳入其中以发挥其"大数法则"的分散作用，而不应限于"职工"参与。[2]

综上所得，当前社会保险与就业之间的关联已经被削弱，就业形式正变得多元化。与传统的男性劳动力市场不同，女性劳动力正逐渐占据重要地位。自雇者的组成结构也发生了变化，与原有的技术工人和小企业主不同，越来越多的手工业者或缺乏技能的人成为自雇者。在劳动力市场中，具有完全依附性的劳动者不断减少。而失业也已成为结构性的长期问题，其集中于特定人群，而这些人群通常无法充分获得社会保险的权利。[3]鉴于此，无论从理论和实践中看，将社会保险与劳动关系脱钩都具有一定的必然性，社会保险关系的建立不应一味强调劳动关系的有无，而应以缴费为标准。[4]我国学界中也大多赞同将社会保险与劳动关系脱钩。如陈敏提出了"社会保障理论"，该理论认为社会保险是为了"保障'公民'（而不仅仅是'劳动者'）在特殊情形下合理'分担风险'的制度"；[5]问清泓认为社会保险应坚持"广覆盖"的基本方针，将调整范围扩大至广义上的劳动关系并对社会保险进行分层设计。分层中包括第一层次的传统典型劳动关系和第二层次的多层劳动关系或兼职；[6]王全兴、赵庆功提出将"职工社会保险"扩展为"劳动者社会保险"，无论有无劳动关系的劳动者都应被纳入到社会保险的各险种之中，并扩大刚性参保要求的适用对象；[7]娄宇认为社会保险法律关系属于公法上的法

---

〔1〕 ［日］菊池馨实：《社会保障法制的将来构想》，韩君玲译，商务印书馆2018年版，第59页。

〔2〕 参见陈信勇：《中国社会保险制度研究》，浙江大学出版社2010年版，第160页；许建宇：《社会保险法应以保障社会保险权为核心理念》，载《中国劳动》2010年第3期。

〔3〕 See Koukiadaki, A. "Beyond Employment: Changes in Work and the Future of Labour Law in Europe", *Personnel Review*, Vol.36, No.2., 2007, pp.332-334.

〔4〕 参见曾煜：《对完善灵活就业人员社会保险制度的思考》，载《中国劳动关系学院学报》2008年第1期。

〔5〕 参见陈敏：《"非职工"群体纳入工伤保险制度保障探析》，载《政治与法律》2017年第2期。

〔6〕 参见问清泓：《共享经济下社会保险制度创新研究》，载《社会科学研究》2019年第1期。

〔7〕 参见王全兴、赵庆功：《我国社会保险制度深化改革的基本思路选择》，载《江淮论坛》2018年第3期。

律关系，它通过"经济从属性"与劳动关系相对接。但并非只有劳动关系才具有"经济从属性"，这为社会保险与劳动关系的脱钩提供了理论基础。[1]

（二）体制转变：消除城乡分割限制

1. 城乡分割体制的形成

在计划经济体制下，有两个重要的支柱以支撑计划经济的存在和运转：一是政企不分、产权不明的国有企业体制；一是城乡分割、限制城乡生产要素流动的城乡二元体制。[2]直至今天，国有企业体制在劳动制度改革、现代企业制度改革等政策的推动下已有了较大进步，而城乡二元体制仍然较为明显。

城乡二元体制的形成与我国计划经济时期的国情与政策发展有关。新中国成立初期，为了服务于快速实现工业化的战略意图，城乡分割的二元体制就成了实践中的制度选择。其形成有三大标志[3]：（1）统购统销制度的建立。面对工业建设中所产生的城市粮食短缺问题，1953 年，中共中央发出《政务院关于实行粮食的计划收购和计划供应的命令》。该决定取消了农业产品的自由市场并改由国家统一供应。（2）户籍制度的建立。由于羡慕城市中的生活，大批农村剩余劳动力开始到城市中寻找工作，而这又进一步加重了城市中的失业情况并增加了劳动力统一调配的难度。为此，1952 年，我国在《政务院关于劳动就业问题的决定》中提出不同于城市中失业半失业者，农村剩余劳动力有着土地保障。应着力于使他们向东北、西北和西南地区移民垦荒，同时要克服农民盲目向城市流动的情绪。1953 年—1957 年，又发布多个文件要求劝止农民盲目流入城市并禁止向农村招收工人。[4]1958 年，国务院出台了《中华人民共和国户口登记条例》，由此建立的户籍制度使得农村劳动

---

〔1〕　参见娄宇：《平台经济从业者社会保险法律制度的构建》，载《法学研究》2020 年第 2 期。

〔2〕　参见厉以宁：《论城乡二元体制改革》，载《北京大学学报（哲学社会科学版）》2008 年第 2 期。

〔3〕　参见国务院发展研究中心农村部课题组：《从城乡二元到城乡一体——我国城乡二元体制的突出矛盾与未来走向》，载《管理世界》2014 年第 9 期。

〔4〕　参见《政务院关于劝止农民盲目流入城市的指示》《内务部、劳务部关于继续贯彻〈劝止农民盲目流入城市的指示〉》《国务院关于防止农村人口盲目外流的指示》《国务院关于防止农村人口盲目外流的补充指示》。

力向城市自由流动的渠道受限。[1](3) 人民公社制度的建立。1958 年, 中共中央政治局会议在《中共中央关于在农村建立人民公社问题的决议》中决定在全国开展人民公社运动, 以更好地解决农业生产发展问题。这三大制度的建立使城乡分割体制固定了下来。

2. 城乡分割体制对失业保险制度的影响

城乡分割体制对社会保障制度的发展影响深刻, 在城市和乡村中一直存在着显著差异。城市居民可以通过单位获得养老、医疗、住房、教育等各种保障措施; 而农村一般立足于自我保护, 在保障措施上以"五保"制度、救济制度和合作医疗为主。其保障方式落后、保障水平较低。随着经济体制改革的推进, 原有的单位福利体制瓦解。但此一时期的社会保险仍是以城镇改革为主, 重点是保障国企职工/下岗失业职工, 这就造成了农村的社会保障制度建设滞后。[2]1987 年, 民政部印发了《民政部关于探索建立农村基层社会保障制度的报告》, 要求以由小到大、由少到多、由低到高的方式建立农村社会保障制度。这一过程十分缓慢, 直至 2003 年才开始构建新型农村合作医疗制度, 2009 年才建立新型农村养老保险制度。[3]与同时期的城镇居民基本养老保险制度和城镇居民基本医疗保险制度相比, 农村社会保险制度在保费负担、待遇享有上均存在着差异。这一方面导致了制度的"碎片化", 另一方面又显示出了城乡间的发展不均衡。产生这一问题的原因是多方面的,[4]包括户籍制度的藩篱、传统观念和体制性的障碍和新型社会保障体系建设缺乏统筹规划与顶层设计以及工业化与城镇化的不成熟。总之, 城乡利益格局的二元化造成了资源配置上的不平等, 形成了巨大的收入和福利差距。在失业保险中亦可以看出城乡二元分割的烙印。

失业保险制度的覆盖范围一直限于城镇企业事业单位, 而不及于乡镇企业。重要的是, 农民合同制工人所享有的失业保险待遇也一直显著区别于城

---

〔1〕 参见《中华人民共和国户口登记条例》第 10 条。

〔2〕 参见刘德浩:《我国城乡社会保障制度的发展与演进——从"城乡二元"走向"城乡融合"》, 载《中国劳动》2020 年第 3 期。

〔3〕 参见《国务院办公厅转发卫生部等部门关于建立新型农村合作医疗制度意见的通知》(国办发〔2003〕3 号)、《国务院关于开展新型农村社会养老保险试点的指导意见》(国发〔2009〕32 号)。

〔4〕 参见郑功成:《从城乡分割走向城乡一体化(上) 中国社会保障制度变革挑战》, 载《人民论坛》2014 年第 1 期。

镇正规职工。具体说来，1991 年，我国规定可以在全民所有制企业中招收农民合同制工人，[1]且与其他职工享有同等权利。但 1993 年颁布的《国有企业职工待业保险规定》却将农民合同制工人排除其外。直至 1999 年，《条例》才首次将农民合同制工人纳入其中，但在相关制度设计上却又有别于其他正规就业者。《条例》规定农民合同制工人的失业保险费由其所在的城镇企业事业单位缴纳，其本人不需缴费。而在连续工作满一年、单位已缴纳失业保险费和劳动合同期满未续订或者提前解除劳动合同的严苛条件下，[2]农民合同制工人也仅可以领取一次性生活补助。由于条例中将一次性生活补助的办法与标准授权于各地方自己规定，从而导致了各地的一次性生活补助不尽相同。总的来看，大部分地区都是按每满 1 年领取 1 个月的一次性生活补助的领取方法实施，只是在领取标准与领取时间上有着较大差别。按领取标准可以分为以下几种：（1）一次性生活补助与失业保险金标准相同。如山东省规定一次性生活补助标准与当地每月失业保险金相同，最长不超过 24 个月；河南省规定补助金按照最多不超过 12 个月的失业保险金标准发放；湖南省规定按最多不超过 6 个月的失业保险金标准发放。（2）一次性生活补助按照失业保险金标准的一定比例发放。如安徽省规定一次性生活补助为失业保险金月标准的 70%，最长可以领取 12 个月；湖北省规定生活补助的月标准为当期失业保险金标准的 50%，领取期限与失业保险金领取期限计算方式相同。（3）一次性生活补助与最低工资标准挂钩。如福建省规定农民合同制工人的一次性生活补助费按当地最低工资标准的 60% 发放，且不超过 24 个月。（4）一次性生活补助与年失业保险费相同。如辽宁省规定农民合同制工人的月生活补助标准等同于用人单位为其年缴纳失业保险费标准，最长不超过 12 个月。

从表面上看，失业保险的这种制度差异似乎是符合社会保险的对价原则，但实际上却割裂了农民合同制工人与其他正规就业者的待遇，剥夺了农民合同制工人的缴费权利，造成农民合同制工人的失业保险待遇过低。可以说，其并不是依据农民工的就业特点，而主要是基于身份特征而制定，使之与城镇职工之间产生城乡隔阂。农民合同制工人所享有的与其说是失业保险，不

---

[1] 《全民所有制企业招用农民合同制工人的规定》中将农民合同制工人定义为"从农民中招用的使用期限在一年以上，实行劳动合同制的工人，包括从农民中招用的定期轮换工"。

[2] 参见《条例》第 21 条。

如说是一种失业补偿。城镇职工在参保失业保险后，可以长期领取失业保险金、代缴医疗保险费，并接受职业培训、职业介绍等，但农民合同制工人只能领取一次性补助且该补助相比于失业保险金较低，领取时间也较短。同为签署劳动合同的单位职工，却享受相差悬殊的失业保险待遇，可以说是极不公平的。

城乡分割体制，不仅使失业保险局限于城镇企业及其职工，也使城镇职工与农民合同制工人的失业保险待遇呈现"二元"化。这种负面影响加深了城乡之间的隔阂、阻碍了城乡合理流动，不利于统一劳动力市场的形成；再者，还会产生社会不安定因素，导致城镇与乡村之间的社会、经济整合度差。非正规就业者中的农民工较多，受此分割体制影响，其参保积极性难以提高。

3. 促进城乡融合，实现失业保险均等化

在深化改革时期，随着计划经济固有弊端和缺陷的克服，我国的城乡关系正从分割向融合转变。2002 年，党的"十六大"报告中首次提出全面建设小康社会的目标就是要扭转城乡差别，在繁荣农村经济上，要统筹城乡经济社会发展。2004 年起至今又连续发布 16 个文件聚焦"农业""农村""农民"问题，以拉近城乡差距。另外，2014 年，国务院下发了《国务院关于进一步推进户籍制度改革的意见》（国发〔2014〕25 号），要求调整户口迁移政策、创新人口管理和切实保障农村转移人口及其他常住人口合法权益。该意见对消除桎梏城乡融合的户籍因素有着重大意义。此后，从要求形成城乡经济社会发展一体化到建立健全城乡融合发展体制机制，[1]可以说，整合城乡关系是至今一段时间内国家政策的着力点。

为了配合城乡融合政策，我国的社会保障制度也经历了从覆盖城乡到城乡整合与衔接的发展过程。2006 年，《中共中央关于构建社会主义和谐社会若干重大问题的决定》中明确提出要逐步建立覆盖城乡居民的社会保障体系。至 2011 年，我国基本已完成了城乡居民的养老保险和医疗保险建设，但两种制度间存在着一定差距，城乡二元分割局面并未发生根本转变。这不仅使制度欠缺公平性，也造成了行政资源的浪费、运行效率较低。因此，2012 年，

---

〔1〕 参见"十六大"报告、"十七大"报告、《中共中央关于推进农村改革发展若干重大问题的决定》、"十八大"报告、"十九大"报告、《中共中央、国务院关于建立健全城乡融合发展体制机制和政策体系的意见》、"二十大"报告。

我国"十八大"报告中提出要统筹推进城乡社会保障体系建设,2014年和2016年,又先后探索并实施了城乡居民养老保险和医疗保险的一体化。[1]二者的统一对我国社会保障制度的进一步整合有着经验上的指引。随后,我国进一步要求加快社会保障制度的城乡一体设计、一体实施、"完善城乡统一的社会保险制度"并"到2035年,基本实现基本公共服务均等化"。[2]2022年,"二十大"报告中再次强调要"健全覆盖全民、统筹城乡、公平统一、安全规范、可持续的多层次社会保障体系"。[3]这一系列政策的实施在一定程度上统一了城乡社会保障权益,增强了其公平性。

对于失业保险而言,也应注重城乡权益的统一,消除城乡分割的影响。应坚持城乡统筹发展的理念,做好顶层设计并统一行政管理体制。在具体制度上,一方面应取消《条例》中限于城镇企业事业单位及其职工参保的规定,为乡镇企业参保失业保险创造有利环境;另一方面将农民合同制工人的参保待遇与城镇职工相统一。2010年,《社会保险法》中即规定"进城务工的农村居民依照本法规定参加社会保险",这就为二者待遇的统一提供了法律依据。2017年,在《失业保险条例(修订草案征求意见稿)》中也删去了《条例》中关于农民合同制工人本人不缴费和农民合同制工人领取一次性生活补助的规定。地方实践中如浙江、上海、广州、四川、黑龙江[4]等也均已实施城乡统一的失业保险制度,对农民合同制工人实行与城镇职工同等的参保政策。只有如此,才能使失业保险制度实现城乡统筹,便于其纳入非正规就业者,从而进一步完成其社会化目标。

---

〔1〕 参见《国务院关于建立统一的城乡居民基本养老保险制度的意见》(国发〔2014〕8号)、《国务院关于整合城乡居民基本医疗保险制度的意见》(国发〔2016〕3号)。

〔2〕 参见《国务院关于印发"十三五"推进基本公共服务均等化规划的通知》(国发〔2017〕9号)、《中共中央、国务院关于建立健全城乡融合发展体制机制和政策体系的意见》。

〔3〕 习近平:《高举中国特色社会主义伟大旗帜 为全面建设社会主义现代化国家而团结奋斗——在中国共产党第二十次全国代表大会上的报告》,载《人民日报》2022年10月26日,第1版。

〔4〕 参见《浙江省人力资源和社会保障厅等3部门关于失业保险政策城乡一体化有关问题的通知》(浙人社发〔2017〕142号);《上海市人力资源和社会保障局、上海市财政局关于本市原农业户籍人员参加失业保险有关问题的通知》(沪人社规〔2019〕38号);《广州市人力资源和社会保障局关于贯彻实施〈广东省失业保险条例〉有关问题的意见(2014)》(穗人社发〔2014〕37号);《四川省人力资源和社会保障厅、四川省财政厅关于进一步做好农民工失业保险工作有关问题的通知》(川人社发〔2013〕57号);《黑龙江省人力资源和社会保障厅关于失业保险业务经办工作中部分问题的处理意见》(黑人社函〔2015〕65号)。

第二节 分层保护原则：遵循保障需求性

失业保险制度现有的"一刀切"保护，虽然具有便于操作、风险小和成本低的优势，但也在根本上否定了劳动者的差异性。随着劳动分工的细化，劳动市场分割加剧，劳动者的需求呈现多样化。此时，以满足社会需求而生的失业保险，也应就此趋势进行回应，对不同需求的劳动者施以不同的制度安排。对于非正规就业者而言，其构成较为复杂，如果不加以区分和细化就笼统适用同一规则，无疑将难以达至失业保险制度的立法目的和追求。再者，立法的精细化也是立法具有可操作性和获取良好实施效果的保证。为此，将非正规就业者纳入失业保险制度时，应分层分类，以实现失业保险制度的有效适用。

一、分层保护原则的理论基础：劳动者分层保护理论

劳动者分层保护理论是以社会法理论为出发点，将抽象的劳动者人格具体化，使劳动法的适用范围从狭窄到宽广，劳动法的调整方式从单一到综合的一种理论。该理论的实质是根据劳动者个体的地位、利益、收入、职业等差异进行分类，并同时对不同类别劳动者适用不同的劳动保护层次。之所以这样做，盖因不同层级类别的劳动者在权利意识、风险应对与生活保障等方面存在着不同诉求。通过劳动者分层保护，将焦点集中于具体的"个人"，从而实现劳动者之间的实质平等，并达到利益平衡和和谐劳资关系。

在我国，董保华教授是此理论的先驱者。其从"十阶层"[1]中选出了四个具有代表性的阶层：经理、专业技术人员、产业工人、非标准用工人员，并认为对不同阶层的劳动者需分层适用不同的保护手段且其保护模式应重心向下。[2]域外许多学者也都有关于劳动者分层保护的相关理论论述。如斯皮尔特报告（Supiot Report）中提议将劳动法的适用范围扩大至为他人工作的所

---

〔1〕 这十阶层包括：国家与社会管理者阶层、经理人员阶层、私营企业主阶层、专业技术人员阶层、办事人员阶层、个体工商户阶层、商业服务人员阶层、产业工人阶层、农业劳动者阶层、城乡无业、失业和半失业阶层。参见陆学艺：《当代中国社会阶层的分化与流动》，载《江苏社会科学》2003 年第 4 期。

〔2〕 参见董保华：《劳动合同立法的争鸣与思考》，上海人民出版社 2011 年版，第 42-43 页。

有形式的劳动者，而不仅仅局限于从属性劳动者。更为重要的是应纳入那些既不是雇主也不是雇员的劳动者，如临时工人。在就业权利方面，斯皮尔特将其分为四个层次，不同层次的劳动者所享有的权利不同。具体为：（1）普遍性的社会权利，这种权利对有无劳动以及劳动的类型不设限，适用于所有就业者。（2）针对无偿就业者的权利，如育婴者、护理者等应享有获得劳动灾害补偿和社会给付的权利。（3）针对有偿就业者（无论雇佣还是自雇）的权利，如职业健康与安全。（4）针对从属性就业者的权利，包括与从属性直接相关的权利。[1]日本学者岛田阳一教授也提出要根据劳务供给者承担的风险和劳动关系的从属程度来区分其应享有的社会权利并将社会权利分为三个层次，[2]这些权利不在一个水平上。具体而言，要根据人的、经济的从属程度来决定，而并非传统上的"劳动者"与"非劳动者"进行划分。[3]我国虽然在立法精神和法律中并未明确说明对劳动者分层保护，但在一些条文中（如服务期、竞业限制、违约金的有限适用、解雇保护、经济补偿等）可以管窥出这一思想。[4]

　　上述观点表明不同层次的劳动者应当享有不同范围的劳动权利，全然"一刀切"的劳动保护方式已不适应当前就业形式的发展与分层。应根据就业主体从属性强弱的不同，采取"渐进式"的保护方式。[5]在社会保险中，基于不同社会成员的职业特点，以及户籍制度、用工形式的影响，在制度设计时，也需要既考量制度统一性又考虑人员差异性，从而最终建立起多层次的、适用不同人群的社会保险法律体系。[6]

　　[1]　See Koukiadaki, A. "Beyond Employment: Changes in Work and the Future of Labour Law in Europe", *Personnd Review*, Vol.36, No.2., 2007, pp.332-334.

　　[2]　岛田阳一教授认为社会权利可以划分为三个层次：（1）确保人身安全、人格自由和平等、职业教育培训和能力开发等，不管有偿还是无偿，应覆盖所有的劳务供给者。（2）集体谈判、个别争议的解决制度和签订契约的规则要适用自雇者（个体户）。（3）解约规则、确保支付报酬、社会保险等要适用于劳动者与个体户中间区域的劳务提供者。

　　[3]　参见田思路、贾秀芬：《契约劳动的研究——日本的理论与实践》，法律出版社2007年版，第104-105页。

　　[4]　参见曹静：《论劳动者分层保护的法律规制与模式重构》，载《中国劳动》2015年第2期。

　　[5]　参见班小辉：《非典型劳动者权益保护研究》，法律出版社2016年版，第153页。

　　[6]　参见林嘉：《〈社会保险法〉的价值与创新》，载《法学杂志》2011年第9期。

二、域外失业保险制度分层保护的借鉴

在大陆法系和英美法系中均存在对失业保险制度分层保护的立法实践，下文以德国和日本为例对其经验进行总结借鉴：

（一）以收入和身份为主要划分标准的德国模式

德国的失业保险制度对迷你工作者（Geringfügige Bes chäftigungen or Mini-job）、小型工作者（Beschäftigungen im Übergangbereich or Midijob）和一般工作者、自雇者有不同的制度安排：（1）强制纳入一般工作者。一般工作者指的是65 岁以下月收入 450 欧元以上的雇员（包括家庭佣工、学徒、实习生等），这部分从业者需强制参保失业保险。（2）排除迷你工作者的参保义务。迷你工作首次出现于 1977 年德国社会法典第四编中，作为边际非全日制就业存在。其可能发生于商业部门，也可能发生于私人家庭中，是一种雇佣就业。迷你工作又被称为 450 欧元工作（450 Euro-Job），包括两种劳动形态：一是薪资未超过法定上限之低所得劳动，即每月工资收入不超过 450 欧元。如果从事多个低所得劳动的，则需要将其收入相加，超过法定上限的就不再属于迷你工作；一是工作时间较短的短期劳动，包括一年内就业期限不超过 3 个月或 70 个工作日的工作。但若是该工作已具有专职的工作性质且每月所得超过 450 欧元时，也不再属于迷你工作。在从事短期劳动期间，如果预定总工作时间将超过法定期间的，自判断时点起负担社会保险义务。迷你工作必须投保工伤保险，其中低所得劳动者还被强制参保养老保险，但在健康保险、护理保险和失业保险上则无投保义务。（3）对小型工作者实行特殊的制度安排。2003 年，德国在迷你工作与一般工作之间又创设了中间类型的劳动，即小型工作（Beschäftigungen im Übergangbereich or Midijob），指的是每月收入为 450 欧元到 1300 欧元的工作。小型工作者负有社会保险义务包括失业保险，但保费适用特别计算。（4）根据身份类别，秉持自愿原则（Freiwillige Arbeitslosenversicherung）纳入自雇者、抚养者和外国劳动者（欧盟以外）。[1]

---

〔1〕 参见德国迷你工作网站：Minijob Zentrale，https://www.minijob-zentrale.de/De/01_minijobs/01_was_sind_minijobs/node.html，最后访问日期：2023 年 9 月 15 日。

（二）以工时和身份为主要划分标准的日本模式

日本的雇用保险对不同类别的从业者实行不同制度。具体如下：（1）强制覆盖所有雇用劳动者的单位。另外，根据工作时间和身份类别，将参保人划分为：一般被保险人、高龄继续被保险人、短期雇佣特例被保险人和日雇劳动被保险人（限特定区域与企业）。由于高龄继续被保险人不在本书研究范围，故下文主要就一般被保险人、短期雇佣特例被保险人和日雇劳动被保险人进行介绍。一般被保险人包括普通雇员、短时间劳动者、[1]派遣劳动者和经常被同一企业主连续雇用 1 年以上的季节性工人等。如果日雇劳动被保险人最近两个月由同一雇主雇用 18 天及以上或是由同一雇主连续雇用 31 天以上，也将被作为一般被保险人对待；短期雇佣特例被保险人指的是被同一企业主连续雇用期间经常不满 1 年的季节性工人；日雇劳动被保险人指的是特定"适用区域"与"适用企业"的雇佣者。一般被保险人、短期雇佣特例被保险人和日雇劳动被保险人都需强制纳保，但在缴费主体、缴费基数、待遇给付等方面存在不同。（2）农、林、水产业经常雇用不足 5 人的单位以及自雇者可自愿参保失业保险制度。但是自雇者只可以参与雇用保险中的就业支援制度，用以参加职业培训。[2]（3）根据工时和身份类别，雇用保险将以下人员排除于覆盖范围之外：每周工作少于 20 小时的人；预计不会在同一雇主处工作 31 天的人；季节性工人（不包括短期雇佣特例被保险人），即少于 4 个月或每周工作时间为 20—30 小时的劳动者；日雇劳动者，雇佣时间在 31 天以内的人；政府雇佣人员和学生。[3]

由上，在失业保险制度的分层保护上，德国、日本的规定虽有所不同，但都将全体雇员强制纳入其中且通过一定标准将部分人群排除其外。如德国通过收入与工时标准排除了迷你工作者缴纳失业保险的义务；日本通过工时标准和身份类别，将低于一定工作时间的劳动者及某些特定人群排除其外。

---

〔1〕　短时间劳动者指的是每周工作时间短于受雇于同一企业普通工人工作时间，并且少于厚生劳动大臣所定时间的从业者。

〔2〕　参见金井郁：《雇用保険の適用拡大と求職者支援制度の創設》，载《日本労働研究雑誌》2015 年第 659 期。

〔3〕　厚生労動省：《雇用保険制度・マルチジョブホルダーについて》，载 https://www.mhlw.go.jp/file/05-Shingikai-11601000-Shokugyouanteikyoku-Soumuka/0000193586.pdf，最后访问日期：2023 年 10 月 4 日。

另外较为重要的是，德国和日本都对自雇者参保失业保险制度进行了特殊安排，即允许自雇者自愿参保。由此，我国在对非正规就业者参保失业保险制度进行分层保护时，也应考虑非正规就业者的实际需要与就业特点，划分不同的保障类型。如有需要，可以对特定群体实施特定制度。

三、失业保险分层保护非正规就业者的具体规则

（一）分层保护应遵循保障需求性

"社会风险与社会公共利益的关联性决定，社会保险必须采用强制的方式予以实施"[1]。强制性是社会保险的基本原则。其表现在：（1）强制纳保。即被保险人在纳保时不需要进行核保，无论个人风险的高低，只要在法定覆盖范围内，皆须无条件参加且不得放弃或转移。（2）社会保险法律关系具有法定性。社会保险法律关系的建立并非基于契约合意或保费缴纳，而是源于雇佣关系的法定保险义务，不需要当事人的意思表示和法律行为。（3）社会保险法律规范以强制性为主，任意性为辅，当事人之间的权利义务直接根据法律产生。社会保险采用强制性原则有着现实考虑，其目的是使社会多数公民均能透过集体风险分摊机制，同受保险给付之保障，从而达到风险分摊以及所得重分配之目的。基于社会连带，不能让年轻力壮、无家庭负担的优势风险者选择保费优惠的私人保险承保，使社会保险陷入因承保大量风险弱势者之保险给付压力而无法正常运作，从而形成弱体保险现象。[2]另外，透过强制性原则达到"应保尽保"，才能进一步发挥"大数法则"的真正作用机理。我国《社会保险法》第4条、第58条、第59条等条款均体现了这种强制性原则。

然而，社会保险的保费分摊与强制纳保必然对公民的财产权和自由权构成一定程度的限制。一方面，社会保险保费并非依据被保险人的风险，而是依据其负担能力，通过向负担能力较高者征收较高保费从而转移受益至负担能力较低者，对公民的财产权产生了不利益情况；另一方面，强制纳保干预了公民的行动自由。由上，这种国家干预行政对公民的基本权利有着一定妨

---

〔1〕 种明钊主编：《社会保障法律制度研究》，法律出版社 2000 年版，第 99 页。
〔2〕 参见邵惠玲：《社会基本权之法制实践与司法审查》，元照出版公司 2016 年版，第 20 页。

害，在实施上就要受到比例原则的检视。[1]比例原则要求国家公权力对公民的限制和侵犯必须具备手段与目的之间的合理关系。另外，从社会保险本质层面来看，社会保险是就公民所面临的共同风险，由国家强制缔结保险契约并依据收入高低明定保险费率，从而分担特定社会风险的制度。在这里，社会保险的出发点是依据社会连带、团结互助理念以帮助弱势者分摊其无法单独承受的风险，对其收入损失进行填补。如果公民没有损失填补需要，没有风险分摊的必要，社会保险自是不应强行介入。此时，应预设个人有风险管理的自主能力，能够通过自我预护的方式，对自我生活进行管理和安排。

因此，社会保险必须遵守保障需求性（SchutzbedÜrftigkeit）原则，对于欠缺必要保障的范围就不能以社会保险保之。[2]其一，当大多数人都能就特定风险作有限的管理，或是有足够的经济能力采取危险的单纯自留[3]时，仍将其强制纳入社会保险就会有违比例原则；其二，如果存在除社会保险以外能够有效达到目的，同时又对公民基本权利侵害较小且不造成不可期待之公益成本负担的手段，但仍以社会保险保之，也将有违比例原则。[4]总之，社会保险为劳工保险的传统图像，其强制投保对象不能一再扩大。社会保险的被保险人应具备社会经济阶层的同质性，正是基于此种身份认同，被保险人才愿意接受不完全对价的互助关系。若将不具有经济社会阶级同质性的其他劳动者纳入风险团体，将使保费的重分配效果因被保险人间经济能力与生命历程差异悬殊而扩大，进而超越原有同质性成员彼此间的相互性关系，容易产生寄生或搭便车的现象。故而，在对非正规就业者失业保险制度进行分层保护时，也应谨守保障需求性原则，对不具有必需性的群体不应强制纳入，甚至还会将某些群体排除其外。

（二）分层保护的具体安排

保障需求性要求参保人应是无法独立保障社会风险，具有损害补偿需求的群

---

[1] 参见江朝国：《社会保险、商业保险在福利社会中的角色——以健康安全及老年经济安全为中心》，载《月旦法学杂志》总第179期。

[2] 参见庄汉：《我国社会保险立法的宪法分析——以〈社会保险法（草案）〉为主要分析样本》，载《法学评论》2009年第5期。

[3] 危险的单纯自留，又可称为自己保险，是风险管理五种手段之一。这五种手段包括：危险避免、危险自行承担、危险防止、危险转移及危险分摊。

[4] 参见江朝国：《社会保险、商业保险在福利社会中的角色——以健康安全及老年经济安全为中心》，载《月旦法学杂志》总第179期。

体。从社会保险的起源发展与世界各国看，从属性劳动始终是强制保险合法性的来源。根据德国《社会法典》第四编第 7 条第 1 项，从属性劳动（Abhängige Beschäftigung）指的是当事人从事非自主性劳动（Nichtselbständige Arbeit）。其典型表现为当事人处于雇佣关系之中，听从雇主的指令且置身于企业组织中。[1] 劳动者从属状况的本身即显示出对其进行社会保护的必要性，保护的平衡界限也不以政府的主观判断为据，而是以使用从属性导致的劳资失衡程度为据，以实现劳资关系的实质平衡。[2]

在非正规就业中，从属性非正规就业者基于受雇关系，受制于雇主的指令完成工作以获取工资维持生活。这类非正规就业群体难以独自应对社会风险，保障自身经济安全。所以具有受集体风险分担保障的需求性，需要强制纳保。另外，在从属性非正规就业中还有部分劳动者工作时间较短。虽然不能因此说没有对其失业进行收入保障的必要性，尤其是对那些依靠低工资且多重雇佣来维持生计的劳动者而言，但也并非多短的劳动时间都应纳入。原因有以下几点：一是为了防止循环性给付；二是考虑是否有实质性意义的生活保障可能性；三是行政事务成本费用。[3] 基于此，借鉴德国和日本经验，我们在将从属性非正规就业者纳入失业保险时，可以考虑以工作时间作为参保门槛，低于该门槛的应排除于失业保险的覆盖范围。只是对该门槛的阈值应设定较低，以使大多数非正规就业者均得以参保。另外，对于部分收入低于最低生活保障标准的非正规就业者，其经济上不能自立。因此，应将其纳入就业救助制度，而排除于失业保险的覆盖范围之外。此时，若将其强制纳入失业保险，势必混淆社会保险与社会救助的功能界限。需要注意的是，如果存在多重雇佣的情况，还应考虑将从业者所有工作时间和收入并在一起以确定其参保资格。域外部分国家如德国就规定，在拥有多个迷你工作的情况下，需要按其全部收入确定应否缴纳社会保险费。如果有一个主要工作（超过 450 欧元）再兼职一个迷你工作时，该迷你工作仍然适用缴纳社会保险费的特殊规则，但兼职多个迷你工作的，则第二个与第二个以上的收入需要累

---

〔1〕 § 7 Abs. 1 SGB IV.

〔2〕 参见田思路：《工业 4.0 时代的从属劳动论》，载《法学评论》2019 年第 1 期。

〔3〕 参见［日］菊池馨实：《社会保障法制的将来构想》，韩君玲译，商务印书馆 2018 年版，第 82 页。

加计算。[1]

对于非从属性非正规就业者，其失业风险难以界定与控制且与创业风险相关联。因此，不宜强制纳保。此时可以以自愿参保的方式使其投保，从而反映出自雇者的异质性并尊重其选择。[2]这样就使部分可以自己预护的非正规就业者得以通过其他手段如储蓄、商业保险等进行风险管理。

第三节　均等待遇原则：平等性与灵活性相平衡

一、均等待遇原则的正当性基础：分配正义理论

（一）分配正义理论的探讨

在历史长河中，正义一直是人类社会的永恒追求。早在我国古代时期即有"不患寡而患不均""均贫富"等朴素思想的存在。在古希腊，柏拉图认为正义乃一切正当之人、事物与行为之间完全公平之谓，其要求人人各尽己任、各有己务，这既是最高的道德、至善的境界，也是国家目的的实现；亚里士多德进一步将正义视为界定德性的一种状态，遵守法律、公平与平等的分配，并将之区分为分配的正义与矫正的正义。前者指利益、责任、社会地位等在社会成员之间的分配；后者则指社会成员间重新建立原先已经确立起来又不时遭到破坏的均势和平衡。[3]其认为正义存在于平等之中，正义要求世界万物应按照比例原则平等地分配给社会成员。相同的事物予以相同的人，不相同的事物予以不同的人。[4]分配正义与矫正正义这一分类为此后讨论有关正义的话题提供了架构。至中世纪，最具代表性的哲学家阿奎那则指出正义在于"某一内在活动与另一内在活动之间按照某种平等关系能有适当的比例"，其目的在于调整人们之间的关系。确立这一比例可以通过自然正义和实

---

〔1〕　参见班小辉：《德国迷你工作制的立法变革及其启示》，载《德国研究》2014年第2期。

〔2〕　See European Commission, *Proposal for a Council Recommendation on Access to Social Protection for Workers and the Self-Employed*, 〔COM（2018）132 final—SWD（2018）71final〕, 2018, p. 11.

〔3〕　参见吕世伦、文正邦主编：《法哲学论》，黑龙江美术出版社2018年版，第320页。

〔4〕　参见〔美〕E. 博登海默：《法理学：法律哲学与法律方法》，邓正来译，中国政法大学出版社2004年版，第262-263页。

质正义这两种方式。自然正义即根据当然的道理，而实质正义则是基于协议或共同的同意。并且，实质正义从属于自然正义。此时，只要正义能够导使人民致力于公共幸福，那么一切德行都可以归入正义范围。[1]自此后，中世纪及资产阶级革命至今，关于正义的论述一直不绝于耳，在现代解读中则不得不提及罗尔斯的《正义论》。

罗尔斯的正义论建立在对传统功利主义正义观的批判之上，该传统功利主义正义观认为一个社会的制度安排如若符合最大多数人的最大利益，那么其就是正义的。也就是说，为了社会整体的最大利益，即便是牺牲个人利益，那也是正当的。然而，罗尔斯认为这种正义观忽视了"人的不同"，且个体也只关心如何在时间维度中满足其个体需求，而不关心满足总量如何在个体之间进行分配。为此，罗尔斯希冀在维持个人自由的保障之外实现正义，并在此之上提出了新的合理的谓之"公平的正义理论"。[2]该理论对康德的普遍自由原则进行了修正。其一，将个人自由选择转变为集体选择，希冀社会在共同价值的追求之中实现正义，并通过代际延续实现社会合作目标；其二，将康德强调的个人理性自由转变为面对社会基本事实，且使正义原则在理性下充分考虑社会各成员的权益与自我价值，促使人们履行义务职责，体现互利互惠的合作社会。罗尔斯相信所有社会的基本利益、自由与机会，所得、财富与自尊的基本原则是同等地被分配，除非对任何或者所有这些利益的不平等分配将对处于最不利地位的人有利。因此，正义社会的先决条件就在于保障贫者、弱者和失利者的权益。在形式正义与实质正义的基础架构之上，罗尔斯进一步提及了两个正义原则：（1）每个人对与其他人拥有的最广泛的平等基本自由体系相容的类似自由体系都应有一种平等的权利。（2）社会的和经济的不平等应使它们被合理地期望适合于每一个人的利益，且依系于地位和职务向所有人开放。总的来说，第一个原则是平等自由的原则，第二个原则是机会的公正平等原则和差别原则的结合，这两个原则的核心是平等地分配各种基本权利和义务。该正义理论具有在优先保证基本自由的框架内的平等主义倾向。根据这两个原则，罗尔斯提出了民主主义的平等（Democratic equality）观念，并主张消除造成个人能力差异的根源与条件。政府也应致力

---

〔1〕 参见［意］阿奎那：《阿奎那政治著作选》，马清槐译，商务印书馆 2017 年版，第 142-144 页。

〔2〕 参见李志明：《社会保险权：理念、思辨与实践》，知识产权出版社 2012 年版，第 55-56 页。

于缩小贫富之间的差距，改善社会弱势阶级的生活条件。[1]

从上述看，正义作为社会理想和原则，反映了人们对现实的社会权利关系的道义追求，其内涵并不是一成不变的，而是随着社会的发展而变化。其既被用来评价社会制度，又常常成为分配个人基本权利与义务以及社会利益和负担的标准。

正义可以分为形式正义与分配正义。[2]形式正义要求依据法律平等地对待每一个人，执法程序应符合平等原则；而分配正义则在于就资源分配而言，保障个人的机会均等及结果均等，其关注的是权利、权力、义务和责任在社会成员或群体成员之间的配置。分配正义的目标在于：通过资源配置，以整体社会平衡为出发点处理立足点之不平等，排除任意偶然因素，以补偿个人在生存与人格发展上的负面影响。在自由经济体制下，个人在机会与能力上存在差异，片面强调法律中被抽象认可的形式正义也就招致了许多不公平问题。因此分配正义，即实质正义作为形式正义的修正成为正义的重要议题。分配正义强调每个人事实上的差异，对于处于不利地位的，需通过国家或其他政府机关的积极作为，以达到结果公平。与形式正义所关注的抽象意义上的人不同，分配正义所关注的为具体的、差异化的人，其目的就在于在一定程度上纠正保障形式上的平等所招致的事实上的不平等，并根据个人的不同属性采取不同方式，对作为每个人的人格发展所必需的前提条件进行实质的平等保障，每个劳动者都获得与其劳动和贡献相当的物质利益。[3]可以说，分配正义是评判国家及社会中正义程度的最直接的和主要的依据，是正义的具体标准和归宿。

（二）　社会保险制度以分配正义为其价值追求

近代革命以来，在个人自由与财产权保障、对道德理性的反思、正义的具体落实、经济效率的平衡和人类生存等诸方面，均强调以自我责任为出发点，透过保障私有财产与自由经济活动，着力于国家对于个人自由的介入应

---

〔1〕　参见［美］约翰·罗尔斯：《正义论（修订版）》，何怀宏等译，中国社会科学出版社2009年版，第47页；陈宜中：《当代正义辩论》，联经出版公司2013年版，第23页。

〔2〕　在政治哲学中，分配正义常常被视为是社会正义的一个方面，或二者也常常混用。本书中，分配正义与社会正义同义。

〔3〕　参见林来梵：《从宪法规范到规范宪法——规范宪法学的一种前言》，法律出版社2001年版，第107页。

受到限制。因此，在市场经济的初次收入分配上，就表现为由市场机制决定。然而市场机制又以经济效率优先，其本身难以实现真正的分配公平，而收入不公平又将影响社会长期经济发展及危害社会稳定。在此背景下，随着贫富差距、社会风险对生存的威胁，原有的放任自由经济活动与追求私有财产的观念开始改变，当社会自身无法调整为最佳状态时，国家就应通过立法积极地形成正当的社会秩序。此时，对经济自由的限制和对社会权的保障就成为实现实质正义的重要手段，前者是向财产所有者课以公共义务并限制契约自由；后者则是强化经济与社会弱者的法的地位，保障他们的生活以及劳动的机会。[1]

在这种背景下，社会财富上分配公平合理就要求每个社会公民所分配的社会财富中应包括他应享受的最低限度的社会保障，这种分配也不是绝对的等分，而是能够保证每一位成员普遍需求的分配。也就是说，社会保障作为再分配手段强调社会成员参与的公平，其只要符合法律规定，不论其地位、职业、贫富等均被强制纳入，每一种社会保障项目对于其适用范围内的社会成员而言即是社会正义的保障。产生这一观点的原因在于每个人因天赋及后天环境、人为因素等影响，生活中就需面对不同的社会风险，而当个体无法预护该社会风险时，使该风险转由社会整体分摊就体现了社会公平的要求。另外，通过提供基本生活保障来维护社会成员参与社会的公平竞争，并消除发展过程中因疾病、意外等外在因素导致的社会不公平，也起到了维持社会成员发展起点与过程公平的作用。

在实定法中，社会正义亦是社会保障法律规范的主导思想。如德国《社会法典》第一编第 1 条即宣示："社会法是以社会正义与安全为目的之社会给付。"社会法的原始动机就在于透过社会正义的呼吁，修正交易关系中形成的经济能力差异，填补弱势群体无法自力生活的社会缺陷，消除现代工业社会的各种不公平现象。[2]我国在政策制定中也强调了社会保障的公平性建设，如"十八大"报告中就提出要"逐步建立以权利公平、机会公平、规则公平为主要内容的社会公平保障体系"，在社会保障上，"要坚持全覆盖、保基本、

---

〔1〕 参见 [日] 大须贺明：《生存权论》，林浩译，法律出版社 2001 年版，第 34 页。

〔2〕 参见林谷燕等：《社会法的概念、范畴与体系》，载台湾"社会法与社会政策学会"主编：《社会法》，元照出版有限公司 2015 年版，第 25—26 页。

多层次、可持续方针，以增强公平性、适应流动性、保证可持续性为重点，全面建成覆盖城乡居民的社会保障体系"。十八届三中全会通过的决定中也提出要"建立更加公平可持续的社会保障制度"等。"二十大"报告中提出要："健全覆盖全民、统筹城乡、公平统一、安全规范、可持续的多层次社会保障体系"。鉴于此，分配正义理应成为我国社会保障法制建设中的圭臬。社会保险作为社会保障制度的一员，分配正义是其基本价值追求。社会保险以量能负担的保费机制进行所得重分配，使得社会资源与利益在不同群体之间进行转移，这种转移既包括横向转移如富裕者与贫困者之间、健康者和病残者之间、在职者和失业者之间的转移，也包括纵向转移如代际转移。[1]这种转移过程使经济优势者与劣势者之间形成了互助共济的连带关系，也使高风险与低风险者得以享受同一程度的保险保障，从而纠正了市场机制本身所导致的分配不公。

　　分配正义要求对社会中利益或负担特殊者，予以合理权衡考量以达正义结果。在社会保险中，形式正义关注个人自由的实现，要求社会保险形式上应一视同仁适用于所有人民。而分配正义则关注社会给付所达至的实质平等。这种实质平等首要即是"机会平等"，其要义在于：每一个社会成员参与社会资源分配的机会都应该是平等的。[2]如哈耶克指出正义或公平确实要求人们生活中由政府决定的那些情况，应当平等地提供给所有的人享有；分配正义的原则只有当整个社会都根据此项原则加以阻止的时候，才会得以实现。[3]德沃金也认为，政府负有以平等的关心与关切对待我们社群中所有其他成员的普遍义务，这一平等待人的责任，支配着政府创设和实施的财产体系——财产的生产、分配和所有以及人民对其所有的财产有权采取的使用方式。[4]这一机会平等不是单纯的概率或者可能性，而是把握和获得机会的能力。真实的机会，需要各种要素予以配合。这就需要为不同类型的机会寻找相应的

---

〔1〕　参见李乐平：《社会保障法法理思想探析》，载《前沿》2008年第6期。

〔2〕　参见向玉乔：《社会制度实现分配正义的基本原则及价值维度》，载《中国社会科学》2013年第3期。

〔3〕　参见［英］弗里德利希·冯·哈耶克：《自由秩序原理》，邓正来译，生活·读书·新知三联书店1997年版，第102-121页。

〔4〕　参见［美］罗纳德·德沃金：《法律帝国》，许杨勇译，上海三联书店2016年版，第234-235页。

分配原则和方式。[1]

故而，社会保险不仅应不偏不倚地向所有人提供同样的机会，更要对社会处境不利者，以最适当地方法予以分配。只有这样，才能真正地实现实质意义上的正义结果。与正规就业者相比，非正规就业者在收入、稳定性、资源占有上处于弱势地位。因此，社会保险除了在形式上纳入非正规就业者，还要对其取得失业待遇给付的能力以及失业待遇内容进行合理规定，以实现实质上的机会均等。

二、均等待遇原则的意涵

(一) 均等待遇原则的架构

均等待遇原则首次出现于国际劳工组织第 175 号《非全日制工作公约》(Part-Time Work Convention) 和第 182 号《非全日制工作建议书》(Part-Time Work Recommendation) 中，后来经欧盟 97/81 号《非全日制工作指令》(EU Directive 97/81/EC on Part-Time Work) 所采纳，并最终于各国家法中推行，如日本的《部分工时劳动法》、韩国的《非典型劳动保护法律》等。[2]均等待遇原则指的是除实质理由外，部分工时劳动者[3]应受到平等对待，不能仅因其身份本身而较可比的全日制劳动者处于不利地位。[4]该原则产生的原因主要在于：劳动市场弹性化使部分工时工作快速增多并成为女性的主要工作形态，为了防止不当的差别待遇或歧视便确立了此原则。虽然部分国家或地区在引入均等待遇原则时有所争议，但基本上将其视为一项公序良俗存在，以证成其合理性。[5]

随着劳动力市场弹性化与非正规就业的扩大，均等待遇原则已不仅被限

---

〔1〕 参见周谨平：《基于机会平等的分配正义》，载《伦理学研究》2011 年第 2 期。

〔2〕 参见周兆昱：《部分工时劳工保护立法刍议》，载《台北大学法学论丛》总第 78 期。

〔3〕 部分工时劳动者与我国的非全日制工人同义，只是国际中部分工时劳动者为工作时间少于全职劳动者的所有劳动者，缩短程度依各国全职劳动者时间而定，一般为每周少于 35 或 30 小时的劳动者。而在我国非全日制工人被定义为以小时计酬为主，在同一用人单位的平均日工作时间在 4 小时以内，每周累计工作时间在 24 小时以内的劳动者。为显示区别，此处使用部分工时一词。

〔4〕 参见田野：《论非全日制用工劳动条件的确定——以均等待遇原则为中心》，载《北京理工大学学报（社会科学版）》2013 年第 6 期。

〔5〕 参见张鑫隆：《劳动市场弹性化与部分工时均等待遇原则》，载《法学新论》总第 24 期。

定于部分工时劳动者。在国际劳工组织 1996 年的第 177 号公约《家庭工作公约》（Home Work Convention）和第 184 号《家庭工作建议书》（Home Work Recommendation）、2011 年第 189 号公约《家政工人公约》（Domestic Workers Convention）和第 201 号建议书《家政工人建议书》（Domestic Workers Recommendation）中均渗透着均等待遇的理念，要求给予家庭工人和家政工人同其他工人一样享有平等待遇。[1] 部分工时劳动者、家庭工人、家政工人为非正规就业者的重要组成部分，非正规就业者整体在劳动保护、社会保障上相比正规就业者受到不同对待。据此，本书认为均等待遇原则可以推及整个非正规就业者适用。我国就有学者认为广义上的均等待遇原则指的是在劳动领域内确定劳动条件和待遇的平等对待原则，而不仅是狭义上的限定在同工同酬下的部分工时劳动者[2]。

在我国，均等待遇原则虽没有直接的法律依据，但从法解释中可以导引出该原则的存在。我国《宪法》第 33 条第 2 款规定："中华人民共和国公民在法律面前一律平等"，这为平等保护劳动者权利提供了宪法依据："法律面前人人平等就要确保事实上存在差异的人获得生活中的平等地位，反对国家对他们施以差别待遇"。[3] 另外，我国《宪法》第 48 条第 2 款还规定，国家保护妇女的权利和利益，实现男女同工同酬。同工同酬这一重要理念体现出了均等待遇原则的重要内容。根据宪法，劳动法律规范中亦需存在着一个一般的、普遍适用的平等待遇原则。从现有劳动法律规范看，《劳动法》第 46 条第 1 款中规定"工资分配应当遵循按劳分配原则，实行同工同酬"，《劳动合同法》第 11 条、第 18 条、第 63 条也均有对同工同酬的规定。

劳动市场弹性化的发展即使可能因政策选择而促使劳动法令松绑，但是

---

　　[1]《家庭工作公约》第 4 条中规定关于家庭工作的国家政策应尽可能地使家庭工人与其他薪资工人实现同等待遇，该国家政策可依据企业中与家庭工作相同或类似工作的情况以及家庭工人的独特特征所确定。这一平等待遇包括八个方面；《家政工人公约》第 6 条中规定各成员国须采取措施，确保家政工人同其他一般工人一样，享有公平的就业待遇和体面的工作条件，如果他们住在住户家中，则享有尊重其隐私的体面生活条件。

　　[2] 参见田野：《论非全日制用工中的均等待遇原则》，载《天津大学学报（社会科学版）》2014 年第 5 期。

　　[3]［英］弗里德利希·冯·哈耶克：《自由秩序原理》，邓正来译，生活·读书·新知三联书店 1997 年版，第 102 页。

在法律解释论上或是劳动政策上，均等待遇原则之确立是一个极为重要的课题。[1]"立法者虽然拥有宪法委托下的形成自由，但并不表示其可以以身份、职业、地域等作为区别标准，恣意为不公平的利益分配。"[2]均等待遇原则不仅为我们提供了理念性指引，建立了平等对待的价值导向，有助于反歧视。同时也可以作为具体的待遇规则，在横向比较时若存在不公，其可作为歧视标尺。

（二）均等待遇原则的样态

从国际劳工组织的公约来看，均等待遇原则所涉及的样态分为同一、同等、比例三个原则之均等待遇的保障：（1）不可分的权利或劳动条件，如加入公会、行使争议权、团体协商权、职业安全保护等，应享有同全日制工同一的待遇。（2）性质上可分但应受到相同程度保障的情形。一方面，对社会保障制度应实行量的同等保障；另一方面，对劳动条件保护如休假、病假、雇佣关系终止等，应与可比较的全日制工享有同等的劳动条件。（3）对于工资等以工时为计算基础的金钱给付事项，采取比例原则，按照与全日制工人的比例进行计算。[3]

就本书所研究的社会保障待遇而言，要实现均等待遇，保持量上的同等，就必须对社会保障制度本身进行调整。正如《非全日制工作公约》第6条所言："调整基于职业活动的法定社会保障计划，使部分工时劳动者享有与可比的全职工人同等的条件，这一条件可根据工时、缴费和收入进行确定"。《非全日制工作建议书》第6条更进一步对该法定社会保障计划的调整提出了具体建议，包括：（1）逐步降低根据收入或工作时间的社会保障门槛要求。（2）提供最低或统一标准的津贴，特别是老年津贴、疾病津贴、残疾和生育津贴以及家庭津贴。（3）终止就业或暂时离职并且仅寻求部分工时工作的部分工时劳动者，当满足可要求支付失业津贴的工作的条件时，原则上可以接受该工人从事此工作。（4）减少部分工时劳动者在社会保障中的不利益情况，包括享受津贴的权利受制于规定期间内按缴费、保险或就业长度计算的资格期间

---

〔1〕 参见张鑫隆：《劳动市场弹性化与部分工时均等待遇原则》，载《法学新论》总第24期。

〔2〕 庄汉：《我国社会保险立法的宪法分析——以〈社会保险法（草案）〉为主要分析样本》，载《法学评论》2009年第5期。

〔3〕 参见张鑫隆：《劳动市场弹性化与部分工时均等待遇原则》，载《法学新论》总第24期。

或津贴数量的确定须参考之前的平均收入和缴费、保险或就业长度。

不同于绝对平等待遇如团结权、集体协商、职业安全卫生保障等，社会保障待遇上的平等为相对平等，且在某些情况下，微量工作者还可能会被排除于社会保障之外。[1]这里的社会保障待遇，既包括被保障人可以获得的保障水平，也包括参加社会保障的条件和具体规定。

三、均等待遇原则在非正规就业者失业保险待遇上的适用

均等待遇原则虽然追求平等，但这种平等不是完全的、机械的平等，而是相对的、灵活的平等，容许合理差别。在日本，均等待遇原则被发展为差别待遇禁止和均衡待遇原则，差别待遇禁止指的是对应视为与通常劳工相同之部分工时劳工，关于工资、教育训练、福利制度等其他待遇，禁止以部分工时劳工身份为由实施差别待遇；均衡待遇原则指的是无法被定义为应与通常劳工同视之部分工时劳工，在工资、教育训练、福利设施上，为确保其能取得与通常劳工均衡待遇，课以（雇主）努力义务。[2]本书在此借鉴日本之理念，认为对从属性非正规就业者，因其与正规就业者同属于雇佣状态，具有从属性，故而应视之与正规就业者相同的地位，在失业保险上应禁止区别对待；对于非从属性非正规就业者，则应避免在失业保险待遇上与正规就业者产生过大差距。

要实现非正规就业者在失业保险上的均等待遇，也要如上文所述对失业保险制度进行一定程度的调整。此时要充分考虑非正规就业者的实际情况，不能简单直接纳入，而必须结合其特点明确具体操作细则，根据其经济承受能力和参保需求实现实质上的同等对待。《非全日制工作建议书》第 6 条、《促进就业与失业保障公约》（Employment Promotion and Protection against Un-employment Convention，C168）第 25 条[3]和《促进就业与失业保障建议书》

---

〔1〕《非全日制工作公约》第 8 条规定工作时间或收入低于规定阈值的部分工时劳动者可能被排除于除工伤保护以外的社会保障中。但该阈值应规定极低，以免将大部分部分工时劳动者排除其外，且需经定期检视。

〔2〕参见侯岳宏：《日本部分工时劳工均等待遇原则之发展》，载《中正大学法学集刊》2013 年第 39 期。

〔3〕《促进就业与失业保障公约》第 25 条规定会员国应根据部分工时劳动者的情况调适根据职业活动制定的法定社会保障制度，除非其工作时间或收入在特定条件下可以忽略不计。

（Employment Promotion and Protection against Unemployment Recommendation, R176）第 22 条〔1〕中根据部分工时劳动者的情况调整社会保障制度的有关建议为我们将非正规就业者纳入失业保险制度提供了指引。

从德国、日本的失业保险制度看，其对不同就业群体的失业保险制度进行了不同程度的调整，包括缴费基数、领取资格与待遇内容等。之所以这样做的目的即在于使不同特点的劳动者得以有效获得失业保险待遇，从而在一定程度上促进均等待遇的实现。（1）在德国，为了使低收入者缴纳较低的失业保险费，其对小型工作者的保费适用了特别计算，即保费并非依据实际工资，而是拟制的缴费义务所得。另外，对于雇佣劳动者和自雇者，德国实行不同的缴费方式与待遇计算方法。对于雇佣劳动者，需由雇员和雇主各自按可保收入的一定比例缴纳失业保险费。失业津贴则根据有无抚养人分别为以前工资的 67% 和 60%；对于自雇者，需要其自身按照参考收入（Bezugsgröße）缴纳失业保险费。〔2〕失业津贴的计算则较为复杂，如果在最近两年内有 150 天以上的收入无法确定的，将根据虚拟收入（Bemessungsentgelt）计算津贴。虚拟收入依据职业所需职业资格和培训情况分为四组，每组按照参考收入一定比例计算。〔3〕（2）在日本的雇用保险中，短期雇佣特例被保险人和一般被保险人的缴费均需按照月收入的一定比例缴纳，而日雇劳动被保险人只需按固定额度缴纳印纸保险费即可。〔4〕另外，三者在待遇领取资格、待遇给付上也存在不同。在待遇领取资格上，一般被保险人要求是离职日前 2 年内有 12 个月的参保时间，如果是破产、解雇离职或是固定期限劳动合同到期没有续约而离职的，需符合离职日前一年内参保 6 个月；短期雇佣特例被保险人要求

---

〔1〕《促进就业与失业保障建议书》第 22 条提出要在以下方面对部分工时劳动者的失业保障进行调整：（1）享有基本及补充制度所需的最低工作时间与最低收入；（2）计算保险费所依据的最高收入；（3）待遇给付所需要的合格期间；（4）依据收入及缴纳保费、投保或就业时间长短来计算现金给付的方法；（5）对于获取不扣减的最低及固定给付的资格。

〔2〕See Bundesagentur fÜr Arbeit, Arbeitslosengeld: Anspruch, Höhe, Dauer, 载 https://www. arbeitsagentur. de/finanzielle-hilfen/arbeitslosengeld-anspruch-hoehe-dauer, 最后访问日期：2024 年 8 月 17 日；See European Commission, Germany-Unemployment benefits, 载 https://ec. europa. eu/social/main. jsp? catId=1111&langId=en&intPageId=4557, 最后访问日期：2024 年 8 月 17 日。

〔3〕§ 152 Sozialgesetzbuch III.

〔4〕参见厚生劳动省：《雇用保险制度·マルチジョブホルダーについて》，载 https:// www. mhlw. go. jp/file/05-Shingikai-11601000-Shokugyouanteikyoku-Soumuka/0000193586. pdf, 最后访问日期：2023 年 10 月 4 日。

是离职日前 1 年内参保 6 个月，每个月需工作 11 天以上；日雇劳动被保险人则要求在失业当月的前 2 个月内缴纳 26 天以上的印纸保险费。在待遇给付上，一般被保险人可以领取基本津贴，给付日额和天数取决于离职前工资、年龄和离职理由。给付日额一般相当于 50%—80% 的日均工资。给付天数根据不同情况有所不同，一般离职者为 90—150 天，破产、解雇离职的为 90—240 天，就业困难的为 150—360 天；而短期雇佣特例被保险人只能领取相当于 30 天（实践中一般为 40 天）基本津贴的一次性补助；日雇劳动被保险人可以获得求职者给付金，给付金根据收入与缴费共分为 3 个等级，日额分别为 4100 日元、6200 日元和 7500 日元。根据前 2 个月内所粘贴的印纸张数，给付天数一般为 13（印纸 26—31 枚）到 17 天（印纸 44 枚以上）[1]。

由上，德国、日本不同群体之间的失业保险待遇并不完全一致，而是由不同的适合不同群体就业特点的制度安排所组成。在我国，如果对非正规就业者实行统一、严格、不加区别的失业保险制度不仅缺乏可行性，也会产生不利影响。[2]均等待遇原则不是简单的一刀切、庸俗的平均主义，而是要根据风险及需要给每个人应得的保障，不要求待遇完全相同或一致，以达至分配正义。在此，将非正规就业者纳入失业保险制度，就需要因人制宜，设计可选择性制度，以尊重非正规就业者的参保意愿和选择，使制度具有灵活性以满足其不同需要。[3]特别是对于非从属性非正规就业者而言，由于个人的认知、负担能力、经济诱因、制度设计不利或个人短视行为等因素，自愿参保可能会导致其参保率低。[4]因此，对于非从属性非正规就业者，必须使失业保险制度具有激励性以提高其参保积极性。

---

〔1〕 参见厚生劳动省：《雇用保险制度·マルチジョブホルダーについて》，载 https://www.mhlw.go.jp/file/05-Shingikai-11601000-Shokugyouanteikyoku-Soumuka/0000193586.pdf，最后访问日期：2023 年 10 月 4 日。

〔2〕 参见石美遐：《从非正规就业的劳动关系看其社会保障问题》，载《中国劳动》2005 年第 12 期。

〔3〕 参见韩俊江等：《完善灵活就业人员社会保险制度研究》，载《税务与经济》2009 年第 2 期。

〔4〕 See European Commission, *Proposal for a Council Recommendation on Access to Social Protection for Workers and the Self-Employed*，［COM（2018）132 final—SWD（2018）71final］，2018, p. 11.

第四节　权义平衡原则：公民权与个人义务并重

一、失业保险制度中个人义务的正当性

社会给付的目的在于平衡自由放任所带来的负面影响，使社会成员不因经济条件差别而无法享有自由权利。但与此同时，社会给付也不应完全剥夺个人自主决定的空间以致其丧失责任感，甚至造成依赖。这是国家从事社会给付应谨遵的宪法上的界限。故而可以说，所有社会保护制度都是社会干预的一种辅助手段，是使个人得以依靠自己维持生计的方式。基于这种"辅助性"，社会待遇也就常常带有或多或少的"条件性"。[1] 在积极促进理念下，这种"条件性"被强化。

从历史角度看，积极促进理念的产生并不是一蹴而就的。以 1973 年的石油危机为开端，全球经济进入了衰退期，失业率再次攀上高峰，劳动力市场和福利制度承受着巨大的经济压力，并受到来自社会和人口结构以及社会规范深刻变革的挑战。此时，工作与福利二者之间的关系发生了转变。一方面，社会服务供给与就业关联的重要性愈加凸显，这表明社会政策可能已转为以就业为导向；另一方面，劳动力市场与福利体系之间存在着严重脱节。灵活的劳动力市场对社会政策的保护目标构成威胁，反之，社会政策的筹资和方案配置也往往阻碍就业机会的产生。基于此，关于劳动力市场和福利制度间关系的性质及其影响的争论日趋激烈。[2] 在这种背景下，积极促进理念获得了广泛认同，并作为劳动力市场的核心策略成为欧美国家的改革重点。产生这一转变的原因在于，积极促进理念将薪资劳动与社会保护更为明确地联系在了一起。这不仅意味着国家须对原先的收入支持和救助计划进行重塑，还意味着社会政策和税收制度的转型。这种对整个社会保障制度范式的重整甚

---

〔1〕　See Elise Dermine, Daniel Dumont, *Activation Policies for the Unemployed, the Right to Work and the Duty to Work: Which Interactions?* P. I. E Peter Lang, 2014, pp. 1-19.

〔2〕　See Rik Van Berkel, et al., *The Governance of Active Welfare States in Europe*, Palgrave Macmillan, 2011, p. 1.

至颠覆，成了当代工业国家社会保障制度的共同特征，[1]并被喻为积极促进的转向（Activation Turn）。[2]其最早可以追溯到 1950 年代的"瑞典模式"。瑞典利用审慎的财政政策和选择性的扩张工具将集中谈判、团结工资政策和积极劳动力市场政策结合在一起。在这里，积极促进指的是透过各种提升流动性、促进劳动力重新分配和加强培训等措施以解决劳动力市场调整问题，从而在受雇者安全和平等的环境下，增进劳动力市场弹性。此后，随着"瑞典模式"的扩散，到 1990 年代中期，积极促进理念获得了广泛认同并作为劳动力市场的核心策略成为欧美国家的改革重点。1994 年，经济合作与发展组织（OECD）在《就业研究报告》（Jobs Study）中提出应减少失业并聚焦于消除工会谈判与劳动保护规范所带来的劳动力市场僵化，以最终达到高经济竞争力和低失业率的社会状态。这显示出 OECD 政策开始向积极促进转变。[3] 2003 年，OECD 进而提出"更多、更好的工作"口号，强调动员所有代表不足的群体（Under-Represented Groups），减少非就业（Non-Employment）并"帮助人们在职业阶梯（Career Ladders）上发展"，使其工作得到回报（Make Work Pay）。在积极促进政策上，则明确其应是福利给付条件、个性化服务和公共就业服务的有效联结。[4] 2006 年，在《就业展望》（Employment Outlook）中又对 1994 年的《就业研究报告》进行了重新评估和修正，并提出了七项新的见解和政策教训。《就业展望》认为在激励失业者寻找和接受工作时，积极促进或者相互义务（Mutual Obligations）可以与相对慷慨的失业福利并存。[5]

---

[1]　See Barbier, J. C. , "The European Employment Strategy, a Channel for Activating Social Protection?", in Jonathan Zeitlin, et al. , *The Open Method of Co-ordination in Action：The European Employment and Social Inclusion Strategies*, Urity of the European Constitution, Vol. 186, No. 2. , 2005, p. 61–65.

[2]　See Giuliano Bonoli, "The Political Economy of Active Labour Market Policy", *Politics & Society*, Vol. 38, No. 4. , 2010, pp. 437–457.

[3]　虽然该报告尚未使用"积极促进"（activation）一词，但其发展了 1990 年 OECD 所提出的关键概念，即"积极社会"（active society）。此概念转变了失业水平和就业之间因果关系的认知，希冀通过调动妇女、单亲父母、残障人士和其他非经济活动人口来扩大总体就业水平。为实现此目标，允许扩大非标准就业形式和相关劳动力市场分割。具体的政策建议包括：从被动劳动力市场政策转向主动劳动力市场政策；注重保障基础教育并通过终身学习提高工人的适应能力；重新定位公共就业服务（PESs）的职能，从行政控制到积极促进劳动力市场进程。See J. Timo Weishaupt, *From the Manpower Revolution to the Activation Paradigm：Explaining Institutional Continuity and Change in an Integrating Europe*, Amsterdam University Press, 2011, pp. 152–154.

[4]　See OECD, *OECD Employment Outlook：Towards More and Better Jobs*, 2003, p. 14.

[5]　See OECD, *OECD Employment Outlook：Boosting Jobs and Incomes*, 2006, p. 12.

除了 OECD 以外，欧盟也是积极促进理念的主要推动者，只是其形成过程更为复杂。1992 年，《马斯特里赫特条约》（Maastricht Treaty）的签署拉开了欧盟积极一体化的序幕。为了解决货币危机所带来的失业问题，1994 年，欧盟委员会（EU Commission）发布了《成长、竞争力与就业：面向 21 世纪的挑战白皮书》，该白皮书力图通过宏观经济政策和积极就业政策（Active Employment Policy）提高欧洲的产业竞争力并促进经济增长、扩大就业。其认为应预防长期失业并根据失业的持续时间为失业者提供培训或使其在公共部门进行短期就业。相对地，获得重新就业的个人也需做出回报以促成社会对话（Social Dialogue）。[1]同年末，在白皮书的指导下，埃森欧洲理事会（Essen Council）提出了促进就业五项准则，其中三项都涉及积极促进的内容。[2]1997 年，卢森堡程序（Luxembourg Process）商讨出欧洲就业战略（European Employment Strategy，EES）的四大支柱，[3]其中的就业能力支柱（Employability Pillar）被视为"真正的分水岭"，积极促进亦被视为该战略的核心。[4]2000 年，里斯本战略（Lisbon Strategy）在"欧洲社会模式现代化"的目标下，强调投资于人并向积极的福利国家迈进，其意图通过教育培训、积极的就业政策和社会保护现代化以促进充分就业和社会包容。[5]该战略也进一步强化了欧洲就业战略，并将开放式协调方法（Open Method of Co-ordination，OMC）列为制度框架。2005 年，欧盟在增长与就业的再度关注下对里斯本战略进行了修订并批准了一揽子综合就业指导方针，这种欧洲层面的协调合作对成员

---

〔1〕 See Commission of the European Communities, *Growth*, *Competitiveness*, *Employment*：*The Challenges and Ways Forward into the 21st Century*, White Paper, office for official publications of the European Communities, 1994, p. 19.

〔2〕 包括促进职业培训的投资来改善劳动力就业机会；通过从被动劳动力市场政策到主动劳动力市场政策的转变，提高劳动力市场效率；帮助遭受失业痛苦的人，尤其是那些年轻人、长期失业者、失业女性和年老的失业者。See European Council Meeting on 9 and 10 December 1994 in ESSEN, Presidency Conclusions, 1994, https://www. europarl. europa. eu/summits/ess1_en. htm#empl，最后访问日期：2023 年 3 月 10 日。

〔3〕 即就业能力支柱（Employability Pillar）、创业支柱（Entrepreneurship Pillar）、适应性支柱（Adaptability Pillar）和机会均等支柱（Equal Opportunities Pillar）。

〔4〕 See J. Timo Weishaupt, *From the Manpower Revolution to the Activation Paradigm*：*Explaining Institutional Continuity and Change in an Integrating Europe*, Amsterdam University Press, 2011, p. 164.

〔5〕 See LISBON EUROPEAN COUNCIL 23 AND 24 MARCH 2000, Presidency Conclusions, 2000，载 https://www. europarl. europa. eu/summits/lis1_en. htm，最后访问日期：2023 年 3 月 10 日。

国所采取的积极促进措施产生了一定影响。[1]2010 年，欧盟就业政策指南中明确指出："积极促进理念是提供劳动力市场参与度的关键。"[2]积极促进理念的生成与经济全球化、财政紧缩、新自由主义抬头以及社会福利国家重组等密切相关，其目的在于促使领取社会给付或是被劳动市场排斥的群体，进入、再进入劳动力市场或者进行其他社会性活动。随着 OECD 和欧盟等的着力推动，积极促进理念逐渐成为主流性的政治话语和多数国家采用的失业风险治理政策。

　　尽管当前积极促进的概念还具有一定模糊性，[3]不同的国家及其研究人员也常有不同阐释，甚至与积极劳动力市场政策（Active Labor Market Policy）、工作福利（Workfare）、福利劳动（Welfare to Work）等用语相混淆。但其已呈现出较为鲜明的特点，包括：对福利领取者执行较为严苛的资格标准并向其提供有效的再就业服务、提供不同形式的工作期间给付（In-Work Benefits）以支持低收入家庭的收入水准从而鼓励其经济自足。在理念层面之外，积极促进还发展出一套政策工具。其目标群体为领取社会福利的失业者、其他未就业者等劳动年龄人口，或是妇女、单亲父母、被社会排斥者、提前退休者和养老金领取者等。主要措施可以分为以下三种：（1）激发人们寻找和利用现有收入机会的动力（如工作诱因、求职要求和福利限制）；（2）通过提高求职者和其他政策覆盖者的能力，消除劳动力供应方面的就业障碍；（3）扩大求职者和收入微薄者可获取的收入机会（如劳动力市场中介、工资

　　〔1〕　See Commission of the European Communities, *The Integrated Guidelines for Growth and Jobs*（2005 -2008）, Monthly Bulletin, 2005.

　　〔2〕　See Council Decision of 21 October 2010 on guidelines for the employment policies of the member states, Guideline 7.

　　〔3〕　有学者认为积极促进指的是"通过有报酬的就业，促进失业或社会排斥的福利领取者达到经济独立和社会融合"；See Werner Eichhorst, Regina Konle - seidl, "Contingent Convergence: A Comparative Analysis of Activation Policies", *IZA Discussion Paper*, No. 3905. , 2008, p. 5. 也有学者认为积极促进是"针对领取政府给付者或是（可能）被劳动市场排除在外者，促使其进入或再进入劳动市场、或参与社会团体、社区或志愿服务等社会性活动"；参见王永慈：《积极促进概念（activation）的解析》，载《东吴社会工作学报》总第 16 期。还有学者从狭义与广义两个层次上进行把握。狭义的积极促进是在失业保障与积极劳动力市场政策之间建立更为紧密的联系。广义的积极促进则是增加劳动力市场进入和参与，并逐步取消向有工作能力的请者提供暂时退出劳动力市场的政策选择（如提前退休、残障和长期疾病津贴）。See Herwig Immervoll, Stefano Scarpetta, "Activation and Employment Support Policies in OECD Countries. An Overview of Current Approaches", *IZA Journal of Labor Policy*, Vol. 1, No. 9. , 2012, pp. 1-2.

补贴就业或是直接创造就业机会）。[1]另外，积极促进的原理也不仅体现在劳动力市场政策上，还体现在社会保护改革中。对于个人，积极促进通常意味着将为其提供就业激励或是对其（特别是消极的福利领取者）实施制裁，在某些情况下也提供一系列广泛的社会（就业）服务（如咨询、培训等）；对于制度本身，积极促进则重新形塑了社会保障，使福利和服务更倾向于从事某种工作形式的劳动年龄人口；在筹资和资源分配上，则更多地用于创造就业岗位以实现就业友好（Employment-Friendly）环境。[2]总之，积极促进的涉及范围较广，既包括社会救助和劳动力市场政策，也涵盖养老金政策、税收政策、社会保险等各种制度的协调。从这个角度而言，积极促进常被视为劳动力的"再商品化"（Re-Commodification），但更广泛来看，社会保障的积极促进亦是福利国家重组的重要表征。[3]具体而言，积极促进理念涉及两个面向，即要求（Demanding）面向和能力赋予（Enabling）面向（见表5）。能力赋予面向以积极劳动力市场政策为代表，着重于提高失业者的工作技能或是减少就业障碍；要求面向则以社会给付的减少或暂停以及领取条件的严苛化为特点。这两个要素给个人带来了就业诱因，使他们通过在市场上出售具有更高工作能力的劳动力来购买相应的福利待遇。[4]

表5 积极促进理念的两个面向

要求面向（Demanding）	能力赋予面向（Enabling）
1. 严格所得保障期间的给付水准	1. 传统的积极劳动力市场政策
降低失业保险与社会救助的给付替代率 缩短最长给付期间	职业协助与咨询 职业培训 创业补助

---

[1] See Herwig Immervoll, Stefano Scarpetta, "Activation and Employment Support Policies in OECD Countries. An Overview of Current Approaches", *IZA Journal of Labor Policy*, Vol. 1, No. 9, 2012, pp. 1-2.

[2] See Jean-Claude Barbier, "Citizenship and the Activation of Social Protection: A Comparative Approach", in Gørgen Goul Andersen, et al., *The Changing Face of Welfare: Consequences and Outcomes from a Citizenship Perspective*, Bristol University Press, 2005, p. 296.

[3] See Jean-Claude Barbier, "Activating Social Protection and Employment Insurance", TLM. NET 2005 Working Papers No. 2005-26, 2005, pp. 6-7.

[4] 参见中村健吾：《アクティベーション政策とは何か》，载《日本労働研究雑誌》2019年第12期。

续表

要求面向（Demanding）	能力赋予面向（Enabling）
	补贴就业 移动津贴
2. 严格给付资格和制定制裁条款	2. 财政激励/让工作有回报
扩大应接受工作的范围 处分拒绝工作的行为	设定福利维持的收入范围（收入豁免） 低薪劳动的工资补贴
3. 个人活动要求	3. 社会服务
融合契约 接受对个人求职的监管 参加积极劳动力市场政策的义务	个案管理、个人化支持 心理咨询和社会救助 育儿支持

资料来源：福田直人：《ドイツにおける福祉と就労の融合——アクティベーション政策の考察》，载《大原社会問題研究所雑誌》2014 年第 669 期。

综上，积极促进理念强化了有偿工作与劳动力市场参与的社会功能。在许多国家，积极促进的相关政策也越来越带有强制性。在该理念下，工作被视为最好的福利形式，其侧重于通过职业培训和教育等增进求职者的就业能力并强调失业人员的劳动力市场融入与扩大就业。同时，亦需要失业保险与社会救助的福利领取者履行相应的义务，现有的福利权利将更多的建立在求职者的努力上。[1]换言之，相较于保护失业者个人对抗普遍性的经济发展后果与失业风险，更为看重的则是失业者在享有权利的同时所应负担的对应义务，而这种义务又以失业者重返劳动力市场的努力程度而定。由此，保障失业不再只是国家的集体责任，其也成为失业者自身必须负担的个人责任，失业者被改造为"积极的个人"。"积极的个人"意味着失业者愿意遵循个人自主性的内在责任伦理，自我形成寻职动机与工作动力并不断提升自身就业能力。[2]这种"个人化"倾向将消极的需求满足转变为积极的社会供给，通过提供足以满足雇主需求的技能、态度和性格，将个体从团体中释放出来以给

---

〔1〕　参见嶋内健：《社会的包摂としてのアクティベーション政策の意義と限界：ワーク・アクティベーションと ソーシャル・アクティベーション》，载《立命館産業社会論集》第 47 卷第 1 号。
〔2〕　参见李健鸿：《后工业社会的失业风险调控：台湾因应金融危机的就业政策与治理困境分析》，载《政大劳动学报》总第 28 期。

予个体更大的自主性。同时，这也是自由因素纳入社会政策后，个体性社会政策所导出的必然结果。[1]

将社会促进重新定位到个体中并使主体服从于社会或社会逻辑，也进一步使个体成为社会化的自我。在此，积极促进理念不仅追求个人的自我实现，更要求个人对整个社会的利益负责。而基于财富和福祉增加同实现社会稳定之间的密切联系，工作成为社会团结的主要载体，每个人在生产中都是相互依赖和互补的，都需要他人的工作来满足自身所需。为此，个体应为社会的存在与发展而让渡部分个人权利和自由，这就向个人课以进行工作的首要道德义务。每个人都须参与工作以促进生产力发展，从而保障社会的正常运转。再者，"劳动是人类生活的第一个根本条件，劳动创造了人本身"。[2]工业社会中，工作作为劳动的外在客观化成为人的本质属性，其兼具工具价值与内在价值，使个人在社会中立足并获得自我发展。只有工作，才能使所有权利中的最基本权利即生存权产生实效。由上，为了维持社会团结，在社会层面通过互惠的道德要求而加诸个人以工作道德义务就成了必然选择。[3]

二、失业保险制度中个人义务对公民权的挑战

在积极促进的转变中，公民权从社会性意义的用语转变为个人性的用语，原有集体权利的标准化也就成为个人问题的具体处理。公民权的享有将仅限于有资格享受社会权利并履行参与劳动力市场计划义务的公民，即只有通过劳动力市场计划争取经济独立的人才是"值得帮助的"公民。个人主体须成为塑造其自身力量的关键支持方式，并符合社会的规范和需求，进而以"触发活动—获得保障"的逻辑递次取得社会给付。[4]也就是说，个人应参与社会福利的生产并参与决策过程，作为交换，国家也应通过提供基础设施和服

---

〔1〕 个体性社会政策背后的原理就是对自我决定的尊重，在社会思想上表现为贝克（Urich Beck）所述的"自己的生活"。参见高田一夫：《日本の积极的劳働市场政策》，载《社会政策》第7卷第1号。

〔2〕 ［德］恩格斯：《自然辩证法》，郑易里译，生活·读书·新知三联书店1950年版，第189页。

〔3〕 See Elise Dermine, Daniel Dumont, *Activation Policies for the Unemployed, the Right to Work and the Duty to Work：Which Interactions?*, P. I. E Peter Lang, 2014, pp. 1-19.

〔4〕 See Dennis Eversberg, "Beyond Individualization：The German 'Activation Toolbox'", *Critical Social Policy*, Vol. 36, No. 2. , 2016, p. 176.

务以抵消不平等的机会结构，使所有公民得以积极参与并为自己负责。[1]

但与此同时，个人责任不止与自我治理能力有关，还与失业保险制度设计、劳动市场环境等客观风险程度相关。采取过激的外在强制方式，对个人课以过于严苛的义务，将导致权利义务的不平等并侵害到公民权的实现，如设置较为严格的寻职义务与制裁措施，迫使失业者接受强制性义务，或是减少领取失业给付的期间与降低给付水准，危及失业者的所得安全等。为此，在积极促进理念下，必须思考失业者的权利与义务应予如何平衡？其合理界限为何？

三、失业保险制度中权利与义务的再平衡

在积极促进理念下，社会中的每个人都被视为劳动力市场的成员（或潜在成员），而劳动力市场政策的道德基础之一即是权利和义务相辅相成，也就是著名的"胡萝卜和大棒"（Carrot or Stick）理论。慷慨的收入替代水平是以强烈的工作道德为前提的，每个人都必须准备好接受工作，如果不承认个人的义务就无法理解公民的权利。[2]但对于个人责任、个人自我治理能力的强调并不意味着可以对个人课以无限制的责任，要认识到个人自我治理能力的形成具有差异性并受到社会环境影响。积极促进理念使传统上以失业给付促使失业者形成工作生活的自我治理能力，化转为借由附资格的制度设计、减少或取消失业给付的手段以激励失业者形成自我治理能力与寻职诱因。但在后者设计不当的情况下也可能会迫使部分失业者接受任何可能的工作，而并非真实地形成自我治理能力。[3]为此，确保国家和个人间权利义务的平衡将是积极促进理念的核心。

要使失业保险待遇权利和积极参与的义务平衡化，首先就要在相关法律中明确具体的待遇权利和领受者义务。在权利上，包括失业给付的时间和金

〔1〕 See Irene Dingeldey, "Between workfare and enablement-The Different Paths to Transformation of the Welfare State: A Comparative Analysis of Activating Labour Market Policies", *European Journal of Political Research*, Vol. 46, No. 6., 2007, pp. 823-851.

〔2〕 See Jorgensen, Henning, "From a Beautiful Swan to an Ugly Duckling: the Renewal of Danish Acti-vation Policy Sine 2003", *European Journal of Social Security*, Vol. 11, No. 4., 2009, p. 343.

〔3〕 参见李健鸿：《"工作福利"治理下"个人化服务模式"对失业者权利与义务的影响》，载《人文及社会科学集刊》第 27 卷第 1 期。

额标准；在义务上，包括领取失业待遇的资格标准、接受合适工作的具体条件、参与积极劳动力市场政策的严格程度与惩罚措施等。"法不禁止即自由"，待遇领受者所需履行的义务必须在法律中框定，否则其不应受到任何限制；其次，当待遇领受者履行完法定义务后，即可以期待自己能获得对应的权利，该权利不能因任何其他无关的事项而减损；最后，对于待遇领受者义务具体的确定还应遵循比例原则，其最终目的应在于充分实现失业者的就业权利，所使用的手段也应为对待遇领受者损害最小、手段最温和的手段。

建立符合非正规就业者特点的保费
负担与待遇给付之特别制度

社会福利的核心问题是社会需要的存在，以及如何来满足的问题。与正规就业者相比，非正规就业者流动性更强、灵活性更高，群体内部在雇佣状态、收入水平等方面也存在着明显分层。而且现有失业保险制度是根据传统正规就业者特点所建立，在非正规就业者的保障上自然是"失灵"的，其制度供给与非正规就业人员的需求特征存在着不匹配的现象。[1]因此，在将非正规就业人员纳入失业保险制度时就有必要根据非正规就业者的就业特点对失业保险制度进行调适，以实行均等待遇。

第一节　调适失业保险缴费方式

一、分类确定缴费主体

由于非正规就业者中既包括从属性非正规就业者，又包括非从属性非正规就业者，二者在从属性上有所不同。因此，对缴费主体的规定也应有所不同。

对于从属性非正规就业者，也就是非正规受雇人员，应由雇主和雇员共同缴费，这一雇主保费义务主要源于雇员的依附性。在经济学意义上，保费常常表现为社会薪资、雇员的延期工资，即认为雇主为受雇者缴纳的保费实际上为其薪资的一部分，是劳动力再生产费用。雇主不是以第三人身份为照

---

〔1〕　参见丁煜：《完善我国失业保险制度的政策研究——以促进就业为导向》，载《经济理论与经济管理》2008 年第 2 期。

顾被保险人而负担保费，而是被保险人自己缴纳保费；在法学上，根据劳资权利义务关系则表现为雇主对雇员的生活照顾义务。雇主通过雇员的劳动力获得经济利益，雇员对雇主承担有忠诚义务，两者之间形成了一种特殊的连带与责任关系。在此，雇主以保费义务给予雇员一般性照顾，确保其劳动生活安定[1]。另外，雇主通过缴纳保费也将其对劳动者承担的劳动风险转移出去，如果不缴纳失业保险费，会形成政府间接补助生产。[2]

对于非从属性非正规就业者，也就是自雇者，应由其个人进行缴费。但基于社会连带原则，对于收入较低的群体，国家应担任缴费义务人，实行补贴，以将更多的非正规就业人员纳入失业保险体系，下文将对此进行详述。

二、合理设定缴费基数和缴费费率

在私人保险的保险原则下，保费应与参保人的风险相联系，即风险高者缴费高，反之则低。但这种机制极易使低收入、家庭负担重等高风险群体因无法支付高额保费而放弃投保。因此为了防止逆向选择，社会保险实行量能负担原则，即社会保险的保费额度不以危险系数来决定，而是以被保险人的给付能力明定保费，更强调互助功能。[3]

缴费基数是社会保险制度合理设计和平稳运行的关键参数，在社会保险制度运行中具有重要作用，它直接决定了缴费负担、待遇水平以及基金财务平衡性。[4]对于从属性非正规就业者而言，保险义务既因依附性质之受雇关系而生，保费的计算也应以工资所呈现的给付能力为费基，而不考虑个人年龄、性别、健康状况、就业能力等风险要素。[5]故而，其应同正规就业者一样，以其实际工资为缴费基数。而对于非从属性非正规就业者，则要视情况而定。当前非正规就业者缴纳养老保险所依据的是城镇单位就业人员平均工资的上下限额，并设以不同缴费档次。这种设定办法极易形成社会保险费缴费"洼

---

〔1〕 参见邵惠玲：《社会福利国之昨日与今日——以德国社会保险的法制发展为例》，载《财产法暨经济法》2008 年第 16 期。

〔2〕 参见张姝：《农民工社会保险问题的解决思路》，载《法学》2012 年第 11 期。

〔3〕 参见谢荣堂：《社会保险制度之生存保障与改革》，载《军法专刊》第 56 卷第 5 期。

〔4〕 参见米海杰等：《我国社会保险缴费基数确定中存在的问题与对策》，载《保险理论与实践》2018 年第 4 期。

〔5〕 参见邵惠玲：《社会福利国之昨日与今日——以德国社会保险的法制发展为例》，载《财产法暨经济法》2008 年第 16 期。

地"，即非正规就业者往往选取最低的缴费档次缴保，这极不利于社会保险基金的可持续运作。从域外看，芬兰、丹麦、法国、美国等个体经营的社会保险费基都为其实际净收入；[1]瑞典自雇者的失业津贴也是根据其最近的税务报表或最后两份税务报表中的平均收入中更高的收入计算。不满两年的，还允许以其创办以前的收入为基础。[2]因此，本书建议以非从属性非正规就业者的实际收入为缴费基数。但实践中，也确实存在难以核算其收入的情况，如小摊小贩等难以监管人群。此时，则可以借鉴德国经验，在就业人员平均工资或是缴纳养老保险金的平均薪酬之间选其一为参考收入。在我国各地实践中，非正规就业者的缴费基数也普遍以当地（上年）全部职工月平均工资（如湖北、重庆等地）或是以其缴纳养老保险费的缴费基数（如上海等地）进行计算。[3]

　　在缴费费率上，我国有学者提出要取消费率，按固定额度缴纳。[4]固定额度缴纳虽然可以避免部分非正规就业者收入难以核算的难题且操作简单，但也将无法体现非正规就业者内部的收入差距且无法满足不同的失业保险需求，不利于非正规就业者的参保积极性。况且正如上文所言，非正规就业者中占据多数地位的从属性非正规就业者的收入是可以计算的。因此我们还应坚持按费率缴费，同时应在保证失业保险基金收支平衡和避免非正规就业者负担过重这两种情况下进行平衡。《条例》规定失业保险费由用人单位按照本单位工资总额缴纳 2%，职工个人按照本人工资缴纳 1% 的方式征收。目前，根据降低失业保险费率的政策要求，[5]已有多个省、自治区、

---

〔1〕　参见刘雪华等：《关于社会保险费费基的国际比较及经验借鉴》，载《国际税收》2019 年第 12 期。

〔2〕　See European Commission, et al. , *Access to Social Protection for People Working on Non-standard Contracts and as Self-employed in Europe：A Study of National Policies*, 2017, p. 49.

〔3〕　根据各地失业保险条例、办法、实施细则整理而得。

〔4〕　参见杨怀印、曲国丽：《灵活就业人员的社会失业保险制度设计相关问题》，载《中国行政管理》2010 年第 5 期。

〔5〕　自 2015 年起，我国发布多个规范性文件要求降低失业保险费率，包括《人力资源社会保障部、财政部关于调整失业保险费率有关问题的通知》（人社部发〔2015〕24 号）、《人力资源社会保障部、财政部关于阶段性降低社会保险费率的通知》（人社部发〔2016〕36 号）、《人力资源社会保障部、财政部关于阶段性降低失业保险费率有关问题的通知》（人社部发〔2017〕14 号）、《国家税务总局关于贯彻落实阶段性降低失业保险费率政策的通知》（税总函〔2017〕88 号）、《人力资源社会保障部、财政部关于继续阶段性降低社会保险费率的通知》（人社部发〔2018〕25 号）、《国务院办公厅关于印发降低社会保险费率综合方案的通知》（国办发〔2019〕13 号）、《人力资源社会保障部、财政部、税务总局、国家医保局关于贯彻落实〈降低社会保险费率综合方案〉的通知》（人社部发〔2019〕

直辖市[1]将失业保险总费率降低至 1%。而在雇主和雇员的负担上，各省市规定不一，如广东省规定用人单位缴纳 0.8%，职工缴纳 0.2%；广西壮族自治区、黑龙江省、上海市等规定用人单位缴纳 0.5%，职工缴纳 0.5%；陕西省、山东省、海南省等规定用人单位缴纳 0.7%，职工缴纳 0.3% 等。[2]本书认为非正规就业者的费率应与正规就业者费率保持一致，且对于从属性非正规就业者而言，其雇主应负担较大比例的费率，以突出对劳动者失业进行补偿的雇主责任。[3]对于非从属性非正规就业者，当前广东省要求其缴纳的是正规就业中用人单位和职工的总费率，而上海市则要求其只用缴纳职工所缴纳费率。在域外，德国的自雇者需要按照雇主与雇员的总费率缴费，而在加拿大，自雇者则不必支付雇主应缴的部分。[4]在此，无论是缴纳总费率还是职工费率，都缺乏灵活性，无法反映非从属性非正规就业者的收入差距。故而，我们可以考虑设置级差费率，即在总费率下设置多级费率并根据不同费率提供不同的待遇给付，由非从属性非正规就业者自由选择，从而满足其不同的失业保险需求。

三、对低收入非正规就业者给予失业保险补贴

由于部分非正规就业者收入较低，在纳保时就可能产生非正规就业者不愿参保的情况。故而，我们可以为收入低于一定额度如最低工资标准的非正规就业者提供失业保险补贴，其目的在于使非正规就业者不因经济上之能力限制而难以参保失业保险，进而无法通过社会连带与其他公民形成风险分摊的社会团体。此时，政府所提供的失业保险补贴可以被看作是针对特定社会政策目的所为之对人民之给付，属于社会给付的一部分。在这种情况下，社会保险不仅是实现福利国家目标的社会保障政策，也是国家实现非保险类福

（接上页）35 号）、《人力资源社会保障部、财政部、国家税务总局关于阶段性降低失业保险、工伤保险费率有关问题的通知》（人社部发〔2023〕19 号）。

〔1〕 如福建省、江西省、山西省、山东省、陕西省、广东省、黑龙江省、海南省、浙江省、湖南省、辽宁省、河北省、甘肃省、内蒙古自治区、广西壮族自治区、吉林省、北京市、上海市、重庆市。

〔2〕 根据各地失业保险条例、办法、实施细则整理而得。

〔3〕 参见田大洲、梁敏：《积极的失业保险政策研究：实施统一水平与灵活调整相结合的费率政策》，载《中国劳动》2018 年第 11 期。

〔4〕 See Government of Cannada, EI special benefits for self-employment, 载 https://www.canada.ca/en/services/benefits/ei/ei-self-employed-workers.html，最后访问日期：2023 年 8 月 20 日。

利目标和功能的重要工具。其正当性主要来自以下几点：（1）基于社会正义，保护弱势团体；（2）特定意外事情之发生，政府也应负担部分责任；（3）政府本身即为某些劳动者的雇主；（4）社会保险与社会救助之间存在替代关系，社会保险之实施减轻了政府在社会救助方面的财政负担。另外，我国法律也为政府提供失业保险补贴预留了制度空间。我国《社会保险法》第 5 条第 2 款中规定："国家多渠道筹集社会保险资金，县级以上人民政府对社会保险事业给予必要的经费支持"；《条例》第 5 条中也规定失业保险基金中包括财政补贴。

实践中，我国部分地方如天津市，就规定失业保险基金可以对工作时间、岗位、收入不固定的灵活就业人员的社会保险补贴进行支出；[1]广东省也规定领取失业保险金期间实现灵活就业的失业人员、实现灵活就业的就业困难人员可以领取社会保险补贴等。[2]域外国家中也有通过财政对社会保险进行补贴的相关措施，如加拿大对收入低于 2000 加元的参保人退还其全部或部分保费，2016 年，加拿大就有 92 500 人符合保费退还资格，并有 73.7% 的人提出申请，最终有 65.3% 的人获得返还；[3]日本的国民健康保险制度也对大量中低收入者或者无法缴纳社会保险费的群体进行补贴，该补贴既来自国库，也来自中央政府、都道府县和市町村所设立的"稳定保险财政基金"。[4]从补贴的内容看，天津市规定对于就业困难人群中从事个体经营或灵活就业的，根据不同人群以当年最低缴费基数的 50% 和 75% 予以失业保险补贴，补贴期限为三年。三年后如符合相关情形的，仍可继续申请；[5]广东省规定对就业困难人员和离校未就业高校毕业生灵活就业的，以个人身份缴纳社会保险的，可给予不超过其实际缴费额 2/3 的社会保险补贴，补贴一般不超过 3 年。[6]

针对低收入的非正规就业者，我们也可以借鉴上述经验，以其缴费额的

---

〔1〕　参见《天津市失业保险条例》第 12 条。

〔2〕　参见《广东省人力资源社会保障厅关于印发广东省进一步扩大失业保险基金支出范围试点方案的通知》（粤人社发〔2009〕77 号）。

〔3〕　See Employment and Social Development Canada, Employment Insurance Monitoring and Assessment Report 2017/2018, p. 159.

〔4〕　参见宋健敏编著：《日本社会保障制度》，上海人民出版社 2012 年版，第 103 页。

〔5〕　参见《市人社局关于做好就业困难人员灵活就业社会保险补贴有关工作的通知》（津人社办发〔2020〕89 号）。

〔6〕　参见《广东省省级促进就业专项资金使用管理办法》（粤财社〔2014〕188 号）。

一定比例予以支付失业保险补贴。但该补贴须来自政府财政，而不能由社会保险团体通过保费分摊。首先，保费具有社会重分配的效果，其用途应受到保险目的的限定，只能用于该项社会保险制度承保之社会风险发生时所为之支出。如果保险人受国家立法委托，透过保险给付途径实施其他社会政策，就此所为的支出与承保风险无关，那么对该项社会保险而言即属于外部负担。如果此负担由保费予以应对，将违反平等原则。[1]其次，社会保险本身具有一定的保障范围，其保费承载的社会重分配也应限于被保险人组成之风险团体内作用。如果以保费支付非承保风险的负担，就是要求部分被保险人去承担社会总体的福利政策，这是不公平的。再其次，参保人之所以愿意纳保，原因也在于其本身风险具有同质性，具有互助意愿，再加之社会保险财务运作的封闭性，使得保险给付仅限于社会保险参保人之内，这也是保费的正当性来源。最后，税收是国家用以维持国家机关运作与施政所需的全部财政来源。人民具有纳税义务，此纳税不限定其支出项目，课征与运用也不具有对价性。对于失业保险应承担的风险范围之外的一般社会政策，应以全体纳税人共同负担，而不应以被保险人保费予以支付。此时，若是以社会保险保费支应社会保险补贴，势必混淆保费与税收的关系，破坏社会保险的公平性。

第二节　重塑失业保险待遇给付资格

失业保险给付使受领者无须工作亦有收入，这就会产生参保者以不工作换取失业给付的风险。故而，失业给付需提供就业的诱因，要求受领给付者必须履行协力义务。协力义务是社会给付请求权成立的要件，参保人在获取给付利益的同时亦需被课以负担。我国对失业保险的待遇给付资格即进行了一系列限制，以防止"养懒汉"现象的产生。其中核心的失业保险金领取资格需满足三个条件：单位和个人按照规定履行缴费义务满一年、必须为非本人意愿中断就业、需要办理失业登记并有求职要求。这一待遇给付资格对非正规就业者而言具有错位之处，应给予重塑。

---

〔1〕　参见熊伟、张荣芳：《财政补助社会保险的法学透析：以二元分立为视角》，载《法学研究》2016 年第 1 期。

一、缩短缴费义务时间要求

缴费义务的时间长短，直接影响着参保人领取失业保险金的资格。时间过长，将会减少失业保险的领取，也会使短期就业、临时就业的劳动者不愿意参保；而时间过短，将会产生道德风险，即一旦符合领取失业保险金的资格就停止工作。另外，也不利于失业保险基金的财务平衡。[1]故而，在确定非正规就业者失业保险的缴费义务时间时，既要扩大非正规就业者参保范围，又要注意不损害其参保积极性。

目前缴费义务满一年的规定，实际上是规定了劳动者在领取失业保险金前的最低工作时间，即在申领失业保险金时，应累计工作一年。这一点跟非正规就业者的就业特点是十分不符合的。因此，我们应缩短这一缴费义务时间，必要的可以按月、周或小时计算，以更利于将非全日制工、家庭小时工、季节工等非正规就业者纳入失业保险。从其他国家来看，如在德国，雇员领取失业津贴需在失业前 30 个月内参保 12 个月以上；如果总是受雇于短于 14 周的工作的，其资格期限只为失业前 30 个月内参保 6 个月即可；[2]在加拿大，在领取普通福利（EI Regular Benefits）时需要参保人在资格期（Qualifying Period）内有 420 到 700 小时的工作时间，而在累积 600 小时工作时间后，便可以领取特殊福利（EI Special Benefits）。同时对于因疾病或者职业伤害而无法工作的非正规就业者，还应降低所需周数或小时数。与此类似的是在美国一些州，对于因职业伤害和疾病的雇员而无法达到标准基准期（Regular Base Period）要求的，采用扩展基准期（Extend Base Period）。[3]鉴于此，本书认为相对于正规就业者的一年缴费义务时间，可将非正规就业者的缴费义务时间予以缩短。缩短的具体期限可以根据不同的从业者及其具体情况予以规定。但相应地，需在待遇给付上给予相应缩减，以符合对价原则并减少道德风险的

---

[1]　See Antonia Asenjo, Clemente Pignatti, "Unemployment Insurance Schemes around the World: Evidence and Policy Options", *Research Department Working Paper No. 49.*, ILO, 2019, p. 23.

[2]　Bundesagentur für Arbeit. Arbeitslosengeld: Anspruch, Höhe, Dauer, 载 https://www. arbeitsagentur. de/finanzielle-hilfen/arbeitslosengeld-anspruch-hoehe-dauer，最后访问日期：2023 年 8 月 17 日。European Commission, Germany-Unemployment benefits, 载 https://ec. europa. eu/social/main. jsp? catId = 1111&langId=en&intPageId=4557，最后访问日期：2023 年 8 月 17 日。

[3]　See U. S. Department of Labor, 2016 Comparison of state unemployment insurance laws 3-2 (2016)，载 https://perma. cc/82SG-K4SG，最后访问日期：2023 年 8 月 20 日。

产生。

二、多元化"非本人意愿中断就业"

失业保险是对非自愿的（部分国家对自愿失业也提供部分给付）持续性或短暂性的失业风险进行补偿的制度。[1]获取失业保险待遇的先决条件是劳动者处于"非本人意愿中断就业"的状态之中。因此，在确定失业保险待遇领取资格时，首先应确认其是否为"非本人意愿中断就业"。这里有两个要点：一是要确定其是否处于失业状态；二是要确定其失业是否为非自愿行为。

就是否处于失业状态而言，我国有学者提出可以将失业保险金的领取与接受职业培训结合起来，即非正规就业人员在领取失业保险金的同时必须接受职业培训；[2]也有学者提出可以以非正规就业人员到经办机构办理参保登记并按规定缴费作为建立失业保险的必要条件，即非正规就业人员参加养老保险且足额缴费的，可以视为就业。进行失业登记或失业备案的，则视为失业，同时须中断所有社会保险缴费。[3]这些认识都为我们提供了思考的方向。本书认为，我们可以从两个方面进行解决：其一，加强信息管理建设，严格非正规就业者的就业与失业登记制度，必要的可以要求雇主或其他相关人协助进行第三方证明。如在美国，美国要求申请人需如实提供包括在领金期间内的所有工作收入信息，包括兼职或临时工作。在领取失业保险金期间，申请人还需按周提交领金期间获得的各项收入信息，包括遣散费、假期工资、养老金及其他非金钱形式的收入等。如果申请人在一周内赚取的工资高于最高失业保险金额度，那么申请人将不能领取失业保险金。以上若不如实报告的，一旦发现，将被立刻取消领金资格。同时，申请者在提供个人姓名、家庭地址、离职理由等信息外，还要提供申请前 18 个月（各州有差异）内所有雇主的信息，包括姓名、工作时间、工资及领取待遇的方式等。该举措的主要目的是请雇主协助审核申请人信息，特别是收入的真实性。[4]其二，对于

---

〔1〕 参见钟秉正：《社会保险法论》，三民书局 2019 年版，第 140 页。

〔2〕 参见姜丽美：《灵活就业人员失业保险制度出台难原因剖析及对策建议》，载《石家庄经济学院学报》2010 年第 4 期。

〔3〕 参见田大洲：《我国失业保险覆盖灵活就业人员研究》，载《中国劳动》2017 年第 10 期。

〔4〕 参见费平：《美国失业保险金领取条件及监管对我国的启示》，载《中国劳动保障报》2019 年 4 月 26 日，第 003 版。

雇主与非正规就业者串通或非正规就业者故意骗取保费的，应严格惩罚机制，包括返还已领取的待遇、收取利息与高额罚款等，从而尽量避免道德风险的产生。

就是否为"非自愿"失业而言，将自愿失业排除于失业保险制度，是为了防止人们为了福利而离职，特别是在慷慨的福利待遇和较短工作时间要求的情况下。但与此同时，这也会损害公平与效率。其一，失业者在失业期间需要收入支持，这与终止就业的原因无关；其二，这可能也会降低劳动力市场的活力和再分配，并对生产力产生潜在的负面影响。在发达经济体中，就有 1/3 的国家允许在自愿失业的情况下获取失业福利。[1]基于上述理由，本书认为在非本人意愿中断就业上，应该增加兜底条款，即非本人意愿应包括具有合理理由，该合理理由可以与雇主有关，也可以是私人原因，并可以通过严格定义和第三方证明加以控制。从域外看，在美国，合理理由（Good Cause）通常被明确地限制在与工作有关的，可归因于雇主或涉及雇主过错的理由。但也有一些州将合理理由不再限定于与工作相关，而可以包括合理的私人原因。如阿拉巴马州、肯塔基州等，将工作性骚扰列为合理理由；阿拉斯加州、密苏里州、新罕布什尔州等将寻找到一份更好的工作作为合理理由；康乃狄克州、哥伦比亚特区等将疾病或残疾列为合理理由。2009 年，美国的《复苏与再投资方案》（American Recovery and Reinvestment Act of 2009）中规定对因"迫不得已的家庭原因"如家暴、照顾生病的家庭成员、跟随换工作的配偶而失业的劳动者放开失业福利的给付资格条件；[2]在日本，日本厚生劳动省大臣认为"正当理由"可以包括身体疾病、结婚育儿事项、扶养老人、薪金变低、与家人团聚等十五种因素。[3]另外，在遇到不可抗力、突发情况时，也可以获得失业津贴。如美国的灾难失业援助制度（Disaster Unemployment Assistance），其通过失业保险制度向因重大灾难失去工作或不具备传统失业保险福利资格的雇员或自雇者提供经济援助，管理者必须在其中确定由于无法控制的事件而导致自雇者丢失或中断工作的含义。与之相似的还有"CERF+"，一个为艺术家提供资源安全和财务支持的非营利组织，它为"有资历"的艺术家提

---

〔1〕　See Antonia Asenjo, Clemente Pignatti, "Unemployment Insurance Schemes around the World: Evidence and Policy Options", *Research Department Working Paper*, No. 49., ILO, 2019, p. 19-20.

〔2〕　See U. S. Department of Labor, 2016 Comparison of state unemployment insurance laws 5-1, https://perma. cc/82SG-K4SG，最后访问日期：2023 年 8 月 20 日。

〔3〕　参见宋健敏编著：《日本社会保障制度》，上海人民出版社 2012 年版，第 336 页。

供紧急救济，只要他们证明他们制作和销售其作品的能力受到了不可预见的紧急或者突发事件。尽管"CERF+"提供的不是保险，但它确实提供了一种潜在模式，用于识别超出劳动者控制的影响其工作和收入能力的事件。总的来说，本书认为非本人意愿至少应包括因家庭原因而导致必须离开工作的情形，如育婴、疾病等。美国的一项研究表明具有高失业保险受益率的州都倾向于允许因私人原因如疾病、照顾家庭成员或遭受家庭暴力而停止工作的个人申请失业保险福利。学者们也同样发现扩张"合理理由"与符合失业保险待遇的离职者比例之间具有正相关。[1]

三、实质化寻职义务规定

将待遇给付与待遇领受者的求职行为挂钩是寻职义务的核心特征。寻职义务在一定程度上可以抵消工作外福利（Out-of-Work）所带来的抑制性因素。[2]为实质化该寻职义务，公共就业服务机构往往采取个人化服务模式以加强个人与制度间联系。个人化服务模式指的是由专业的就业服务人员对每名领取失业给付的失业者进行个案管理与追踪，并指导、督促其进行符合个人需求的求职或培训。而对于那些无求职意愿的失业者，则取消其失业给付。[3]这一以失业者个人为对象所形成的新治理形态使个人得以形塑为相对独立的主体，其既能自由地追求个人偏好，自我形成寻职动机又能对自己的选择负责。另外，这也是新公共管理思想（New Public Management，NPM）对公共就业服务机构变革的必然要求。相较于单纯管理失业者的国家行政机关，公共就业服务机构更应该是现代服务的提供者，并应以外向型（Outward-Looking）的方式向不断增长的客户提供有效、高质的专业化服务。[4]目前我国主要对长期失业者、就业困难人员、公益性岗位安置人员等配备专门的职业指

---

〔1〕 See Jeremy Pilaar, "Reforming Unemployment Insurance in the Age of Non-Standard Work", *Harvard Law & Policy Review*, Vol. 13, 2018, p. 352.

〔2〕 See Herwig Immervoll, Carlo Knotz, "How Demanding are Activation Requirements for Jobseekers", *IZA DP*, NO. 11704., 2018, p. 8.

〔3〕 参见李健鸿：《"工作福利"治理下"个人化服务模式"对失业者权利与义务的影响》，载《人文及社会科学集刊》第 27 卷第 1 期。

〔4〕 See J. Timo Weishaupt, *From the Manpower Revolution to the Activation Paradigm: Explaining Institutional Continuity and Change in an Integrating Europe*, Amsterdam University Press, 2011, p. 26.

导人员。[1]在此,要使待遇领受者的寻职义务落到实处,有必要进一步扩大职业指导人员的配置范围,并推行个人化服务模式,采取量身定做的"失业者案主中心"服务方式,介入失业者个人寻职过程,必要的可以签订"融合协议"(Integration Contract)。融合协议可以被看作是行政契约,其应详细记载失业者的寻职义务,包括申请工作的数量、接受"适当工作"等。对失业给付领受者的个案管理可以按照"剖析——规划——通过协议确定责任——处理缺陷与不足"这一例行化流程进行落实,但要努力形成充满可供劳动能力的失业者画像与具有个人性、特别化的问题设定型参与模式(Problem-Setting Participation)。

在个人化服务模式中,未履行求职义务者会面临取消失业给付的行政处罚。我国的失业保险法律规范中亦规定在没有正当理由的情况下,拒绝适当工作或提供培训的,应停止领取失业保险待遇。但有关"适当工作"的法律空白却致使待遇领受者是否履行了其自身义务就只能听从职业指导人员的自由裁量,且由于缺少制衡机制其也只能被动接受。西方发达国家,对该"适当工作"大都进行了明确。如在奥地利,适当工作要遵循两个原则:收入保护原则(Principle of Income Protection)和职业保护原则(Principle of Occupational Protection),前者要求失业者应得到合理报酬,后者则要求不对失业者未来的职业生涯造成障碍。另外,该适当工作还需要符合失业人员的身体能力并不对其健康及道德构成威胁,[2]在德国,适当工作指的是:(1)与失业者工作能力相当。(2)不违反法律、集体协议或公司章程中所规定的有关职业健康和安全的条款。(3)所获得的报酬具有合理性。(4)日常通勤时间与工作时间成比例。[3]其他部分国家还就工作类型(临时或兼职工作、轮班工作)、负有照护责任的失业者或具有疾病或伤残的失业者、有劳动争议的企业和违反个人宗教或道德信仰的情况进行了具体规定。[4]对"适当工作"进行明确,将避免失业者仅仅被作为客体看待,致使其就业范围紧缩并降低其工

---

〔1〕 参见《人力资源和社会保障部办公厅关于推进公共就业服务专业化的意见》(人社厅发〔2017〕86号)。

〔2〕 See Wroblewski, Angela, "More Activation-More Chances for the Unemployed? Changes in Austria's Active Labour Market Policy after Accessing the European Union", *European Journal of Social Security*, Vol. 6, No. 1. , 2004, p. 72.

〔3〕 Sozialgesetzbuch III § 140.

〔4〕 See Herwig Immervoll, Carlo Knotz, "How Demanding are Activation Requirements for Jobseekers", *IZA DP*, No. 11704. , 2018, p. 22.

作质量，从而丧失就业促进的真正内涵。为此，我们应借鉴域外经验，尽快明确"适当工作"的具体含义。

四、便利失业登记，减少相关限制

在失业登记上，我国《就业服务与就业管理规定》中只明确列明了七种可以办理失业登记的人员，但并不包括非正规就业者。[1]地方上，虽有部分省市将非正规就业者纳入失业登记范围，但仍有大部分省市未纳入，如浙江省、河南省等。另外，人力资源和社会保障部在《人力资源和社会保障部关于进一步完善就业失业登记管理办法的通知》（人社部发〔2014〕97号）中规定不得以人户分离、户籍不在本地或没有档案等为由不予办理失业登记。但在实践中，部分省市还是在户籍、缴纳社会保险情况等方面进行了限制，如青海省规定只对本省户籍城镇常住人员进行失业登记；广州市规定需停缴养老保险费才能办理失业登记；乌鲁木齐要求户籍不在本市的必须回户籍地办理登记等。[2]由于非正规就业者中以农民工为主，其户籍地与工作地常常不统一，在户籍上进行登记限制就对非正规就业者参保失业保险造成了一定阻碍。而与停缴养老保险费进行绑定，更是毫无正当性，这必然逼迫非正规就业者不得不放弃失业登记。

因此，我们应为非正规就业者设置较为简单易行的登记政策，同时应减少相关限制如户籍或就业年限等并减少证明文件，以符合非正规就业者的就业特点。在这里，对于从属性非正规就业者，我们可以加强雇主责任。在雇员离职时，雇主应帮助雇员尽快申请失业保险并准确记录其离职原因、工作时间、总收入等。武汉市就规定用人单位在办理失业保险金申报告知时，一并为申领失业保险金人员同时办理失业保险金申报告知和失业登记手续。[3]另外，还可以推动全国统一的失业保险管理系统建设，实现失业保险前台计算机管理并与就业、社保等其他部门的信息互联。2020年，人力资源和社会保障部办公厅在《人力资源和社会保障部办公厅关于进一步推进失业保险金"畅通领、

---

〔1〕 参见《就业服务与就业管理规定》第65条。

〔2〕 参见《青海省就业失业登记管理暂行办法》（青人社厅发〔2018〕89号）第19条、《广州市就业失业登记办法》（穗人社规字〔2018〕12号）第11条、《乌鲁木齐市人力资源和社会保障局关于失业保险经办工作有关问题的通知》（乌人社办〔2015〕117号）规定。

〔3〕 参见《武汉市失业保险管理办公室关于用人单位为申领失业保险金人员办理失业登记的通知》。

安全办"的通知》（人社厅发〔2020〕24 号）中要求实现失业保险金网上与手机申领，这为失业保险信息化奠定了基础。通过互联网平台建设，可以建立非正规就业者的个人电子档案，记载其个人基本信息与就业信息，并使其得以通过网上或手机进行失业登记与申报失业保险待遇等。域外如乌拉圭的 Uber 司机就可以通过手机应用程序自动扣除社会保障缴款；马来西亚和印度尼西亚的出租车司机和 Uber 或 Grab 司机也可以在线登记并预先支付每年的工伤保障计划。[1] 或者，在社保经办机构中可以下设非正规就业中心，对非正规就业者的社会保险进行统一管理，便于非正规就业者进行失业登记。域外如德国就在 2003 年设置了迷你工作中心，统筹全国迷你工作的社会保险申报与缴费程序。同时，由于非正规就业者群体构成较为复杂，既有城市居民，也有农民工。因此也应下沉管理服务，增设更多的基层机构或代理机构，在城市中可依托社区、协会等进行参保登记，在乡村中则可依托村委会等机构办理。

五、对非从属性非正规就业者的待遇给付资格进行限制

由于非从属性非正规就业者的工作形式较为灵活，就业失业状态难以确定且转换较为频繁。因此，各国在将非从属性非正规就业者纳入失业保险时，大都设置了一定的限制条件。如在波兰，自雇者的待遇资格条件与雇员相同，但他们只有在失业 90 天以后才能领取失业津贴；在瑞典，如果自雇者领取失业津贴后其原自雇活动再次启动的，将在五年内无法领取失业保险金。另外，他们也无法领取部分失业给付；在希腊，自雇者领取失业津贴必须经过经济调查；在罗马尼亚，自雇者可以选择参保失业保险，但必须缴纳养老保险和医疗保险；[2] 在德国，全职就业（每周至少 15 小时）的自雇者，在其自营职业开始的前三个月内才能申请参保失业保险。该失业保险也不能随意退保，必须持续缴纳五年[3] 且同一自雇活动只能领取两次失业津贴；[4] 在加拿大，自雇者在等待 12 个月后因特定原因致使其投入事业的时间相比以前减少 40%

---

〔1〕　See Christina Behrendt, Quynh Anh Nguyen, "Innovative Approaches for Ensuring Universal Social Protection for the Future of Work", ILO, 2018, p. 26.

〔2〕　See European Commission, et al., *Access to Social Protection for People Working on Non-standard Contracts and as Self-employed in Europe: A Study of National Policies*, 2017, pp. 38-59.

〔3〕　§ 28a Sozialgesetzbuch III.

〔4〕　§ 152 Sozialgesetzbuch III.

以上时才可以申请特殊福利。[1]且对于自营渔民而言,其每年最多只能领取2次失业福利。[2]

可见,各国对非从属性非正规就业者的待遇给付资格均进行了不同方式的限制。本书从可操作性与非正规就业者的参保利益出发,认为可以借鉴德国经验,即规定非从属性非正规就业者应在自雇活动开始的一段时间内参保,且参保时间应持续一定时间,同时在待遇领取次数上进行一定限制。另外,也可以考虑设置等待期。在域外,多数国家都要求参保人在符合失业保险待遇资格后等待一段时间以领取待遇,在这段时间内需要参保人自己承担失业风险。这样做的目的主要在于减少较小的、琐碎的请求给付,从而减少行政负担与行政开支,同时也给予了社保经办机构更多时间再次审查参保人的待遇领取资格与待遇给付内容,最终减少失业保险的运行成本。简而言之,失业保险待遇一般不是用来应对参保人从一份工作到另一份工作的短暂过渡,而是用来应对更严重的工作中断,即有可能造成经济困难。国际劳工大会第168号公约和102号公约均规定失业保险最长等待期为7天,大多数国家也都规定了一周的等待期,如法国、日本、韩国、泰国、美国等。[3]为非从属性非正规就业者设置等待期,可以在一定程度上减少道德风险的发生。

第三节 完善失业保险待遇给付内容

失业保险的目的在于弥补失业人员就业中止时的收入损失和促进其再就业。故而,在考虑社会经济正常的保险费负担水平之上,失业保险应当坚持适度原则,在待遇给付上则体现为被保险人提供适当的待遇给付。[4]

---

〔1〕 See Government of Cannada, EI special benefits for self-employment, 载 https://www.canada.ca/en/services/benefits/ei/ei-self-employed-workers.html, 最后访问日期:2023年8月20日。

〔2〕 See Government of Cannada, EI regular benefits, 载 https://www.canada.ca/en/services/benefits/ei/ei-regular-benefit.html, 最后访问日期:2023年8月20日; Social Security Administration, International Social Security Association, *Social Security Programs throughout the World: The Americas*, 2019, pp. 105-106.

〔3〕 See ILO, *Comparative review of unemployment and employment insurance experiences in Asia and Worldwide*, 2013, p. 15.

〔4〕 参见沈水根:《中国城镇职工失业保险问题研究》,中国书籍出版社2013年版,第53-54页。

一、提高失业保险金水平

根据保险原则和社会连带原则，社会保险给付应是被保险人所缴交保费的对待给付，保费与保费给付之间应具有某种对价关系。但这种给付中又蕴含了社会成分，故而不具有个体对价性，而呈现社会连带共同体的总体对价。[1]在这里，失业保险给付应恪守一个原则，即其保护目的不仅在于确保人民最低生活条件，还在于维持被保险人在发生特别事故前的生活水准，[2]最低程度上其应优于社会辅助——最低生存保障的给付水准。[3]足额的失业救济金为人们提供了被劳动力市场排斥后的保障方式，使他们不至于对未来失去信心。另外，通过重新分配资源，公共部门也可以保持国内总需求，以确保总就业水平并防止雇主发展不公正和不可接受的剥削形式。这种消极的失业给付是基于人民福利和劳动力市场保障的必要因素。可以说，失业保险制度的慷慨程度对失业者的求职行为起核心作用。虽然标准的搜索理论显示，无论是慷慨的给付水准还是给付期限，都会产生一定的负面影响，增加福利领取者的失业时间，但这也可能通过允许个人等待更好的工作机会而提高工作匹配质量。另外，也有实证研究表明，提高失业保险金给付标准，可以显著提升灵活就业人员的保费支付意愿。[4]具体而言，失业保险给付应依据履行缴费义务情况（保费数额及缴费年限）、保险事故发生前的收入水平以及权利人需要进行计算。[5]

由上，失业保险作为某种意义上的收入替代决定了其应与参保者的平均收入有所关联。而且根据保险原理，被保险人所缴交的保费也应与保险人承担的风险之间形成对价。故而，我们应将失业保险金水平与缴费相挂钩，使缴费义务与待遇权利相符合。但在给付标准上，也应考虑介入上限，不应给予不必要的给付标准，也不能要求所得高者为弱势者分摊保险费，因为社会保险

---

〔1〕参见钟秉正：《社会保险法论》，三民书局 2019 年版，第 152 页。

〔2〕参见谢荣堂：《社会保险制度之生存保障与改革》，载《军法专刊》2010 年第 5 期。

〔3〕参见邵惠玲：《社会基本权之法制实践与司法审查》，元照出版公司 2016 年版，第 22 页。

〔4〕参见陈华等：《灵活就业人员失业保险支付意愿及其影响因素研究——基于重庆市的调研数据》，载《社会保障研究》2023 年第 5 期。

〔5〕参见李志明：《社会保险权与社会权、劳动权的分野》，载《重庆社会科学》2012 年第 6 期。

的目的在于同求生存、自助互助，而不是均贫富。准确地说，失业保险金的给付标准应为社会上大多数人维持基本生活、健康品质所必需之水平。[1]其不能过低或过高，大致可在参保人收入的45%—60%之间。目前我国江苏省和海南省就分别以失业人员失业前12个月平均缴费基数（工资）的45%—55%和60%确定失业保险金标准。另外，最低工资标准仅能维持普通蓝领的最低生活水准，保障不了白领和金领失业后供楼、养老、子女上学等基本生活需求。[2]因此可以考虑将失业保险金上限定位于不得高于当地城镇单位就业人员平均工资。这也符合薪资差距诫命（Lohnabstandsgebot）的要求，即具体需求填补的社会给付水准必须低于受雇薪资之最低所得水准。[3]最后，从发达国家的失业保险制度来看，其均采用了不同的失业保险替代率。例如，当失业者收入为平均收入的100%时，发达国家的中位数失业保险替代率为个人以前工资的58.5%；当其初始收入等于平均收入的67%时，这一替代率水平增加到67.7%；而对于初始收入等于平均收入150%的，则下降到46.3%。这样做的目的是将（相对）更高的转移支付给予那些最初收入较低的失业者，以使失业保险资源重新分配给劳动力市场中的最弱势群体。除此之外，多数国家的失业保险金还根据失业者的婚姻状况、子女数量等特征进行计算。[4]鉴于此，相对于当前固定额度的给付标准，我们应将失业保险金水平与缴费相挂钩，并综合考虑个人的收入水平与家庭负担。

二、再构造失业保险给付期限

失业保险替代率过低可能产生能否保证失业人员基本生活的疑虑，而且还可能导致失业者被迫接受低所得、不稳定的工作，从而陷入"工作贫困"的状态。而失业保险给付期限的长短，则涉及促进失业者就业的法律效果。为此，在制度制定时，就需要对二者进行平衡。从失业保险金给付期限看，

---

〔1〕 参见江朝国：《社会保险、商业保险在福利社会中的角色——以健康安全及老年经济安全为中心》，载《月旦法学杂志》总第179期。

〔2〕 参见董保华、孔令明：《经济补偿与失业保险之制度重塑》，载《学术界》2017年第1期。

〔3〕 参见［德］艾伯哈特·艾亨霍夫：《德国社会法》，李玉君等译，新学林出版股份有限公司2019年版，第45页。

〔4〕 See Antonia Asenjo, Clemente Pignatti, "Unemployment Insurance Schemes around the World: Evidence and Policy Options", *Research Department Working Paper*, No. 49., ILO, 2019, pp. 21-23.

我国的失业保险金给付期限仅仅与缴费年限相挂钩，[1]而非正观就业者由于特殊的就业形态往往无法形成长期的缴费。因此，只与缴费年限挂钩的失业保险金给付期限势必对非正规就业者来说是不公平的。而且上文中，我们缩短了非正规就业者的缴费义务时间，依据保费对价性，也应减少其失业保险待遇或缩短其失业保险给付期限，而鉴于减少失业保险待遇会对其失业期间生活造成影响，故而缩短其失业保险给付期限更为妥当。另外，当前我国的失业保险金给付期限为 12 到 24 个月，时间过长且内部差距不大，这对非正规就业者积极寻找工作和增加缴费年限造成了消极影响。

在失业保险给付期限上，最佳的给付期限取决于多种因素，包括个人方面（如经验、求职能力）和宏观经济方面（如劳动力市场状况、技能不匹配）。无论怎样，给付期限的设定应为失业者在非自愿失业期间提供足够的保护，并以福利的慷慨程度为基准。[2]为此，首先，我们应改变当前失业保险给付期限只与缴费年限相挂钩的现状，可考虑将其与缴费年限、年龄、区域等相挂钩，形成差别化、有针对性的给付体系，有效地应对我国非正规就业者年龄跨度大、就业形态多样、跨区域流动就业的特征。域外如法国、德国、挪威、瑞士等都有类似规定。[3]如在比利时，当地的妇女由于失业率较高，领取救济金的期限就较长，相同年龄和居住在同一地区的男性和女性之间的差异可以达到 52 个月。[4]在德国，普通失业者可以领取 6 至 24 个月的失业津贴，而 58 岁以上的从业者则可以最高领取到 48 个月。在日本，根据保险期间和领取者年龄，给付期限为 90 天—240 天不等。这一较长的领取期限可以帮助年龄较大的非正规就业者在较长的寻职时间里维持生活所需。[5]其次，非正规就业者的失业保险给付期限应短于正规就业者，这一方面是源于其缴费义务时间较短，另一方面是为了减少道德风险产生。域外如意大利，其针

---

〔1〕　参见《条例》第 17 条。

〔2〕　See Antonia Asenjo, Clemente Pignatti, "Unemployment Insurance Schemes around the World: Evidence and Policy Options", *Research Department Working Paper*, No. 49. , ILO, 2019, p. 23.

〔3〕　See Marc Van Audenrode, et al. , *Employment Insurance in Canada and International Comparisons*, Groupe d'analyse, 2005, p. 26.

〔4〕　See Marc Van Audenrode, et al. , *Employment Insurance in Canada and International Comparisons*, Groupe d'analyse, 2005, pp. 16-17.

〔5〕　See Social Security Administration, International Socical Security Association, *Social Security Programs throughout the World: Europe*, 2018, p. 139.

对普通雇员的就业保险制度（Nuova Assegno Sociale per l' Impiego，NASpI）的领取期限可以达到 24 个月，而针对非典型工作者的 "DIS-COLL" 保险福利最高只能领取 6 个月。[1] 最后，应根据非正规就业者的缴费时间划分失业保险给付期限，且内部应拉开差距。我国各地的失业保险给付期限不尽相同，有的依据的是《条例》中规定，有的就更为细化。如广东省规定："失业人员缴费时间 1 至 4 年的，每满 1 年，失业保险金领取期限为 1 个月；4 年以上的，超过 4 年的部分，每满半年，失业保险金领取期限增加 1 个月。失业保险金领取期限最长为 24 个月"；天津市规定："失业前累计缴费满 1 年不满 3 年的，领取失业保险金的期限最长为 6 个月；失业前累计缴费满 3 年不满 5 年的，领取失业保险金的期限最长为 12 个月；失业前累计缴费满 5 年不满 10 年的，领取失业保险金的期限最长为 18 个月；失业前累计缴费 10 年以上的，领取失业保险金的期限最长为 24 个月"。在此，我们可以根据各地的实践经验，设计出符合非正规就业者的失业保险给付期限。

三、强化与积极劳动力市场政策整合

失业保险与积极劳动力市场政策整合的目的在于使参保者的权利条件化并促进其就业能力提升。目前，我国失业保险制度在积极劳动力市场政策方面，主要以提供公共就业服务和就业促进津贴为主。但从 2021 年失业人员寻找工作方式的构成来看，参加培训、实习、招考的失业人员仅为 11.5%，与就业服务机构联系的仅为 1.2%。[2] 可见，我们仍需进一步加强失业保险与积极劳动力市场政策的整合，并可以考虑从以下两个方面入手：

第一，规范并拓宽就业促进津贴的范围，为参保者参与积极劳动力市场政策提供支持。我国针对失业者的就业促进津贴以职业介绍补贴和职业培训

---

[1]　See Social Security Administration, International Socical Security Association, *Social Security Programs throughout the World：Europe*, 2018, p. 199.

[2]　参见国家统计局人口和就业统计司、人力资源和社会保障部规划财务司编：《中国劳动统计年鉴 2022》，中国统计出版社 2022 年版，第 112 页。

补贴为主，支出范围较为有限。[1]另外，有关职业介绍和职业培训补贴的办法和标准也均由各地自行制定，从而导致了地区间的极大异质性。如有些地方对享有职业介绍补贴和职业培训补贴的次数进行了限制，并采取由失业者垫付的方式予以支付；有些地方只对提供职业培训的机构进行补贴；也有地方允许个人自行选择培训机构并予以补贴；还有地方甚至将补贴群体的范围扩大至失业保险参保者以外等。鉴于此，我们一方面应增设促进就业方面的津贴，另一方面应规范津贴的给付方式，减少地区间差异。对于前者，可以借鉴域外经验，如日本对提前再就业者实施了就业津贴、再就业津贴、促进就业固定津贴和常用就职准备津贴，对接受职业介绍和就业培训等需要改变居住地或住所的给予搬迁费补贴，对远距离面试的给予广域求职活动费，对因培训或面试等需要托儿服务的发放求职服务津贴等。另外，对高龄人群与承担育婴与护理义务的还发放有高龄雇用给付津贴、育儿假津贴和护理假津贴；[2]在德国，创业的失业福利受领者可以领取创业津贴，接受培训者可以领取差旅费，雇佣就业困难者的雇主可以领取融合津贴等；[3]对于后者，我们应根据有关文件[4]进一步提高失业保险统筹层次，减少地区间差异。更为重要的是，要对补贴给付方式与内容进行规范，对不合理、不合法的要予以整改。

第二，形成失业给付、公共就业服务与职业培训的链条化。要加强失业

---

[1]　虽然自 2006 年起，我国开始了扩大失业保险基金支出范围的试点，将支出范围扩及职业技能鉴定补贴、社会保险补贴、岗位补贴、小额贷款担保基金和小额贷款担保贴息支出等，但该项试点并未进一步推广至全国。参见《劳动和社会保障部、财政部关于适当扩大失业保险基金支出范围试点有关问题的通知》（劳社部发〔2006〕5 号）、《人力资源和社会保障部、财政部关于延长东部 7 省（市）扩大失业保险基金支出范围试点政策有关问题的通知》（人社部发〔2009〕97 号）和《人力资源和社会保障部、财政部关于东部 7 省（市）扩大失业保险基金支出范围试点有关问题的通知》（人社部发〔2012〕32 号）和《人力资源社会保障部、财政部、国家税务总局关于做好失业保险稳岗位提技能防失业工作的通知》（人社部发〔2022〕23 号）。

[2]　参见厚生劳动省：《雇用保险制度・マルチジョブホルダーについて》，载 https://www. mhlw. go. jp/file/05-Shingikai-11601000-Shokugyouanteikyoku-Soumuka/0000193586. pdf，最后访问日期：2023 年 10 月 4 日。

[3]　参见德国联邦劳动及社会事务部："Leistungen der Arbeitsförderung"，载 https://www. bmas. de/ DE/Arbeit/Arbeitsfoerderung/Leistungen-der-Arbeitsfoerderung/leistungen-der-arbeitsfoerderung. html，最后访问日期：2023 年 8 月 28 日。

[4]　参见《人力资源和社会保障部关于进一步提高失业保险统筹层次有关问题的通知》（人社部发〔2010〕63 号）、《人力资源社会保障部、财政部、国家税务总局关于失业保险基金省级统筹的指导意见》（人社部发〔2019〕95 号）。

保险与积极劳动力市场政策的有效整合，必须在失业给付、公共就业服务与职业培训之间建立紧密联系。原因在于产业发展的全球化、"三产化"与科技发展的影响对工作形式、工作需求提出了新的挑战，更加强调个人责任与个人能力，[1]在劳动力市场中即反映为劳动力需求呈现"M型"。所以，相较于个人就业意愿低落的主观性因素，个人就业能力不足的客观性因素更是导致非正规就业者难以进入劳动力市场的主要障碍。而倘若为了促进就业，任由其停留在低技术、非典型的就业中，又极易产生大量的低薪与低品质的工作。[2]因此，提高非正规就业者的延续性就业能力、镶嵌型就业能力和功能性就业能力就逐渐成为促进非正规就业者就业、提升其就业品质的关键一环。从国际层面来看，公共就业服务和职业培训是提升人力资本的主要方式。公共就业服务主要是为目标群体提供专门的服务和广泛的劳动力市场信息，解决求职者、雇主和弱势人群所面临的挑战性的劳动力市场条件并支持参与、促进工作质量和技能的提升。一般来说，公共就业服务机构通过积极劳动力市场政策履行以下职能：（1）公开发布待填补的职位空缺进行职业介绍；（2）收集职位空缺和潜在寻职者的数据，提供劳动力市场信息；（3）实施调整劳动力市场供需的政策；（4）向失业人员提供收入支持；（5）管理迁徙劳动力等。[3]除了公共就业服务外，教育水平或资格水平与非正规就业者就业率之间存在着毋庸置疑的关系。在职业教育中，职业培训通常被认为是最有效的积极劳动力市场政策，为非正规就业者提供职业培训也是提升其就业能力的重要举措。有研究表明，教育和技能培训可以缓解非正规就业者的不利境况。[4]但职业培训并非投入即有效益，如若培训项目无法因应产业需求，投入也只能是浪费公共资源。特别是若投入进劳动条件较为低劣的行业，那么即使培训出相关技能，劳动条件不佳也常常使人望而却步。对于失业给付、公共就业服务和

---

〔1〕 See Rainer Schlegel, "Arbeits-und sozialrechtliche Rahmenbedingungen für die Bewältigung des demografischen Wandels in Deutschland", *NZS*, Vol. 7, 2017, p. 245.

〔2〕 参见李健鸿：《后工业社会的失业风险调控：台湾因应金融危机的就业政策与治理困境分析》，载《政大劳动学报》总第 28 期。

〔3〕 See OECD, IDB&WAPES, *The World of Public Employment Services: Challenges, capacity and outlook for public employment services in the new world of work*, Local Economic and Employment Development (LEED), IDB, Washington, D. C., 2016, pp. 14-15.

〔4〕 参见邢芸：《教育和技能培训缓解了非正规就业者的不利境况吗？——基于进城务工农户的考察》，载《教育与经济》2023 年第 4 期。

职业培训之间的联结。目前，在可考证的国家中，有一半要求失业待遇领受者每月向公共就业服务机构报告一次，还有多数国家要求每两周报告一次，在奥地利，求职者则须每周报告一次。[1]我国在实践中，也应规定失业待遇领受者要通过实地、线上或是电话等不同形式定期与公共就业服务机构取得联系，并报告其求职经历和就业状态以接受公共就业服务。而就职业培训本身而言，其要以顾客需求为导向，针对不同的失业主体制定特定的、多元化的培训计划，并坚持公私协力、产学训结合，使培训资源多向低技术、低学历、低收入人群分配，让产业端、训练端、需求端有效连接。在此，为了鼓励失业者参与职业培训，可通过延长失业给付、给予与培训相关的津贴等来进行激励。

四、建立针对性的待遇支出项目

社会保险重分配的达成，一方面是以被保险人之经济能力决定其应负担的保费，另一方面是依需求来提供给付。给付需求性可以按个别、具体情形加以判断，也可以一般性、抽象性地认定。金钱给付是以一般性抽象性需求为准，而福利服务提供与实物给付则是依个别具体需求提供。[2]

除失业保险金外，《条例》中规定的失业保险待遇还包括领金期间缴纳的基本医疗保险费（医疗补助金）、领金期间死亡的失业人员的丧葬补助金和其供养的配偶、直系亲属的抚恤金、领金期间接受职业培训、职业介绍的补贴。此外，我国对扩大失业保险待遇支出项目进行了试点。2012年，人力资源和社会保障部在《人力资源社会保障部、财政部关于东部7省（市）扩大失业保险基金支出范围试点有关问题的通知》（人社部发〔2012〕32号）中规定失业保险基金试点支出项目包括职业培训补贴、职业介绍补贴、职业技能鉴定补贴、社会保险补贴、岗位补贴、小额贷款担保基金、小额贷款担保贴息。2016年规定可以通过失业保险基金向领取失业保险金人员发放价格临时补贴。

---

〔1〕　See Antonia Asenjo, Clemente Pignatti, "Unemployment Insurance Schemes around the World: Evidence and Policy Options", *Research Department Working Paper*, No. 49., ILO, 2019, p. 27.

〔2〕　参见［德］艾伯哈特·艾亨霍夫：《德国社会法》，李玉君等译，新学林出版股份有限公司2019年版，第40页。

〔1〕2017 年规定为符合条件的职工发放技能提升补贴。〔2〕2022 年规定对符合条件的发放一次性扩岗补助和一次性吸纳就业补贴等。〔3〕从各地看，也有多数地区扩大了失业保险支出项目。如天津、河北、山西等对于领金期间生育的女性失业人员发放生育补助金或缴纳生育保险费；上海对大龄失业人员及因患严重疾病短期内难以就业或者因其他原因造成生活确有特殊困难的人员提供失业补助金等。〔4〕由上，我国的失业保险待遇支出项目正在不断扩大，特别是在促进就业与预防失业的项目上。但遗憾的是，其仍局限于部分地区而未扩至全国，在支出项目上也有继续提升的空间。从域外看，有部分国家向失业者提供照料津贴。如美国对每一个适格的儿童发放每周 1 美元到 154 美元的津贴，有些时候也发给其他被抚养者。加拿大根据家庭收入以及子女人数、年龄情况，额外支付参保人平均周收入的 25%。日本对照料儿童的，前 6 个月给予参保人离职前前 6 个月日平均工资的 30 倍的 67%，此后支付 50%。对于其他照护的，给予离职前最近 6 个月平均日工资的 67%；也有国家对老年工作者提供津贴，如日本对老年的参保人一次性支付失业前 6 个月内的平均日工资的 50 倍（参保不到一年的，则发放 30 倍），此外对 60 岁以后继续就业的，将视其工资减少情况，发放最高月工资 15% 的津贴；还有国家对不符合失业保险待遇条件或用尽失业保险待遇的参保人提供援助，如美国一些州对未达到缴款期限或者已经用尽失业保险待遇但正参加职业培训的人员收入援助。〔5〕故而，我们可以同时借鉴本土与国际经验，扩大失业保险支出项目。

在将非正规就业者纳入失业保险时，还应根据其特点构建独立的失业保

〔1〕 参见《国家发展改革委、民政部、财政部、人力资源社会保障部、统计局关于进一步完善社会救助和保障标准与物价上涨挂钩联动机制的通知》（发改价格规〔2016〕1835 号）。

〔2〕 参见《人力资源和社会保障部、财政部关于失业保险支持参保职工提升职业技能有关问题的通知》（人社部发〔2017〕40 号）、《人力资源社会保障部办公厅关于实施失业保险支持技能提升"展翅行动"的通知》（人社厅发〔2018〕36 号）。

〔3〕 参见《人力资源社会保障部办公厅、教育部办公厅、财政部办公厅关于拓宽失业保险助企扩岗政策受益范围的通知》（人社厅发〔2022〕52 号）。

〔4〕 根据《上海市失业保险办法（1999）》第二十条规定，失业人员领取失业保险金期满，因患严重疾病短期内难以就业或者因其他原因造成生活确有特殊困难的，可领取失业补助金；缴纳失业保险费年限长、年龄大的失业人员除申请领取失业保险金外，还可以同时申请领取失业补助金。

〔5〕 See Social Security Administration, "Social Security Programs Throughout the World", https://www.ssa.gov/policy/docs/progdesc/ssptw/，最后访问日期：2023 年 8 月 20 日。

险支出项目，其重点应倾斜于促进就业。德国在 2012 年为自营劳动者实施了创业支持制度（Gründungszuschuss），该制度规定，如果劳动者有 150 天可用于领取的失业津贴，那么在其创业的 6 个月内，可以在失业津贴之外领取每月 300 欧元补助。如果继续运行良好的，可以领取至 9 个月的额外欧元补助。[1] 又如 2011 年，日本在雇用保险制度中增添了就业支援制度。自雇者、无法领取失业保险（已领取完待遇或不符合领取资格）人员、不能参加就业保险人员、毕业未就业的学生可以适用此制度。就业支援制度由雇主和雇员各负担一半保险费，国库负担 1/2，其旨在促进职业培训、提供培训期间给付金及通过职业介绍所进行支援。职业训练受领给付金的标准为 10 万日元/月，而且住宿交通费也可以报销，从而帮助失业者顺利完成职业培训。对于给付金的受领有着一定条件限制，[2] 其给付天数等于受训时长，一般 1 年为上限，必要的为 2 年上限。[3] 我国的失业保险待遇支出项目中，也可以考虑为非正规就业者建立相应的创业支持与就业培训等相关项目。

---

〔1〕　参见橋本陽子：《ハルツ改革後のドイツの雇用政策》，载《日本労働研究雑誌》2014 年第 647 期。

〔2〕　给付金支付限制包括：（1）收入不超过 8 万日元；（2）家庭收入不超过 25 万日元；（3）家庭金融资产不超过 300 万日元；（4）除现在居住的土地建筑物以外，没有其他的土地建筑物；（5）全程参与完培训（因不可抗力不能参加培训的，总培训需超过 80%）；（6）家庭中没有其他参加培训领取职业训练受领给付金的人员；（7）过去三年没有非法领取失业福利。

〔3〕　参见金井郁：《雇用保険の適用拡大と求職者支援制度の創設》，载《日本労働研究雑誌》2015 年第 659 期。

完善失业保险转移接续与多重失业
保险关系及衔接制度

第一节　健全失业保险转移接续

一、提高失业保险统筹层次

　　造成失业保险转移接续诸多问题的原因主要是失业保险统筹层次较低。由于各地区间经济发展不均衡，我国当前失业保险基本为地市级统筹，有些还是县级统筹，这就造成了不同地区之间失业保险待遇、失业保险参保范围、失业保险经办流程等方面的差异，从而使失业保险转移接续中部分内容难以对接、程序繁琐与效率低下。这对于非正规就业者来说，自然会成为其在劳动力市场流动中的阻碍。2010 年，人力资源和社会保障部在《人力资源和社会保障部关于进一步提高失业保险统筹层次有关问题的通知》（人社部发〔2010〕63 号）中肯定了提高失业保险统筹层次的意义，并提出当前的工作重点是以市级统筹为基础，鼓励有条件地区向省级统筹过渡，具体办法为"四个统一"（统一参保范围和参保对象、统一确定失业保险待遇项目及标准办法、统一基金管理和使用、统一失业保险业务经办流程和信息系统）。2019 年，人力资源和社会保障部、财政部、国家税务总局再次发布《人力资源和社会保障部、财政部、国家税务总局关于失业保险基金省级统筹的指导意见》（人社部发〔2019〕95 号），其中提出实行失业保险基金省级统筹的保障措施，包括统一政策标准、明确权责划分、加强基金监管和加强信息系统建设。2021 年，我国在《中华人民共和国国民经济和社会发展第十四个五年规划和

2035 年远景目标纲要》中再次强调要推进失业保险实现省级统筹。

统筹层次的高低影响着保险基金规模、风险分担能力和基金调剂能力，我国应尽可能地提高失业保险统筹层次。在现阶段，可以以省级统筹为目标，但此后应尽快实现全国统筹，并在放管服和"互联网+人社"的指引下，实现各地失业保险制度的统一。只有如此，才能保证非正规就业者在跨统筹地区就业时，其失业保险关系与待遇能得到有效衔接。

二、补足失业保险转移接续规定

我国当前并没有就失业保险转移接续出台详细的操作细则。从现有规范来看，其较为分散，有关规定出现于几个不同的法律文件之中。1999 年的《条例》仅规定失业人员跨统筹地区流动的，失业保险关系应随之转迁，[1]这种模糊化的规定在实际操作中困难重重。随后，2001 年实施的《失业保险金申领发放办法》对失业保险费用的转移规则进行了细化并就失业保险费用的内容及转移比例进行了规定。[2]2002 年原劳动和社会保障部在《劳动和社会保障部办公厅关于单位成建制跨统筹地区转移和职工在职期间跨统筹地区转换工作单位时失业保险关系转迁有关问题的通知》（劳社厅函〔2002〕117号）中对跨省、自治区、直辖市和在省、自治区内跨统筹地区下失业保险费的转移情况以及转出地与转入地之间的缴费接续问题进行了明确。2010 年《社会保险法》和 2011 年《人力资源和社会保障部关于领取失业保险金人员参加职工基本医疗保险有关问题的通知》（人社部发〔2011〕77 号）中又明确了失业保险转移中缴费年限与医疗保险费相关问题。[3]综合来看，目前法律规范主要就失业保险关系、缴费年限、转出前单位和职工个人缴纳的失业保险费、失业保险费用和基本医疗保险费这几个方面进行了规定（见表6），相对来说是比较全面的，但也存在着一些问题需要完善：

---

〔1〕　参见《条例》第 22 条。

〔2〕　参见《失业保险金申领发放办法》（中华人民共和国劳动和社会保障部令第 8 号）第 21 条、第 22 条、第 23 条。

〔3〕　参见《社会保险法》第 52 条、《人力资源和社会保障部关于领取失业保险金人员参加职工基本医疗保险有关问题的通知》（人社部发〔2011〕77 号）第 7 项。

表 6　失业保险转移接续的法律规定情况表

转移接续内容		法律规定
失业保险关系		转移
缴费年限		累计计算
转出前单位和职工个人缴纳的失业保险费	跨省、自治区、直辖市的	不转移
	省、自治区内跨统筹地区的	由省级劳动保障行政部门确定
失业保险费用	跨省、自治区、直辖市的	转移，内容包括失业保险金、医疗补助金和职业培训、职业介绍补贴（后三项转移按失业人员应享受的失业保险金总额的一半计算）
	省、自治区内跨统筹地区的	由省级劳动保障行政部门规定
基本医疗保险费		按转出地标准一次性划入转入地失业保险基金。不足的，由转入地失业保险基金补足；超出的，并入转入地失业保险基金

资料来源：根据有关法律规范整理而得

（一）明确相关法律规定

当前关于失业保险转移接续的部分规定具有模糊性。如法律规范仅规定跨统筹地区就业的，失业保险关系转移，但对于部分在转出地可以参保而在转入地不可以参保的人群如何处理却没有明确，如仅在部分地区可以参保的无雇工的个体工商户、自由职业者等；又如在跨统筹地区转移的情况下，就符合领取待遇资格的参保人，其相关失业保险待遇是按转入地标准还是按转出地标准支付；还有在跨省、自治区、直辖市转移时，我国法律规定应转移失业保险费用，具体为 150% 的失业保险金，但在失业人员已领取部分失业保险待遇的情况下，其失业保险费应如何转移？缴费未满一年不符合领取失业保险待遇的情况下，其失业保险费又该如何转移？因此，要使失业保险转移接续具有可操作性，必须使相关规定明确化。本书认为，首先，应允许非正规就业人员在某些特定情况下一次性领取失业保险金，包括跨地区流动、创业等情况。如成都市、淮南市规定创业成功的领金者可以一次性领取剩余期限失业保险金。[1]我国也有学者建议外省户籍失业人员可以申领一次性失业保险金等。[2]其次，跨统筹地区流动的，其失业保险待遇应按转出地标准支付。原因在于按照权利义务相一致原则，其缴费应与待遇相符。最后，在失业保险费用的转移上，对于特殊情况下的实施方法应予以明确。在已领取部分失业保险待遇或不符合领取失业保险待遇的情况下，其失业保险费应按比例转移。

（二）减少各地法津冲突

从地方上看，我国大部分地区都没有就失业保险转移接续颁布具体的实施细则。目前，仅浙江省有专门规范，[3]其余省市均在当地失业保险条例、规定（办法）、实施办法或有关问题的通知中作出相关规定，江苏、上海、浙江还就长三角地区的失业保险关系转移及待遇领取制定了区域性规范。[4]但出于法律的部分模糊性和在失业保险待遇、经办流程等方面的差异性，使得各地在失业保险的转移接续上有相互冲突的情况存在。如在失业保险费用的转移过程中，虽然法律明确规定有转移内容，但有的地方将转移的医疗保险费和促进就业补贴等资金按领金人员剩余失业保险金总额的50%计算，[5]也有的地方只接收失业保险金、医疗保险费，而不接收职业培训等补贴；在失业保险关系的转移上，有的地方规定既不转入、也不转出或出于各种原因拒绝为失业人员转移失业保险关系；[6]在失业人员参保地与户籍地不在同一统筹地区上，有的地区允许参保人可以自由选择在参保地领取或是回户籍地领

〔1〕　参见《成都市人力资源和社会保障局关于创业成功一次性领取剩余期限失业保险金有关问题的通知》（成人社办发〔2016〕111号）、《淮南市人力资源和社会保障局、淮南市财政局关于淮南市领取失业保险金人员就业创业政策实施意见》（淮人社秘〔2016〕66号）。

〔2〕　参见孙淑云等：《从"碎片化"走向"整合"：中国社会保障制度建设研究》，山西人民出版社2016年版，第175页。

〔3〕　参见《浙江省失业保险关系转移接续暂行办法》。

〔4〕　参见《江苏省人力资源和社会保障厅、上海市人力资源和社会保障局、浙江省人力资源和社会保障厅、安徽省人力资源和社会保障厅关于印发〈长三角地区失业保险关系转移及待遇享受的合作协议〉的通知》（苏人社（L）〔2009〕109号）。

〔5〕　参见《浙江省失业保险关系转移接续暂行办法》。

〔6〕　参见费平：《失业保险关系转移接续的堵点分析》，载《劳动保障世界》2019年第4期。

取失业保险待遇，如天津、黑龙江等，[1]也有的地方要求参保人只能回户籍地领取失业保险待遇，如陕西等。[2]因此，各地方规定不一无疑对非正规就业者的转移接续造成了困难。实践中，首要应在国家层面对规定予以明确，并促使各地在转移接续中实行统一的办法。

（三）保护参保人权益

在失业保险转移接续的过程中，往往有损害参保人权益之处。如跨省、自治区、直辖市转移时，医疗补助金和职业培训、职业介绍补贴只按失业保险金总额的一半计算，这将可能导致参保人得不到其缴费后应享有的权益，造成权利义务上的不对等。另外，对于不符合领取失业保险待遇的参保人，如未进行失业登记或不符合给付资格等，他们在跨统筹地区就业后，其在原参保地的失业保险关系将无法转移。还有参保人在失业后未领取完失业保险待遇的情况下如若从事非正规就业的，在无法继续参保或不愿继续参保的情况下，未领取完的失业保险待遇就会被损害，待其再次失业后将无法领取。

因此，在失业保险转移接续中，我们应坚守保护参保人权益的原则，以此才能提高非正规就业者的参保积极性。本书认为对于医疗补助金和职业培训、职业介绍补贴应以转入地标准按实际发生的金额转移；对于不符合领取失业保险待遇的参保人，其失业保险关系也应转移；而对于未领取完失业保险待遇的，可以申请暂停领取并在一定期间内申请重新领取。域外如在德国，对于自雇者，在首次领取失业津贴的四年内，还可以主张领取剩余的失业救济金。[3]

三、允许失业保险在不同就业中转移

非正规就业者更换工作较为频繁，且可能在受雇与自雇状态之间进行转换，此时就要求失业保险可以在不同就业中进行转移。当前的从业者一旦离

---

[1] 参见《天津市人力资源和社会保障局关于实施〈天津市失业保险条例〉有关问题的通知》（津人社局发〔2015〕5号）、《黑龙江省人力资源和社会保障厅关于失业保险业务经办工作中部分问题的处理意见》（黑人社函〔2015〕65号）。

[2] 参见《陕西省劳动和社会保障厅关于失业保险关系转迁问题的通知》（陕劳社发〔2001〕168号）。

[3] Sozialgesetzbuch III §161.

开正规就业岗位，从事非正规就业的，其失业保险关系就极有可能因为非正规就业难以参保而无法转移接续。这不仅造成参保人的权益损失，也可能导致劳动力市场的流动受限。故而，本书认为应允许失业保险在不同就业转换的情况下得以转移接续，具体方式可以是将参保者的缴费期限累计计算，缴费待遇分段计算并总计发放。域外部分国家就允许前一就业期间的缴款期可以纳入现有失业待遇计算。如在卢森堡，自雇者需要缴纳 2 年强制失业保险，但其之前的受雇的保险期可以合并进来。[1]

　　总之，运用正规就业的转移接续办法对非正规就业人员来说比较困难，这也是已参保的非正规就业人员离开参保当地时选择退保的主要原因。[2]同时，失业保险转移接续的不完善也阻碍了非正规就业者参保，不利于人才的自由流动和统一劳动力市场的形成。因此，我们应对失业保险制度的转移接续进行完善。首先结合当前放管服和"互联网+人社"要求，优先实现失业保险的政策统一、服务管理统一、经办流程统一、信息系统统一，提高失业保险统筹层次，这是提高失业保险关系转移接续效率的捷径。其次，要健全失业保险转移接续规定，以使其操作办法具有可操作性。最后，应使失业保险在不同就业中转移，以符合非正规就业者的工作转换特点。另外，为了避免频繁转移失业保险关系和资金造成的巨量经办压力，失业保险关系和资金可以在其跨统筹地区失业后再进行归集，此时缴费年限和应领取而尚未领取的失业保险金期限一并累计。资金归集数额可以按缴费年限比例，也可以按各地应计发的待遇计算。[3]

第二节　多重劳动用工关系下失业保险制度的因应

一、多重劳动用工关系下不应重复参保

　　在多重劳动用工关系中，首先要解决的就是重复参保问题。重复保险又

　　〔1〕　See European Commission, et al. , *Access to social protection for people working on non-standard contracts and as self-employed in Europe*：A study of national policies, Publications Office, 2017, p. 49.

　　〔2〕　参见石美遐：《从非正规就业的劳动关系看其社会保障问题》，载《中国劳动》2005 年第 12 期。

　　〔3〕　参见费平：《失业保险关系转移接续的堵点分析》，载《劳动保障世界》2019 年第 4 期。

称复保险，或多数保险，是指"数个保险人对被保险人的同一损失的补偿责任"。[1]实践中，社会保险项目大多存在着重复参保现象，包括同一项目的重复参保或者同一项目下不同制度的重复参保，如职工基本养老保险和城乡居民养老保险的重复参保、职工基本医疗保险与城乡居民基本医疗保险的重复参保等。针对重复参保，各社会保险的处理方法不一。我国《社会保险法》中规定国家建立全国统一的个人社会保障号码，个人社会保障号码为居民身份证号码。可见，我国社会保险采取的是唯一性原则，除了工伤保险[2]外不允许重复参保的存在。《贝弗里奇报告》中也表示不希望、不允许一个人同时以一种以上参保人的身份缴费。[3]之所以不允许重复参保，主要在于重复社会保险可能会导致政府对参保者的重复补贴，造成本省稀缺公共资源的浪费。同时，重复享受保险待遇也会严重影响社会公平，造成社会整体保险福利水平的下降。[4]再者，若事故发生时，社会保险给付总额超过所应填补的实际损失，也会产生道德危险或心理危险。故而，当非正规就业者处于多重劳动用工关系时，其失业保险也应遵循唯一性原则，只能以一个身份参保。

二、多重劳动用工关系下失业保险的责任分配

目前多重劳动用工关系下社会保险的责任分配分为两种方式：其一为累计基数制，即建立一个社会保险关系，并由各用人单位共同为劳动者缴纳社会保险费；其二为单一基数制，即在多重劳动用工关系下，仅由一个用人单

---

〔1〕 樊启荣：《复保险中损失分摊原则之现代整合——兼论〈中华人民共和国保险法〉第56条第2、4款之完善》，载《法商研究》2012年第6期。

〔2〕 原劳动和社会保障部在《劳动和社会保障部关于实施〈工伤保险条例〉若干问题的意见》（劳社部函〔2004〕256号）中规定："职工在两个或两个以上用人单位同时就业的，各用人单位应当分别为职工缴纳工伤保险费。职工发生工伤，由职工受到伤害时其工作的单位依法承担工伤保险责任"；人社部在《实施〈中华人民共和国社会保险法〉若干规定》（人力资源和社会保障部令第13号）第9条中规定："职工（包括非全日制从业人员）在两个或者两个以上用人单位同时就业的，各用人单位应当分别为职工缴纳工伤保险费。职工发生工伤，由职工受到伤害时工作的单位依法承担工伤保险责任"。

〔3〕 参见〔英〕威廉·贝弗里奇：《贝弗里奇报告——社会保险和相关服务》，劳动和社会保障部社会保险研究所组织编译，中国劳动社会保障出版社2004年版，第156页。

〔4〕 参见张国栋、左停：《福利还是权利：养老保险"重复参保"现象研究》，载《社会科学战线》2015年第11期。

位承担法定缴费义务。[1]在这个问题上，学者们论点不一。如有学者认为劳动者享有的权利应是一重的，在缴纳社会保险费上，如果原用人单位已经缴纳，那么劳动者就不得再以双重劳动关系为由要求新用人单位重复缴纳；[2]有学者认为应将缴费关系与工资关系挂钩，逐步通过银行转账来实施，即每个劳动者固然只能有一个个人账号，但多个用人单位应根据劳动者工资的一定比例向这一个人账户缴纳保险费；[3]也有学者认为多个用人单位与同一人建立了多个劳动关系，各个劳动关系之间应是相互独立的，任一劳动关系的成立与否都不影响其他劳动关系。因此，多重劳动用工关系中，每个用工主体都是缴纳社会保险费的主体，不能因为多重劳动用工关系中的一个用人单位为劳动者缴纳了保费，就免除其他用人单位的缴保义务。[4]从域外看，日本只允许多重劳动用工关系下的劳动者选择作为主要生活来源的工作进行纳保，而法国、德国则允许以所有工作纳保，在给付要件上各国也存在不同之处（见表 7）。

表 7　域外国家多重劳动用工关系下的失业保险情况表

内容 ＼ 国家	日本	法国	德国
适用条件	同时有两个以上雇佣关系的劳动者，应选择其一（原则上为该劳动者维持生计的主要来源）参加雇用保险且该工作需满足最低 20 小时的要求	对于多种工作，每种工作都需要参加失业保险	符合要求的每份工作都可以参加失业保险
给付要件	通常与离职的要件相同，但以下不被视为失业：（1）每天工作超过 4 小时（除了雇佣关系以外	领取失业救济金时，可从事其他工作，但领取的失业救济金和其他工作收入不得超	失去工作后仍有一周 15 小时及以上工作的，无法获取失业保险金。同时，在一定条件下，还

---

〔1〕　参见向春华：《社会保险请求权与规则体系》，中国检察出版社 2016 年版，第 118-119 页。

〔2〕　参见宋宗宇等：《双重劳动关系司法认定的理念与方法》，载《湖南社会科学》2013 年第 2 期。

〔3〕　参见董保华：《劳动合同立法的争鸣与思考》，上海人民出版社 2011 年版，第 691 页。

〔4〕　参见曹艳春：《劳动合同法确立双重劳动关系之肯定论》，载《政法论丛》2006 年第 2 期。

续表

内容＼国家	日本	法国	德国
	的请负、委任或自营活动）；（2）领取失业保险金期间；（3）签订有 7 天以上的每周工作 20 小时以上的雇佣合同或在契约期间，每周工作 4 天以上	过前一工作的工资	可能获得部分失业给付
给付水准	与一般给付相同	与一般给付相同	与一般给付相同
给付天数	与一般给付相同	与一般给付相同	与一般给付相同，部分失业给付最长为 6 周

资料来源：日本厚生劳动省：《雇用保険制度·マルチジョブホルダーについて》，https://www.mhlw.go.jp/file/05-Shingikai-11601000-Shokugyouanteikyoku-Soumuka/0000193586.pdf.

鉴于雇主为其受雇者缴纳保费的义务来自雇主对受雇者所负之照顾义务，或是将该缴纳的保费视为社会薪资、延期工资，即雇主为受雇者缴纳的保费实际上为其薪资的一部分，是劳动力再生产费用。雇主不是以第三人身份为照顾被保险人而负担保费，而是被保险人自己缴纳保费。因此，本书认为每个用人单位都有为其劳动者缴纳失业保险费的义务，这是从属性劳动与保费性质的必然要求，不能因为其他单位为劳动者缴纳了社会保险，而排除自己的义务。任何用人单位都应当负有对劳动者的社会保险义务和责任。在实际操作中，我们可以为非正规就业者设定一个统一的失业保险账号，其每一份工作收入都可以为失业保险缴费，失业保险待遇也将基于全部缴费而定，而非基于单个雇主。[1]当劳动者失去其中一份工作时，只要该工作收入与失业津贴相加不超过缴费基数的一定比例，其就可以领取失业保险给付，当超过此比例后将不得领取。

---

[1] See Lucas McKay, "Reforming Unemployment Insurance to Support Income Stability and Financial Security", *Aspen Institute's Expanding Prosperity Impact Collaborative* (EPIC), 2017, p. 8.

第三节　注意失业保险制度与就业救助制度的衔接

一、失业保险制度与就业救助制度的互补性

"社会救助与社会保险具有鲜明的互补性。"[1]社会救助是指"国家与社会面向贫困人口与不幸者组成的社会脆弱群体提供款物接济和扶助的生活保障政策"[2]，其以弱者救助与倾斜保护为本，以保障弱者的基本生活和基本权利为目的。[3]社会救助在救助优先的同时通过民众以其权利或其让渡的其他利益向国家投保亦体现出一定的保险功能；而社会保险则以补偿参保人在养老、健康、职业伤害、失业等特定社会风险时的损失为根本，在保险原则基础上也体现着一定的救济目标，[4]这就使得社会救助与社会保险产生了功能耦合。失业保险与就业救助作为社会保险与社会救助的重要组成部分，自然也承袭了这种互补性，二者互为支撑、互为配合，共同促使着失业保障功能的发挥。

首先，失业保险制度与就业救助制度在覆盖人群上具有互补性。失业保险制度的"保险原则"要求参保人必须是具有缴费能力和风险保障需求的劳动者；而就业救助制度以维持生存为目的，具有无因性，只要劳动者经过资产调查并处于最低生活保障标准，即取得了救助法律上的请求权。就业救助制度主要面向的是无缴费能力但有风险保障需求的人群。这样，通过失业保险制度与就业救助制度的双重覆盖，就使得绝大多数劳动者得以在失业时获得保障。

其次，失业保险制度与就业救助制度在功能发挥上具有互补性。失业保险制度通过国家、雇主与劳动者的三方缴费，利用保险机制的风险分摊，以向参保人提供失业保险待遇从而对其风险进行预护，其属于自力救助和事前预防；而就业救助作为社会救助的重要组成部分，起着一定的兜底作用。就业救助制度主要通过国家责任，利用社会力量，以财政收入向最低生活保障

---

〔1〕　林嘉：《社会保障法的理念、实践与创新》，中国人民大学出版社 2002 年版，第 44 页。
〔2〕　郑功成主编：《社会保障概论》，复旦大学出版社 2005 年版，第 247 页。
〔3〕　参见董保华等：《社会保障的法学观》，北京大学出版社 2005 年版，第 8 页。
〔4〕　参见蒋悟真：《我国社会救助立法理念及其维度——兼评〈社会救助法（征求意见稿）的完善〉》，载《法学家》2013 年第 6 期。

人口实施救济，其属于他力救助和事后化解。两者正是以自力与他力、事前与事后的整合发挥从而使整体失业保障制度得以良性运转。

最后，失业保险制度与就业救助制度在法益上具有互补性。失业保险制度的法益在于通过保险原则，使缴费与待遇给付之间具有对价性，从而保障参保人的基本生活水准；而就业救助制度的法益则在于保障贫困者的最低生活水准，之所以如此主要在于就业救助以实现救助主体的人格尊严、安全及生存等权利为宗旨，并最终促进社会公正。而受救助者的这一基本生存所需为实际需求，即受救助者实际生存所欠缺之物质最直接与真实具体的所需扶助。也就是说，社会救助对受救助人的欠缺进行填补，不论因果，在社会救助的基准设定与审查之上挽救受救助人之生存危机。[1]

由上可见，失业保险制度与就业救助制度正是通过不同的保障方式构成了层次化的失业保障制度。将非正规就业者纳入失业保险制度时，应使失业保险与就业救助有效衔接在一起。

二、以就业救助制度为补充，妥善处理失业给付竞合

（一）社会救助的补充性原则

从社会救助本身而言，宪法中所预设的个人应是独立自主、自己负责、自己决定的个体，这一个体应以自由选择工作、自力维持生存并寻求自我发展为优先，而不能仰赖救济存活。因此，国家应致力于维持个人的自力生存，社会救助制度的作用发挥也就必须建立在个人生计难以维系且其他社会机制也都无法协助其自力渡过难关的基础之上。[2]也就是说，社会救助的制度设定目标乃是使受给付者早日脱贫自立，摆脱福利依赖并不再仰仗社会救助。可以说，救助只是一种手段，而并非目的。在这里，社会救助处于补充之地位。

补充性原则指的是"国家对人民的生存照顾，原则上处于补充地位，应先透过私人自我维持生存和照顾的责任，最终才由国家补充之"[3]。个人的自力生存责任应优先于国家的救助责任，在个人用尽所有资产利益、谋生方

---

〔1〕 参见蔡维音：《低收入户认定之需求审查》，载《兴大法学》总第 5 期。

〔2〕 参见蔡维音：《最低生存基础之界定——从社会救助与个人综合所得税进行之交互考察》，载《月旦法学杂志》总第 212 期。

〔3〕 吴震能：《社会救助法修正刍议——论补充性原则》，载《东海大学法学研究》总第 30 期。

式、亲属抚养援助以及其他社会给付后仍不足以维持最低生活水准的情况下，才得以申请救助保护。《中华人民共和国社会救助法（草案征求意见稿）》第 3 条中就规定："国家建立和完善社会救助制度，保障公民在依靠自身努力难以维持基本生活的情况下，依法从国家和社会获得物质帮助和服务"。另外，由于血缘、共同生活等原因，家庭成员之间形成紧密的生活共同体。因此，社会救助往往认为生活需求除由个人自我负责外，也多以家庭生活满足，故而家庭满足也优先于国家责任，国家仅在家庭无力实现最低生存需求时才介入。此时，个人与家庭在最低生存保障请求权上存在差异，前者基于的是自我负责的宪法预设；后者则基于不同互助共同体对于成员的任务分配问题。国家虽然定义了家庭的责任优先，但必须对此承担担保责任，在家庭无法承担最低生存保障时，即予以介入。可见，社会救助起着填补其他社会福利制度不足的重要作用，这也是其"最后的安全网"名称的由来。

（二）规范失业给付竞合时的给付顺序

与社会救助相比，社会保险制度是以缴费方式建构的给付请求权。当类型化的特定事故发生时，无需个人调查，即应提供参保人给付，其给付顺序自然优先于补充性原则的社会救助。因此，在失业保险制度与就业救助制度的衔接上，首先应考虑失业保险制度能否担负维持失业者最低生活保障的目标，如若失业保险制度已能满足其最低生活保障标准，依据补充性原则自应不得再领取就业救助；如若不能满足其最低生活保障标准，此时方可以继续领取就业救助。另外，在同时领取时，就会出现失业保险金与最低生活保障金的竞合，以及其他就业促进措施如培训补贴、职业介绍等方面的竞合。这时，我们仍应在补充性原则下，根据立法目的、适用对象与给付性质等加以规范领取顺序。

从域外看，德国的社会给付立法大多都设有本法给付与其他给付的关联性条款。在失业给付上，《社会法典》第二编"求职者基础保障法"（SGB II，Gesetz zur Grundsicherung für Arbeitssuchende）第 5 条详细表述了失业救济金与其他给付之间的关系，该条款所依据的即为失业救济金的补充性原则。其规定失业救济金本身不影响其他给付的领取，不能因为失业救济金请求权的存在而拒绝其他福利给付。[1]失业者如有其他社会给付得以减少、排除救济需求的，也应先申请其他给付，而不得直接申请失业救济给付。[2]另外，失业救济给付包括就业促进给付和生活扶助给付，在享有失业保险金或部分失业保险金的情况下，也不得再申请失业救济上的就业促进给付。[3]除了以上条款外，德国《社会法典》第三编"就业促进法"（SGB Ⅲ，Arbeitsförderung）第22条中也有类似条款，[4]且其利用原则/例外条款呈现出极为复杂、精细的制度设计。借鉴德国经验，本书认为失业保险金与最低生活保障金竞合时，失业保险金仍应具有优先填补作用，如若其单独能够满足维持失业者及其家庭最低生活保障的目标，依据补充性原则自不应再领取社会救助；如若不能方可同时领取，只是其上限应是最低生活保障标准；而在就业促进措施竞合时，对于相同性质、功能的就业促进措施，应优先由失业保险制度提供。总之，在失业保险与就业救助的衔接上，应在遵循社会救助的补充性原则的基础之上，针对不同给付的性质、目的与案例类型作出更具体、细腻的规范，才能减少法律适用疑义。

---

[1] Sozialgesetzbuch Ⅱ，§5（1）.

[2] Sozialgesetzbuch Ⅱ，§12.

[3] Sozialgesetzbuch Ⅱ，§5（4）.

[4] Sozialgesetzbuch Ⅲ，§22.

结　语

　　在经济全球化的背景下，新自由主义（Neo-Liberalism）的兴起与劳动市场规制的宽松化使得福特主义的生产模式（Fordist Model）[1]逐渐式微，及时（Just in Time）生产方式开始流行，除劳动条件及工资等，都以获取最大利润及发挥最大生产力为依归而加以弹性化。非正规就业的产生发展便是顺应了这种弹性专门化的趋势，其不仅打破了原有的标准就业关系及其相关利益，也对围绕正规就业而建立的社会契约包括失业保险提出了挑战。相比于社会保险制度中的其他险种，失业保险一直处于比较滞后的状态。自 1999 年《条例》实施至今，劳动力市场已经发生了重大变革，标准的就业关系已然不再占据绝对地位，但失业保险制度却未有任何改变。2017 年，《失业保险条例（修订草案征求意见稿）》发布后却石沉大海，迟迟未有下文。当前，失业保险所覆盖的劳动者并不是真正的高失业风险群体，而往往是工作比较稳定的群体。这些劳动者由于失业风险较小，申领失业保险金的几率也就较低。而非正规就业的不稳定性、短暂性使其从业者面临着较为频繁的失业风险，但大多数非正规就业者却被排除于失业保险体系之外，这使得其在失业时往往因难以获得生活保障而陷入困境。

　　作为社会风险的一种，失业风险难以以自由主义为导向的个体解决予以应对，需要社会化的解决机制。而且非正规就业者本身收入水平较低、生活风险大、缺乏职业培训和再就业途径窄，这些都表明了非正规就业者在失业

---

　　[1]　福特主义生产模式的特征为男性劳动力市场、全职的充分就业和稳定的家庭。See Koukiadaki, A., "Beyond Employment: Changes in Work and the Future of Labour Law in Europe," *Personnel Review*, Vol. 36, No. 2., 2007, pp. 332-334.

后需要一定的制度保障。而相较于自我预护、私营保险和就业救助，失业保险所具有的功能具有不可替代性。将非正规就业者纳入失业保险制度既遵循了社会保障的统一原则，防止了制度的"碎片化"，又体现了对于非正规就业者生存权与劳动权的保障。再者，非正规就业者自身与正规就业者具有一定的同质性，失业保险制度的"保生活、促就业、防失业"的"三位一体"功能目标亦契合于非正规就业者需要。加之，现有失业保险制度运行至今已达数十年，在功能发挥上具有一定基础，且域外部分主要国家也已将失业保险覆盖范围扩大至非正规就业者的实践经验。以上均表明，在我国，将非正规就业者纳入失业保险制度具有必要性与可行性。

然而，我国的失业保险制度肇始于计划经济时期，其诸多内容均建立在正规就业之上。因而，在将非正规就业者纳入失业保险制度时，就产生了以下几点冲突：（1）失业保险始终是作为劳动制度改革、建立现代企业制度等经济体制改革的配套措施而建构，其社会性不足限制了失业保险制度的适用范围。（2）受单位福利体制影响，失业保险制度采取的是"一刀切"的保护方式。凡是处于法律规定范围之内的均强制纳入，凡是处于保障圈之外的皆排除适用。而非正规就业者内部具有较强的异质性，"一刀切"的保护方式难以适应其不同需求。（3）囿于当前的失业保险制度围绕正规就业而建立，其具体制度与非正规就业者的就业特点存在着错位。这种错位既包括独属于非正规就业者，需要进行独立改革的错位，如失业保险的保费负担与待遇给付制度；也包括与正规就业者相同，只是非正规就业者在纳入时显得更为突出的错位，其在改革时可以与正规就业者同步进行，如失业保险转移接续、多重失业保险关系和失业保险制度与就业救助制度的衔接。

为解决上述冲突，本书提出：（1）适应非正规就业者的失业保险社会性的形塑及原则之调整。首先根据社会连带理论，失业保险制度应为社会风险承担之机制。在该社会性基础之上，通过将社会保险与劳动关系脱钩和消除城乡分割限制以扩大失业保险制度的适用范围。其次，遵循保障需求性将非正规就业者分层纳入失业保险制度。非正规就业者中既有从属性非正规就业者，也有非从属性非正规就业者，他们承担失业风险的能力与需求各有不同。在域外失业保险制度分层保护的考察分析之上，提出以保障需求性为尺度，强制纳入从属性非正规就业者，自愿纳入非从属性非正规就业者。另外，为了避免给低收入者造成负担或是将不具保障需求性人群纳入失业保险，立法中应考虑依照收入和工时标准将部分从属性非正规就业者排除其外。再次，通过均衡待遇原则，使非正规就业者失业保险待遇兼具平等性与灵活性。建议对从属性非正规就业者，应视之与正规就业者相同的地位，在失业保险上应禁止区别对待；对非从属性非正规就业者，应避免在失业保险待遇上与正规就业者产生过大差距。当然，这种对待并不要求严格一致，而是考虑实际情况，根据其经济承受能力和参保需求为前提以实现实质上的同等。对于非从属性非正规就业者应使制度更具激励性。最后，作为西方主要福利国家劳动力市场政策改革的核心，积极促进理念强化了社会保障与就业之间的关联。在失业保险面向，其不再只是消极地进行待遇给付，而是积极地促进就业，目的即在于通过提高失业人员的就业能力使依赖于社会福利的劳动者尽快顺利地融入到劳动力市场中。福利的"条件性"对于公民社会权的实现有所损害，需要进一步明确个人权利与义务间的平衡。（2）建立符合非正规就业者特点的保费负担与待遇给付之特别制度。要调适失业保险缴费机制、重塑失业保险给付资格和完善失业保险待遇给付。在调适失业保险缴费机制上，对从属性非正规就业者和非从属性非正规就业者要分属于不同缴费主体并适用不同的缴费基数和缴费费率。同时，还要给予低收入者失业保险补贴；在失业保险待遇给付资格上，要缩短缴费义务时间、多元化"非本人意愿中断就业"、实质化寻职义务规定和便利失业登记、减少相关限制。另外，由于非从属性非正规就业者的就业失业状态难以监管，容易产生道德风险。因此还应对其待遇给付资格进行一定限制。在失业保险待遇给付内容上，应提高失业保险金水平、再构造失业保险给付期限、强化与积极劳动力市场政策的整合和建立针对性的待遇支出项目。（3）完善失业保险转移接续与多重失业保险关系及衔接制度。包括健全失业保险转移接续、多重劳动用工关系下失业保险制度的因应和注意失业保险制度与就业救助制度的衔接。首先，在健全失业保险转移接续上，要提高失业保险统筹层次、补足失业保险转移接续规定和允许失业保险在不同就业中转移。其次，对非正规就业者中普遍存在的多重劳动用工关系，应解决由其产生的重复参保问题和责任分配问题。基于社会保险的唯一性原则，不应允许重复参保存在。但每个用人单位都有为其劳动者缴纳失业保险费的义务，失业保险待遇也应是基于劳动者的全部工作，而非基于单个雇主的福利。最后，要着力于失业保险制度与就业救助制度的互补性，妥善处理失业保险给付竞合。在此，要坚持社会救助的补充性原则，当失业保险不能担负维持失业者最低生活保障的目标时，其方能申领就业救助。同时，对于失业保险金与最低生活保障金的竞合，失业保险金仍应具有优先填补作用，而当两者共同达到最低生活保障水平时，方可停止给付；对于就业促进措施的竞合，在相同性质、功能的就业促进措施上，应优先由失业保险制度提供。

社会弱势群体如失业者的自由，是衡量所有公民真正自由程度的基准。失业作为主要的社会风险，是贫困、歧视和社会排斥的重要肇因。随着经济发展和劳动市场变革等诸多因素，非正规就业在我国劳动力市场中日益占据重要地位，其从业者深入产业结构中的各个层面。如何在其失业后保障其基本生活、促进其再就业，关系着我国就业市场的稳定以及整个社会与经济的健康发展。对非正规就业者失业保险法律问题进行研究，有利于理清非正规就业者在纳入失业保险时的现实障碍并提出应对之策，以为该问题的推进提供学理上的支撑。

参考文献

一、中文著作

[1] 班小辉：《非典型劳动者权益保护研究》，法律出版社 2016 年版。

[2] 陈信勇：《中国社会保险制度研究》，浙江大学出版社 2010 年版。

[3] 陈宜中：《当代正义辩论》，联经出版公司 2013 年版。

[4] 邓大松、李珍主编：《社会保障问题研究（2005）——养老基金管理与生活质量国际论坛》，中国劳动社会保障出版社 2006 年版。

[5] 董保华：《"社会法"与"法社会"》，上海人民出版社 2015 年版。

[6] 董保华：《劳动合同立法的争鸣与思考》，上海人民出版社 2011 年版。

[7] 董保华：《劳动合同制度中的管制与自治》，上海人民出版社 2015 年版。

[8] 董保华等：《社会保障的法学观》，北京大学出版社 2005 年版。

[9] 国际劳工局社会保障司编著：《社会保障导论》，管静和、张鲁译，劳动人事出版社 1989 年版。

[10] 国家统计局人口和就业统计司、人力资源和社会保障部规划财务司编：《中国劳动统计年鉴 2022》，中国统计出版社 2022 年版。

[11] 国家统计局社会统计司编：《中国劳动工资统计资料 1949-1985》，中国统计出版社 1987 年版。

[12] 何平、华迎放等：《非正规就业群体社会保障问题研究》，中国劳动社会保障出版社 2008 年版。

[13] 黄越钦：《劳动法新论》，中国政法大学出版社 2003 年版。

[14] 劳动部劳动科学研究所、劳动法及社会保险研究室编：《失业保险的理论与实践》，中国劳动出版社 1991 年版。

[15] 李步云主编：《人权法学》，高等教育出版社 2005 年版。

[16] 林嘉：《社会保障法的理念、实践与创新》，中国人民大学出版社 2002 年版。

[17] 林来梵:《从宪法规范到规范宪法——规范宪法学的一种前言》,法律出版社 2001 年版。

[18] 吕世伦主编:《现代西方法学流派(上卷)》,中国大百科全书出版社 2000 年版。

[19] 吕世伦、文正邦主编:《法哲学论》,黑龙江美术出版社 2018 年版。

[20] 吕学静主编:《社会保障国际比较》,首都经济贸易大学出版社 2007 年版。

[21] 李志明:《社会保险权:理念、思辨与实践》,知识产权出版社 2012 年版。

[22] 齐延平主编:《人权研究(第 16 卷)》,山东人民出版社 2016 年版。

[23] 上海财经大学公共政策与治理研究院:《公共治理评论 2015(2)》,上海财经大学出版社 2016 年版。

[24] 邵惠玲:《社会基本权之法制实践与司法审查》,元照出版公司 2016 年版。

[25] 沈水根:《中国城镇职工失业保险问题研究》,中国书籍出版社 2013 年版。

[26] 史尚宽:《债法各论》,中国政法大学出版社 2000 年版。

[27] 史探径主编:《社会保障法研究》,法律出版社 2000 年版。

[28] 宋健敏编著:《日本社会保障制度》,上海人民出版社 2012 年版。

[29] 宋晓梧主编:《中国人力资源开发与就业》,中国劳动出版社 1997 年版。

[30] 周建文编著:《失有所助:失业保险》,中国民主法制出版社 2016 年版。

[31] 台湾"社会法与社会政策学会"主编:《社会法》,元照出版公司 2015 年版。

[32] 田思路、贾秀芬:《契约劳动的研究——日本的理论与实践》,法律出版社 2007 年版。

[33] 王家福、刘海年:《中国人权百科全书》,中国大百科全书出版社 1998 年版。

[34] 王家福、余少祥主编:《弱者的守望——社会保险法的理论发展与制度创新》,社会科学文献出版社 2016 年版。

[35] 王全兴:《劳动法》,法律出版社 2004 年版。

[36] 向春华:《社会保险请求权与规则体系》,中国检察出版社 2016 年版。

[37] 肖君拥:《国际人权法讲义》,知识产权出版社 2013 年版。

[38] 徐显明主编:《人权研究(第二卷)》,山东人民出版社 2002 年版。

[39] 许志雄:《人权论:现代与近代的交会》,元照出版公司 2016 年版。

[40] 杨翠迎主编:《社会保障学》,复旦大学出版社 2015 年版。

[41] 张文显:《法理学》,中共中央党校出版社 2002 年版。

[42] 张小建主编:《就业与培训》,中国劳动社会保障出版社 2001 年版。

[43] 章晓懿主编:《社会保障概论》,上海交通大学出版社 2010 年版。

[44] 赵崇平、谭勇编著:《灵活就业者社会保障建设探究》,光明日报出版社 2014 年版。

[45] 郑功成主编:《社会保障概论》,复旦大学出版社 2008 年版。

[46] 钟秉正:《社会保险法论》,三民书局 2019 年版。

［47］ 钟秉正：《社会法与基本权保障》，元照出版公司 2010 年版。

［48］《马克思恩格斯选集》（第一卷），人民出版社 2012 年版。

［49］ 种明钊主编：《社会保障法律制度研究》，法律出版社 2000 年版。

［50］［奥］路德维希·冯·米塞斯：《社会主义：经济学与社会学的分析》，王建民等译，商务印书馆 2018 年版。

［51］［德］艾伯哈特·艾亨霍夫：《德国社会法》，李玉君等译，新学林出版股份有限公司 2019 年版。

［52］［德］恩格斯：《自然辩证法》，郑易里译，生活·读书·新知三联书店 1950 年版。

［53］［德］汉斯·察赫：《福利社会的欧洲设计：察赫社会法文集》，刘冬梅、杨一帆译，北京大学出版社 2014 年版。

［54］［德］黑格尔：《法哲学原理 或自然法和国家学纲要》，范扬、张企泰译，商务印书馆 1961 年版。

［55］［德］曼弗雷德·魏斯、马琳·施米特：《德国劳动法与劳资关系》，倪斐译，商务印书馆 2012 年版。

［56］［德］W. 杜茨：《劳动法》，张国文译，法律出版社 2005 年版。

［57］［德］乌尔里希·贝克：《风险社会》，何博闻译，译林出版社 2004 年版。

［58］［法］莱翁·狄骥：《宪法论 第一卷 法律规则和国家问题》，钱克新译，商务印书馆 1959 年版。

［59］［法］卢梭：《社会契约论》，何兆武译，商务印书馆 1980 年版。

［60］［法］让-雅克·迪贝卢、爱克扎维尔·普列多：《社会保障法》，蒋将元译，法律出版社 2002 年版。

［61］［美］E. 博登海默：《法理学：法律哲学与法律方法》，邓正来译，中国政法大学出版社 2004 年版。

［62］［美］罗纳德·德沃金：《法律帝国》，许杨勇译，上海三联书店 2016 年版。

［63］［美］J. 范伯格：《自由、权利和社会正义——现代社会哲学》，王守昌、戴栩译，贵州人民出版社 1998 年版。

［64］［美］约翰·罗尔斯：《正义论》，何怀宏等译，中国社会科学出版社 2009 年版。

［65］［日］大须贺明：《生存权论》，林浩译，法律出版社 2001 年版。

［66］［日］菊池馨实：《社会保障法制的将来构想》，韩君玲译，商务印书馆 2018 年版。

［67］［意］阿奎那：《阿奎那政治著作选》，马清槐译，商务印书馆 2017 年版。

［68］［英］弗里德利希·冯·哈耶克：《自由秩序原理》，邓正来译，生活·读书·新知三联书店 1997 年版。

［69］［英］霍布斯：《利维坦：在寻求国家的庇护中丧失个人自由》，吴克峰译，北京出版社 2008 年版。

［70］［英］洛克：《政府论（下篇）》，叶启芳、瞿菊农译，商务印书馆 1964 年版。

［71］［英］T. H. 马歇尔等：《公民身份与社会阶级》，郭忠华、刘训练编，江苏人民出版社 2007 年版。

［72］［英］威廉·贝弗里奇：《贝弗里奇报告——社会保险和相关服务》，劳动和社会保障部社会保险研究所组织翻译，中国劳动社会保障出版社 2004 年版。

二、中文期刊和学位论文

［1］白永亮：《共享经济下灵活就业法律制度重构》，载《江西社会科学》2017 年第 10 期。

［2］班小辉：《德国迷你工作制的立法变革及其启示》，载《德国研究》2014 年第 2 期。

［3］班小辉：《论"分享经济"下我国劳动法保护对象的扩张——以互联网专车为视角》，载《四川大学学报（哲学社会科学版）》2017 年第 2 期。

［4］鲍雨：《非典型就业与我国劳动法制的应对》，载《经济法学评论》2015 年第 1 期。

［5］蔡维音：《低收入户认定之需求审查》，载《兴大法学》总第 5 期。

［6］蔡维音：《基本权之合体技？——兼具生存权与财产权性格之社会给付请求权》，载《月旦法学教室》总第 196 期。

［7］蔡维音：《最低生存基础之界定——从社会救助与个人综合所得税进行之交互考察》，载《月旦法学杂志》总第 212 期。

［8］曹静：《论劳动者分层保护的法律规制与模式重构》，载《中国劳动》2015 年第 2 期。

［9］曹艳春：《劳动合同法确立双重劳动关系之肯定论》，载《政法论丛》2006 年第 2 期。

［10］常凯、郑小静：《雇佣关系还是合作关系？——互联网经济中用工关系性质辨析》，载《中国人民大学学报》2019 年第 2 期。

［11］常凯：《雇佣还是合作，共享经济依赖何种用工关系》，载《人力资源》2016 年第 11 期。

［12］陈波、罗荷花：《失业保险的劳动供给效应：抑制还是激励？》，载《调研世界》2020 年第 1 期。

［13］陈步雷：《论我国非正规就业群体的社会保障法律模式——以养老保险为例》，载《经济法论坛》2013 年第 2 期。

［14］陈华等：《灵活就业人员失业保险支付意愿及其影响因素研究——基于重庆市的调研数据》，载《社会保障研究》2023 年第 5 期。

［15］陈杰：《非典型雇佣问题文献综述》，载《经济学动态》2003 年第 5 期。

［16］陈金田：《农民工失业保险问题探究》，载《保险研究》2012 年第 4 期。

［17］陈静等：《非正规就业劳动关系的调整机制——基于对城市农民工群体的调查》，载《农村经济》2012 年第 12 期。

［18］陈敏：《"非职工"群体纳入工伤保险制度保障探析》，载《政治与法律》2017 年第

2 期。

[19] 陈荣林：《"灵活就业"与"非正规就业"的比较与思考》，载《工会理论研究》
（上海工会管理干部学院学报）2007 年第 6 期。

[20] 丁金宏等：《中国对非正规就业概念的移植与发展》，载《中国人口科学》2001 年第
6 期。

[21] 丁煜：《基于正规与非正规就业划分的"新二元"社会保险体系设计》，载《中国行
政管理》2008 年第 5 期。

[22] 丁煜：《完善我国失业保险制度的政策研究——以促进就业为导向》，载《经济理论
与经济管理》2008 年第 2 期。

[23] 董保华、孔令明：《经济补偿与失业保险之制度重塑》，载《学术界》2017 年第
1 期。

[24] 董保华：《"隐蔽雇佣关系"研究》，载《法商研究》2011 年第 5 期。

[25] 董溯战：《论作为社会保障法基础的社会连带》，载《现代法学》2007 年第 1 期。

[26] 都阳、万广华：《城市劳动力市场上的非正规就业及其在减贫中的作用》，载《经济
学动态》2014 年第 9 期。

[27] 樊启荣：《复保险中损失分摊原则之现代整合——兼论〈中华人民共和国保险法〉
第 56 条第 2、4 款之完善》，载《法商研究》2012 年第 6 期。

[28] 范围：《我国失业保险法律制度的问题及其完善——从〈失业保险条例〉到〈社会
保险法（草案）〉》，载《人口与经济》2010 年第 5 期。

[29] 方乐华：《论社会保险立法的本位》，载《法治论坛》2009 年第 4 期。

[30] 费平：《失业保险关系转移接续的堵点分析》，载《劳动保障世界》2019 年第 4 期。

[31] 封进：《劳动关系变化、劳动者需求与社会保险制度改革》，载《社会保障评论》
2022 年第 5 期。

[32] 冯彦君：《劳动权论略》，载《社会科学战线》2003 年第 1 期。

[33] 冯彦君、张颖慧：《"劳动关系"判定标准的反思与重构》，载《当代法学》2011 年
第 6 期。

[34] 高和荣：《论整合型社会保障制度的建设》，载《上海行政学院学报》2013 年第
2 期。

[35] 龚向和：《生存权概念的批判与重建》，载《学习与探索》2011 年第 1 期。

[36] 顾昕：《通向普遍主义的艰难之路：中国城镇失业保险制度的覆盖面分析》，载《东
岳论丛》2006 年第 3 期。

[37] 郭道晖：《人权的本性与价值位阶》，载《政法论坛》2004 年第 2 期。

[38] 郭曰君、吕铁贞：《社会保障权宪法确认之比较研究》，载《比较法研究》2007 年第
1 期。

[39] 海淀法院课题组：《涉互联网行业劳动争议现状分析及对策建议——基于海淀区涉互联网企业劳动争议情况的调研分析》，载《法律适用》2019 年第 8 期。

[40] 韩俊江等：《完善灵活就业人员社会保险制度研究》，载《税务与经济》2009 年第 2 期。

[41] 韩克庆：《就业救助的国际经验与制度思考》，载《中共中央党校学报》2016 年第 5 期。

[42] 韩伟、朱晓玲：《农民工对失业保险的潜在需求研究——基于河北省的社会调查》，载《人口学刊》2011 年第 1 期。

[43] 韩艳林：《我国失业保险基金结余问题及缓解对策》，载《金融理论探索》2019 年第 4 期。

[44] 郝君富、李心愉：《失业保险制度机制设计的国际比较与启示》，载《兰州学刊》2018 年第 8 期。

[45] 何文炯：《数字化、非正规就业与社会保障制度改革》，载《社会保障评论》2020 年第 3 期。

[46] 洪萍：《对灵活就业人员实施失业保险制度的思考》，载《经济师》2008 年第 8 期。

[47] 胡凤霞、姚先国：《城镇居民非正规就业选择与劳动力市场分割——一个面板数据的实证分析》，载《浙江大学学报（人文社会科学版）》2011 年第 2 期。

[48] 胡磊：《网络平台经济中"去劳动关系化"的动因及治理》，载《理论月刊》2019 年第 9 期。

[49] 胡兴建：《"社会契约"到"社会连带"——思想史中的卢梭和狄骥》，载《西南政法大学学报》2004 年第 2 期。

[50] 贾丽萍：《非正规就业群体社会保障问题研究》，载《人口学刊》2007 年第 1 期。

[51] 江朝国：《社会保险、商业保险在福利社会中的角色——以健康安全及老年经济安全为中心》，载《月旦法学杂志》总第 179 期。

[52] 姜丽美：《灵活就业人员失业保险制度出台难原因剖析及对策建议》，载《石家庄经济学院学报》2010 年第 4 期。

[53] 蒋悟真：《我国社会救助立法理念及其维度——兼评〈社会救助法（征求意见稿）〉的完善》，载《法学家》2013 年第 6 期。

[54] 景思江、王红亮：《基于政策制定的非正规就业的概念界定》，载《湖北社会科学》2007 年第 12 期。

[55] 中国劳动和社会保障部劳动科学研究所课题组：《中国灵活就业基本问题研究》，载《经济研究参考》2005 年第 45 期。

[56] 刘翠霄：《社会保障制度是经济社会协调发展的法治基础》，载《法学研究》2011 年第 3 期。

[57] 刘军强：《政策的漂移、转化和重叠——中国失业保险结余形成机制研究》，载《管理世界》2022 年第 6 期。

[58] 李恩平、王莫寒：《非正规就业与非正规经济关系浅析》，载《经济问题》2009 年第 6 期。

[59] 李健鸿：《差序治理体制与治理矛盾：台湾就业体制变革分析》，载《台湾社会福利学刊》2008 年第 2 期。

[60] 李健鸿：《"工作福利"治理下"个人化服务模式"对失业者权利与义务的影响》，载《人文及社会科学集刊》第 27 卷第 1 期。

[61] 李健鸿：《后工业社会的失业风险调控——台湾因应金融危机的就业政策与治理困境分析》，载《政大劳动学报》总第 28 期。

[62] 李健鸿：《就业机会的新途径或是劳动保护的新挑战？——零工经济下劳动者的就业风险分析》，载《台湾劳工季刊》总第 53 期。

[63] 李金昌等：《非正规部门、非正规就业与非正规经济研究的进展与展望》，载《经济统计学》2013 年第 1 期。

[64] 李乐平：《论社会保障权》，载《实事求是》2004 年第 3 期。

[65] 李乐平：《社会保障法法理思想探析》，载《前沿》2008 年第 6 期。

[66] 李丽萍：《改革开放以来我国城镇非正规就业分析》，载《经济体制改革》2014 年第 6 期。

[67] 李路路等：《市场转型与"单位"变迁 再论"单位"研究》，载《社会》2009 年第 4 期。

[68] 李强、唐壮：《城市农民工与城市中的非正规就业》，载《社会学研究》2002 年第 6 期。

[69] 李强：《城市农民工的失业与社会保障问题》，载《新视野》2001 年第 5 期。

[70] 李仁淼：《生存权的法性质》，载《月旦法学教室》总第 70 期。

[71] 李晓曼等：《我国非正规就业市场的功能定位与政策选择》，载《中国人力资源开发》2019 年第 6 期。

[72] 李雄、田力：《我国劳动关系认定的四个基本问题》，载《河南财经政法大学学报》2015 年第 3 期。

[73] 李艳霞：《非正规就业概念的梳理与多维界定》，载《中国社会科学院研究生院学报》2013 年第 4 期。

[74] 李艳霞：《国外非正规就业理论的述评》，载《中国海洋大学学报（社会科学版）》，2013 年第 3 期。

[75] 李烨红：《促进我国非正规就业发展的社会保障制度分析》，载《湖北社会科学》2003 年第 10 期。

[76] 厉以宁：《论城乡二元体制改革》，载《北京大学学报（哲学社会科学版）》2008年第2期。

[77] 李郁：《非正规就业理论在中国实践的评述》，载《武汉理工大学学报（社会科学版）》2005年第4期。

[78] 李运华：《社会保障权原论》，载《江西社会科学》2006年第5期。

[79] 李振刚、张建宝：《正规与非正规：就业模式对农民工工作贫困的影响——来自八个城市的经验证据》，载《北京工业大学学报（社会科学版）》2020年第6期。

[80] 李志明：《社会保险权的历史发展：从工业公民资格到社会公民资格》，载《社会学研究》2012年第4期。

[81] 李志明：《社会保险权与社会权、劳动权的分野》，载《重庆社会科学》2012年第6期。

[82] 梁斌、冀慧：《失业保险如何影响求职努力？——来自"中国时间利用调查"的证据》，载《经济研究》2020年第3期。

[83] 林嘉：《〈社会保险法〉的价值与创新》，载《法学杂志》2011年第9期。

[84] 林志远等：《以连带思想检视台湾长照政策发展之挑战与启发》，载《台湾公共卫生杂志》2016年第4期。

[85] 刘德浩：《我国城乡社会保障制度的发展与演进——从"城乡二元"走向"城乡融合"》，载《中国劳动》2020年第3期。

[86] 刘冀徽、贾丽凤：《非正规就业群体的就业保障问题研究》，载《改革与战略》2016年第5期。

[87] 刘茂林、秦小建：《人权的共同体观念与宪法内在义务的证成——宪法如何回应社会道德困境》，载《法学》2012年第11期。

[88] 刘琦：《劳动法视角下我国非正规就业者的权利保障》，载《湖湘论坛》2009年第4期。

[89] 刘雪华等：《关于社会保险费费基的国际比较及经验借鉴》，载《国际税收》2019年第12期。

[90] 娄宇：《平台经济从业者社会保险法律制度的构建》，载《法学研究》2020年第2期。

[91] 路风：《单位：一种特殊的社会组织形式》，载《中国社会科学》1989年第1期。

[92] 陆学艺：《当代中国社会阶层的分化与流动》，载《江苏社会科学》2003年第4期。

[93] 剧宇宏：《我国非正规就业劳动者权益保障法律分析》，载《河北师范大学学报（哲学社会科学版）》2013年第2期。

[94] 鲁全：《生产方式、就业形态与社会保险制度创新》，载《社会科学》2021年第6期。

［95］马林靖、郭彩梅：《非正规就业对居民收入的影响——基于 PSM 模型的实证分析》，载《调研世界》2020 年第 3 期。

［96］马新福、薛长礼：《劳动权的法社会学论析》，载《吉林大学社会科学学报》2004 年第 2 期。

［97］孟现玉：《非正规就业者纳入失业保险制度的现实困境与制度调适》，载《税务与经济》2020 年第 5 期。

［98］孟现玉：《互联网平台经济从业者的失业保险：制度困局与建构逻辑》，载《兰州学刊》2020 年第 11 期。

［99］孟现玉：《积极促进理念下失业保险法律制度转型的逻辑与路径》，载《时代法学》2023 年第 1 期。

［100］孟现玉：《平台经济下劳动关系认定标准的重塑》，载《河南财经政法大学学报》2018 年第 3 期。

［101］米海杰等：《我国社会保险缴费基数确定中存在的问题与对策》，载《保险理论与实践》2018 年第 4 期。

［102］彭希哲、姚宇：《厘清非正规就业概念，推动非正规就业发展》，载《社会科学》2004 年第 7 期。

［103］蒲新微、鞠明欣：《公平：社会保障的核心价值理念》，载《社科纵横》2014 年第 1 期。

［104］钱叶芳：《非标准雇佣与非正规就业：区分、交集与调整》，载《中国劳动》2018 年第 4 期。

［105］钱叶芳：《非标准就业的经济分析与法律调整》，载《法学》2011 年第 3 期。

［106］乔观民等：《对城市非正规就业概念理论思考》，载《宁波大学学报（人文科学版）》2005 年第 4 期。

［107］任荣伟：《多重视角下的非正规经济组织：前沿理论与趋势》，载《中山大学学报（社会科学版）》2013 年第 6 期。

［108］邵惠玲：《社会福利国之昨日与今日——以德国社会保险的法制发展为例》，载《财产法暨经济法》2008 年第 16 期。

［109］申晓梅：《论失业"救济"制度向就业"保险"制度的转型及其政策探析》，载《人口与经济》2007 年第 3 期。

［110］石美遐：《从非正规就业的劳动关系看其社会保障问题》，载《中国劳动》2005 年第 12 期。

［111］史博学：《"社会保险权"在我国立法中的确立与完善》，载《法学论坛》2019 年第 4 期。

［112］史探径：《我国社会保障法的几个理论问题》，载《法学研究》1998 年第 4 期。

［113］ 宋秀坤、黄扬飞：《非正规经济与上海市非正规就业初探》，载《城市问题》2001年第2期。

［114］ 宋宗宇等：《双重劳动关系司法认定的理念与方法》，载《湖南社会科学》2013年第2期。

［115］ 田大洲、梁敏：《积极的失业保险政策研究：坚持保障适度的保生活政策》，载《中国劳动》2019年第1期。

［116］ 田大洲、梁敏：《积极的失业保险政策研究：实施广覆盖的参保政策》，载《中国劳动》2018年第9期。

［117］ 田大洲、梁敏：《积极的失业保险政策研究：实施统一水平与灵活调整相结合的费率政策》，载《中国劳动》2018年第11期。

［118］ 田大洲：《我国失业保险覆盖灵活就业人员研究》，载《中国劳动》2017年第10期。

［119］ 田思路：《工业4.0时代的从属劳动论》，载《法学评论》2019年第1期。

［120］ 田野：《论非全日制用工中的均等待遇原则》，载《天津大学学报（社会科学版）》2014年第5期。

［121］ 田野：《论非全日制用工劳动条件的确定——以均等待遇原则为中心》，载《北京理工大学学报（社会科学版）》2013年第6期。

［122］ 田毅鹏、胡水：《单位共同体变迁与基层社会治理体系的重建》，载《社会建设》2015年第2期。

［123］ 汪华、汪润泉：《制度"碎片化"对社会保险协调性和可持续性的影响——基于上海政策与数据的实证分析（2003-2011）》，载《华东经济管理》2014年第10期。

［124］ 汪进元：《论生存权的保护领域和实现途径》，载《法学评论》2010年第5期。

［125］ 汪敏：《新业态下劳动与社会保险政策的检视与选择》，载《社会保障评论》2021年第3期。

［126］ 王锴：《论我国宪法上的劳动权与劳动义务》，载《法学家》2008年第4期。

［127］ 王利军、涂永前：《论灵活就业人员社会保障制度的完善》，载《广东社会科学》2022年第6期。

［128］ 王全兴、王茜：《我国"网约工"的劳动关系认定及权益保护》，载《法学》2018年第4期。

［129］ 王全兴、赵庆功：《我国社会保险制度深化改革的基本思路选择》，载《江淮论坛》2018年第3期。

［130］ 王天玉：《基于互联网平台提供劳务的劳动关系认定——以"e代驾"在京、沪、穗三地法院的判决为切入点》，载《法学》2016年第6期。

［131］ 王天玉：《劳动法规制灵活化的法律技术》，载《法学》2017年第10期。

[132] 王文珍、李文静：《平台经济发展对我国劳动关系的影响》，载《中国劳动》2017年第1期。

[133] 王显勇：《回归与变革：我国失业保险法律制度的完善之路》，载《四川大学学报（哲学社会科学版）》2017年第5期。

[134] 王永洁：《国际视野中的非标准就业与中国背景下的解读——兼论中国非标准就业的规模与特征》，载《劳动经济研究》2018年第6期。

[135] 王永慈：《积极促进概念（activation）的解析》，载《东吴社会工作学报》总第16期。

[136] 问清泓：《共享经济下社会保险制度创新研究》，载《社会科学研究》2019年第1期。

[137] 翁仁木：《国外失业保险制度覆盖范围研究》，载《人事天地》2014年第9期。

[138] 吴要武、蔡昉：《中国城镇非正规就业：规模与特征》，载《中国劳动经济学》2006年第2期。

[139] 吴要武、陈梦玫：《当经济下行碰头就业压力——对中国城乡劳动力市场状况的分析》，载《劳动经济研究》2018年第3期。

[140] 吴震能：《社会救助法修正刍议——论补充性原则》，载《东海大学法学研究》总第30期。

[141] 向玉乔：《社会制度实现分配正义的基本原则及价值维度》，载《中国社会科学》2013年第3期。

[142] 肖金萍、胡培兆：《以预付缴费计划扩大我国非正规就业者养老保险覆盖面》，载《经济纵横》2018年第3期。

[143] 肖云、徐艳：《论农民工失业及社会保障机制的建立与完善——以重庆市为例》，载《西北大学学报（哲学社会科学版）》2005年第1期。

[144] 肖竹：《第三类劳动者的理论反思与替代路径》，载《环球法律评论》2018年第6期。

[145] 谢德成：《劳动者社会保险权法律救济程序之探讨》，载《河南省政法管理干部学院学报》2010年第3期。

[146] 谢荣堂：《社会保险制度之生存保障与改革》，载《军法专刊》第56卷第5期。

[147] 谢增毅：《劳动关系的内涵及雇员和雇主身份之认定》，载《比较法研究》2009年第6期。

[148] 邢芸：《教育和技能培训缓解了非正规就业者的不利境况吗？——基于进城务工农户的考察》，载《教育与经济》2023年第4期。

[149] 熊伟、张荣芳：《财政补助社会保险的法学透析：以二元分立为视角》，载《法学研究》2016年第1期。

［150］徐显明：《生存权论》，载《中国社会科学》1992 年第 5 期。

［151］许春淑：《城镇非正规就业人员社会保障制度探析——以天津为例》，载《经济问题》2011 年第 2 期。

［152］许建宇：《雇佣关系的定位及其法律调整模式》，载《浙江大学学报（人文社会科学版）》2002 年第 2 期。

［153］许建宇：《社会保险法应以保障社会保险权为核心理念》，载《中国劳动》2010 年第 3 期。

［154］薛惠元、曹思远：《后疫情时代失业保险基金可持续性与经济调节功能研究》，载《保险研究》2021 年第 2 期。

［155］薛进军、高文书：《中国城镇非正规就业：规模、特征和收入差距》，载《经济社会体制比较》2012 年第 6 期。

［156］薛长礼：《劳动权涵义辨析》，载《吉林省经济管理干部学院学报》2003 年第 3 期。

［157］薛长礼：《多重劳动用工关系的法理与法律规制》，载《中国劳动关系学院学报》2020 年第 4 期。

［158］严妮等：《新就业形态下平台经济从业者社会保险制度探析》，载《宏观经济管理》2020 年第 12 期。

［159］燕晓飞：《非正规就业劳动者的社会保障问题与对策研究》，载《湖北社会科学》2009 年第 8 期。

［160］杨狄：《有关社会保险法中社会保险权的基础理念研究》，载《内蒙古师范大学学报（哲学社会科学版）》2013 年第 2 期。

［161］杨斌、丁建定：《全面实施全民参保计划背景下扩大失业保险覆盖面研究》，载《江西财经大学学报》2019 年第 1 期。

［162］杨怀印、曲国丽：《灵活就业人员的社会失业保险制度设计相关问题》，载《中国行政管理》2010 年第 5 期。

［163］杨会山：《谈规范双重劳动关系》，载《中国劳动》2011 年第 7 期。

［164］杨思斌：《社会保险权的法律属性与社会保险立法》，载《中州学刊》2010 年第 3 期。

［165］杨祯容、高向东：《农民工失业保险的风险分析与对策研究》，载《社会保障研究》2017 年第 6 期。

［166］姚裕群：《论我国的非正规就业问题》，载《人口学刊》2005 年第 3 期。

［167］国务院发展研究中心农业部课题组：《从城乡二元到城乡一体——我国城乡二元体制的突出矛盾与未来走向》，载《管理世界》2014 年第 9 期。

［168］余澍等：《开源节流、政策补充与政策替代：中国失业保险基金结余形成的多元路径研究》，载《社会保障研究》2023 年第 3 期。

[169] 于晓东等：《共享经济背景下的人力资源管理模式探索：以滴滴出行为例》，载《中国人力资源开发》2016 年第 6 期。

[171] 岳宗福：《新业态劳动者失业保险：改革思路与政策优化》，载《中州学刊》2023 年第 6 期。

[171] 曾煜：《对完善灵活就业人员社会保险制度的思考》，载《中国劳动关系学院学报》2008 年第 1 期。

[172] 翟年祥、夏淑梅：《我国当前的劳动就业问题与社会保障》，载《中国行政管理》2005 年第 6 期。

[173] 战东升：《民法典编纂背景下劳动法与民法的立法关系——以"类似劳动者型劳务提供人"的保护为切入点》，载《法学》2018 年第 10 期。

[174] 张成刚：《共享经济平台劳动者就业及劳动关系现状——基于北京市多平台的调查研究》，载《中国劳动关系学院学报》2018 年第 3 期。

[175] 张国栋、左停：《福利还是权利：养老保险"重复参保"现象研究》，载《社会科学战线》2015 年第 11 期。

[176] 张浩淼：《就业救助：国际经验与中国道路》，载《兰州学刊》2018 年第 10 期。

[177] 张晋芬：《劳动法律的身份限制及改革：一个人权观点的检视》，载《台湾社会研究季刊》总第 102 期。

[178] 张抗私等：《正规就业与非正规就业工资差异研究》，载《中国人口科学》2018 年第 1 期。

[179] 张丽宾：《"非正规就业"概念辨析与政策探讨》，载《经济研究参考》2004 年第 81 期。

[180] 张青：《非正规就业群体社会保护的国际参照——发展中国家的视角》，载《辽宁大学学报（哲学社会科学版）》2009 年第 5 期。

[181] 张荣芳、熊伟：《全口径预算管理之惑：论社会保险基金的异质性》，载《法律科学（西北政法大学学报）》2015 年第 3 期。

[182] 张姝：《农民工社会保险问题的解决思路》，载《法学》2012 年第 11 期。

[183] 张鑫隆：《劳动市场弹性化与部分工时均等待遇原则》，载《法学新论》总第 24 期。

[184] 张延吉等：《论城镇非正规就业对经济增长的影响——基于我国 31 个省区市的面板数据分析》，载《经济问题探索》2015 年第 3 期。

[185] 张彦：《非正规就业：概念辨析及价值考量》，载《南京社会科学》2010 年第 4 期。

[186] 张盈华等：《新中国失业保险 70 年：历史变迁、问题分析与完善建议》，载《社会保障研究》2019 年第 6 期。

[187] 张璋：《政策执行中的"一刀切现象"：一个制度主义的分析》，载《北京行政学院

学报》2017 年第 3 期。

[188] 赵领娣、谢莉娟：《由国外经验看我国非正规就业的社会保障建设》，载《中国海洋大学学报（社会科学版）》2007 年第 5 期。

[189] 郑秉文：《为农民工建立失业保险特殊制度》，载《工会博览》2017 年第 6 期。

[190] 郑秉文：《中国社会保险"碎片化制度"危害与"碎片化冲动"探源》，载《社会保障研究》2009 年第 1 期。

[191] 郑秉文：《中国失业保险基金增长原因分析及其政策选——从中外比较的角度兼论投资体制改革》，载《经济社会体制比较》2010 年第 6 期。

[192] 郑功成：《中国社会保障制度变革挑战——从城乡分割走向城乡一体化（上）》，载《人民论坛》2014 年第 1 期。

[193] 郑尚元：《社会保险之认知——与商业保险之比较》，载《法学杂志》2015 年第 11 期。

[194] 中国劳动和社会保障部劳动科学研究所课题组：《中国灵活就业基本问题研究》，载《经济研究参考》2005 年第 45 期。

[195] 中国劳动和社会保障科学研究院课题组：《共享用工平台上从业人员劳动就业特征调查分析》，载《中国人力资源社会保障》2018 年第 4 期。

[196] 中国社科院"中国社会状况综合调查"课题组等：《当前我国就业形势的特点和变化》，载《社会科学研究》2009 年第 2 期。

[197] 周谨平：《基于机会平等的分配正义》，载《伦理学研究》2011 年第 2 期。

[198] 周兆昱：《部分工时劳工保护立法刍议》，载《台北大学法学论丛》总第 78 期。

[199] 庄汉：《我国社会保险立法的宪法分析——以〈社会保险法（草案）〉为主要分析样本》，载《法学评论》2009 年第 5 期。

[200] 齐艳华：《中国失业保险制度变迁研究（1950-2012 年）——基于主体认知的视角》，辽宁大学 2013 年博士学位论文。

[201] 姚宇：《中国城镇非正规就业研究》，复旦大学 2005 年博士学位论文。

三、外文著作与论文

[1] Koukiadaki, A. , "Beyond Employment: Changes in Work and the Future of Labour Law in Europe", *Personnel Review*, Vol. 36, No. 2. , 2007, pp. 332-334.

[2] AntoniaAsenjo, Clemente Pignatti, "Unemployment Insurance Schemes around the World: Evidence and Policy Options", Research Department Working Paper No. 49, ILO, 2019.

[3] Barbier, J. C. , "The European Employment Strategy, a Channel for Activating Social Protection?" in Jonathan Zeitlin, et al. , *The Open Method of Co-ordination in Action: The European Employment and Social Indussion Strategies*, *Unity of the European Constitution*, Vol. 186, No. 2. , 2005.

［4］Bastian Betthäeuser, "Protecting Outsiders? Corporatism and the Dualization of Unemployment Protection in Germany and Austria", *European Journal of Social Security*, Vol. 19, No. 3. , 2017.

［5］Chen M. , FrançoiseCarré, *The Informal Economy Revisited: Examining the Past, Envisioning the Future*, Rloutledge, 2020.

［6］Chen M. , "Informality and Social Protection: Theories and Realities", *IDS Bulletin*, Vol. 39, No. 2. , 2008.

［7］Christina Behrendt, Quynh Anh Nguyen, "Innovative Approaches for Ensuring Universal Social Protection for the Future of Work", ILO, 2018.

［8］Colin C. Williams, Jan Windebank, *Informal Employment in the Advanced Economies: Implications for Work and Welfare*, Routledge, 1998.

［9］Colin C. Williams, Mark A. Lansky, "Informal Employment in Developed and Developing Economies: Perspectives and Policy Responses", *International Labour Review*, Vol. 152, No. 3 -4. , 2013.

［10］EU Commission, *Growth, Competitiveness, Employment: The Challenges and Ways Forward into the 21st Century, White Paper*, Bulletin of the European Communities, 1993.

［11］European Commission, "The Integrated Guidelines for Growth and Jobs" (2005 – 2008), Monthly Bulletin, 2005.

［12］Conor Mckay, et al. , *Modernizing Unemployment Insurance for the Changing Nature of Work*, The Aspen Institute Future of Work Initiative, 2018.

［13］Cooke F. , "Labour Market Regulations and Informal Employment in China: To what extent are workers protected", *Journal of Chinese Human Resources Management*, 2011.

［14］Council Decision of 21 October 2010 on guidelines for the employment policies of the member states (20/0/707/EU), Guideline 7.

［15］Danielle Venn, "Measuring Informal Employment in OECD Countries", Paper for the WIEGO Meeting on "Measuring Informal Employment in Developed Countries", Harvard University, 2008.

［16］Demetra Smith Nightingale, Stephen A. Wandner, *Informal and Nonstandard Employment in the United States: Implications for Low – Income Working Families*, The Urban Institute, 2011.

［17］Dennis Eversberg, "Beyond Individualization: The German 'Activation Toolbox' ", *Critical Social Policy*, Vol. 36, No. 2. , 2016.

［18］P. B. , Doeringer, M. J. Piore, *Internal Labor Market and Manpower Analysis*, D. C. Heath and Company, 1971.

［19］Elise Dermine, Daniel Dumont, *Activation Policies for the Unemployed, the Right to Work and the Duty to Work: Which Interactions*, P. I. E Peter Lang, 2014.

[20] Ellie Crane, *Non-Standard Work and Access to Unemployment Benefits in Canada: Assessing Policy Options*, Simon Fraser University, 2018.

[21] Slavina Spasova, et al., *Access to Social Protection for People Working on Non-standard Contracts and as Self-employed in Europe: a study of national policies*, 2017.

[22] European Commission, *Proposal for a Council Recommendation on Access to Social Protection for Workers and the Self-Employed*, [*COM (2018) 132final-SWD (2018) 71final*], 2018.

[23] Adalberto Perulli, "Study on Economically Dependent Work/ Parasubordinate (Quasi-subordinate) Work by Professor Adalberto Perulli", European Parliament, 2003.

[24] Fields, Gary S., *Labour Market Modeling and the Urban Informal Sector: Theory and Evidence informal sector revisited oecd development*, 1990.

[25] Francie Lund, "Work-related Social Protection for Informal Workers", *International Social Security Review*, Vol. 65, No. 4., 2012.

[26] Giuliano Bonoli, "The Political Economy of Active Labour-Market Policy", *Politics & Society*, Vol. 38, No. 4., 2010.

[27] Guillermo E. perry, et al., *Informality: Exit and Exclusion*, World Bank Publications, 2007.

[28] John R. Harris, et al., "Migration, Unemployment and Development: A two-sector analysis", *American Economic Reviews*, Vol. 60, No. 1., 1970.

[29] Hart K., "Informal Income Opportunities and Urban Employment in Ghana", *The Journal of Modern African Studies*, Vol. 11, No. 1., 1973.

[30] Hartmut Lehmann, "Informal Employment in Transition Countries: Empirical Evidence and Research Challenges", *Comparative Economic Studies*, Vol. 57., 2015.

[31] Hassan Essop, Derek Yu, "The South African Informal Sector (1997-2006)", Stellenbosch Economic Working Papers, No. 3, 2008.

[32] Herwig Immervoll, Stefano Scarpetta, "Activation and Employment Support Policies in OECD Countries. An Overview of Current Approaches", *IZA Journal of Labor Policy*, Vol. 1, No. 9., 2012.

[33] ILO, *Comparative review of unemployment and employment insurance experiences in Asia and Worldwide*, 2013.

[34] ILO, Decent Work and the Informal Economy Report VI, International Labour Conference, 90th Session, Geneva, 2002.

[35] ILO, "Employment, Incomes and Equality: A strategy for Increasing Productive Employment in Kenya," International Labour Office, Geneva, 1972.

[36] ILO, "Extending social security to workers in the informal economy: Lessons from interna-

tional experience", International Labour Office, Geneva, 2019.

[37] ILO, *General Report. Report* I , *The Fifteenth International Conference of Labour Statistics*, International Labour Office, Geneva, 1993.

[38] ILO, *Guidelines Concerning a Statistical Definition of Informal Employment*, The Seventeenth International Conference of Labour Statisticians, International Labour Office, Geneva, 2003.

[39] ILO, *Informal Employment in Mexico: Current Situation*, *Policies and Challenges*, Notes on Formalization. International Labour Organization, Geneva, 2014.

[40] ILO, *Measuring Informality: A Statistical Manual on the Informal Sector and Informal Employment*, International Labour Organization, Geneva, 2013.

[41] ILO, *Non - Standard Employment around the World: Understanding Challenges, Shaping Prospects*, International Labour Office, Geneva, 2016.

[42] ILO, *Resolution Concerning Statistics of Employment in the Informal Sector*, The Fifteenth International Conference of Labour Statisticians, International Labour Office, Geneva, 1993.

[43] ILO, "Resolution Concerning Decent Work and the Informal Economy", The General Conference of the International Labour Organization, Meeting in its 90th Session, Geneva, 2002.

[44] ILO, "Statistical Update on Employment in the Informal Economy", ILD Department of Statistics, 2012.

[45] ILO, *Statistics of Employment in the Informal Sector: Report* III , Third Item on the Agenda, The Fifteenth International Conference of Labour Statistics, International Labour Office, Geneva, 1993.

[46] ILO, *The Dilemma of the Informal Sector*, Report of the Director−General, International Labour Conference, 78th Session, International Labour Office, Geneva, 1991.

[47] ILO, Transition from the Informal to the Formal Economy Recommendation, 2015 (No. 204) .

[48] ILO, "World Employment and Social Outlook: Trends 2023", International Labour Office, Geneva, 2023.

[49] ILO, "World Social Protect Report 2017−19: Universal Social Protection to Achieve the Sustainable Development Goals", 2017.

[50] J. Timo Weishaupt, *From the Manpower Revolution to the Activation Paradigm: Explaining Institutional Continuity and Change in an Integrating Europe*, Amsterdam University Press, 2011.

[51] Irene Dingeldey, "Between workfare and enablement− The Different Paths to Transformation of the Welfare State: A Comparative Analysis of Activating Labour Market Policies", *European Journal of Political Research*, Vol. 46, No. 6. , 2007.

［52］ ISSA, 10 *Global Challenges for Social Security: Developments and Innovation*, 2019.

［53］ Janine Leschke, *Unemployment Insurance and Non-Standard Employment: Four European Countries in Comparison*, VS Verlag für Sozialwissenschaften Wiesbaden, 2008.

［54］ Jean-Claude Barbier, "Activating Social Protection and Employment Insurance", TLM. NET 2005 Working Paper No. 2005-26, 2005.

［55］ Jean-Claude Barbier, "Citizenship and the Activation of Social Protection: a Comparative Approach", in Gørgen Goul Andersen, et al., *The Changing Face of Welfare: Consequences and Outcomes from a Citizenship Perspective*, Bristol University Press, 2005.

［56］ Jeremy Pilaar, "Reforming Unemployment Insurance in the Age of Non-Standard Work", *Harvard Law & Policy Review*, Vol. 13, 2018.

［57］ Johannes P. Jütting, Juan R. de Laiglesia, *Is Informal Normal? Towards More and Better Jobs in Developing Countries*, Development Centre of the Organization for Economic Co-operation and Developmen, 2009.

［58］ Jonathan Gruber, *Security Accounts as Short Term Social Insurance and Long Term Savings: Expanding Financial Security for Workers in the New Economy*, Aspen Institute Future of Work Initiative, 2016.

［59］ Jørgensen, Henning, "From a Beautiful Swan to an Ugly Duckling: the Renewal of Danish Activation Policy since 2003", *European Journal of Social Security*, Vol. 11, No. 4. , 2009.

［60］ Jue Wang, et al. , "Informal Employment in China: Recent Development and Human Resource Implications", *Asia Pacific Journal of Human Resources*, Vol. 54. , 2016.

［61］ Katherine Lucas Mckay, "Reforming Unemployment Insurance to Support Stability and Financial Security", *The Aspen Institute*, 2017.

［62］ Keith Cunningham-Parmeter, "From Amazon to Uber: Defining Employment in the Modern Economy", *Boston University Law Review*, Vol. 96, 2016.

［63］ Laura Alfers, et al. , "Approaches to Social Protection for Informal Workers: Aligning Productivist and Human Rights-Based Approaches", *International Social Security Review*, Vol. 70, No. 4. , 2017.

［64］ W. Arthur Lewis, "Economic Development with Unlimited Supplies of Labour", *The Manchester School*, Vol. 22, No. 2. , 1954.

［65］ Lori G. Kletzer, *Howard F. Rosen, Reforming Unemployment Insurance for the Twenty-First Century Workforce*, The Brookings Institution, 2006.

［66］ Lucas McKay, "Reforming Unemployment Insurance to Support Income Stability and Financial Security", *Aspen Institute's Expanding Prosperity Impact Collaborative (EPIC)*, 2017.

［67］ Marc Van Audenrode, et al. , "Employment Insurance in Canada and International Comparisons", *Groupe d' analyse*, Inc, 2005.

[68] Mark A. Rothstein, et al. , *Employment Law*, West Academic publishing, 2005.

[69] Marilyn Carr, Martha Alter Chen, *Globalization and the informal economy*: *How Global Trade and Investment Impact on the Working Poor*, Harvard University, 2001.

[70] OECD, "Declaring Work or Staying Underground Informal Employment in Seven OECD Countries", *OECD Employment Outlook* 2008, 2008.

[71] OECD, IDB&WAPES, *The World of Public Employment Services*: *Challenges*, *Capacity and Outlook for Public Employment Services in the New World of Work*, Local Economic and Employment Development (LEED), 2016.

[72] OECD, ILO, *Tackling Vulnerability in the Informal Economy*, Development Centre Studies, OECD Publishing, Paris, 2019.

[73] OECD, *OECD Employment Outlook*: *Boosting Jobs and Incomes*, 2006.

[74] OECD, *OECD Employment Outlook*: *Towards More and Better Jobs*, 2003.

[75] Paul Schoukens, et al. , "The EU Social Pillar: An Answer to the Challenge of the Social Protection of Platform Workers?" *European Journal of Social Security*, Vol. 20, No. 3. , 2018.

[76] Paul Schoukens, Alberto Barrio, "The Changing Concept of Work: When does Typical Work become Atypical", *European Labour Law Journal*, Vol. 8, No. 4. , 2017.

[77] Polivka Anne E. , Nardone Thomas, "On the Definition of 'Contingent Work'", Monthly Labor Review", Vol. 112, No. 12. , 1989.

[78] Rachel West, et al. , *Strengthening Unemployment Protections in America*: *Modernizing Unemployment Insurance and Establishing a Jobseeker's Allowance*, Center for American Progress & National Employment Law Project & Georgetown Center on Poverty and Inequality, 2016.

[79] Rainer Schlegel, "Arbeits – und sozialrechtliche Rahmenbedingungen für die Bewältigung des demografischen Wandels in Deutschland", *NZS*, Vol. 7, 2017.

[80] Ralf Hussmanns, "Defining and Measuring Informal Employment". Bureau of Statistics, International Labour Office, CH-1211 Geneva 22, 2004.

[81] Ralf Hussmanns, "Measuring the Informal Economy: From Employment in the Informal Sector to Informal Employment", Working Paper No. 53, Policy Integration Department, Bureau of Statistics, International Labour Office, Geneva, 2004.

[82] Ravi Kanbur, "Conceptualising informality: Regulation and Enforcement", *IZA*, *Discussion Paper No. 4186*, 2009.

[83] Rik VanBerkel, et al. , *The Governance of Active Welfare States in Europe*, Palgrave Macmillan, 2011.

[84] Social Security Administration, *International Social Security Association*, *Social Security Programs throughout the World*: *The Americas*, 2019.

[85] Social Security Administration, *International Social Security Association*, *Social Security Programs throughout the World*: *Europe*, 2018.

[86] Social Security Administration, *International Social Security Association*, *Social Security Programs throughout the World*: *Asia and the Pacific*, 2018.

[87] Tatsiramos, K., van Ours, J. C., "Labor Market Effects of Unemployment Insurance Design", *Journal of Economic Surveys*, Vol. 28, No. 2., 2014.

[88] Valerio De Stefano, *The Rise of the "Just-in-Time Workforce"*: *On-Demand Work, Crowdwork and Labour Protection in the "Gig-Economy"*, Conditions of Work and Employment Series No. 71, ILO, 2016.

[89] Werner Eichhorst, Regina Konle-seidl, "Contingent Convergence: A Comparative Analysis of Activation Policies", IZA Discussion Paper No. 3905, 2008.

[90] William F. Maloney, "Informal self-employment: Poverty Trap or Decent Alternative", in G. S. Fields, et al., *Pathways out of Poverty*, Kluwer, 2003.

[91] Wroblewski, Angela, "More Activation-More Chances for the Unemployed? Changes in Austria's Active Labour Market Policy after Accessing the European Union", *European Journal of Social Security*, Vol. 6, No. 1., 2004.

[92] Yang Du, et al., *Informal Employment in Urban China*: *Measurement and Implications*, in Iyanatul Islam, Frédéric Lapeyre, *Transition to Farmality and Structural Transformation*: *Challenges and Policy Options*, International Labour Office, Geneva, 2020.

[93] Ying Chen, Zhun Xu, "Informal Employment and China's Economic Development", *The Chinese Economy*, Vol. 50, No. 6., 2017.

[94] Zhe Liang, et al., "Informal Employment in china: Trends, Patterns and Determinants of Entry", *Social Science Research Network*, 2016.

[95] 嶋内健:《社会的包摂としてのアクティベーション政策の意義と限界―ワーク・アクティベーションと ソーシャル・アクティベーション―》, 載《立命館産業社会論集》第 47 巻第 1 号。

[96] 福田直人:《ドイツにおける福祉と就労の融合――アクティベーション政策の考察》, 載《大原社会問題研究所雑誌》2014 年第 669 期。

[97] 高田一夫:《日本の積極的労働市場政策》, 載《社会政策》第 7 巻第 1 号。

[98] 戸田典子:《非正規雇用者の増加と社会保障》, 載《レファレンス》2007 年第 673 期。

[99] 金井郁:《雇用保険の適用拡大と求職者支援制度の創設》, 載《日本労働研究雑

誌》2015 年第 659 期。

［100］橋本陽子：《ハルツ改革後のドイツの雇用政策》，載《日本労働研究雑誌》，2014
　　　　年第 647 期。

［101］山崎憲等：《諸外国のプラットフォームビジネス調査：アメリカ、イギリス、ド
　　　　イツ、フランス》，労働政策研究・研修機構，2019 年。

［102］衣笠葉子：《非正規労働者への被用者保険の適用拡大の在り方と法的課題》，載
　　　　《日本労働研究雑誌》2015 年第 659 期。

［103］中村健吾：《アクティベーション政策とは何か》，載《日本労働研究雑誌》2019 年
　　　　第 713 期。